Patient Tier

Pferdekrankheiten

Herausgegeben von
Prof. Dr. Hellmut Woernle

Wilfried Bellinghausen

Pferdekrankheiten

mit 78 Farbfotos
und 23 Zeichnungen
2 Tabellen

VERLAG
EUGEN
ULMER

Die Deutsche Bibliothek – CIP-Einheitsaufnahme

Bellinghausen, Wilfried:
Pferdekrankheiten : mit Tabellen / Wilfried Bellinghausen. Hrsg. von Hellmut Woernle. –
Stuttgart : Ulmer, 1994
(Patient Tier)
ISBN 3-8001-7288-7

Wollgrasweg 41, 70599 Stuttgart
(Hohenheim)
Printed in Germany
Zeichnungen: Folke Lindenblatt, Windeck
Fotos: vom Autor, außer S. 29
Lektorat: Nadja Kneissler
Herstellung: Heide Siegemund
Einbandentwurf: Alfred Krugmann, Freiberg am Neckar
Satz, Druck und Bindung: Interdruck Leipzig GmbH

In diesem Buch sind die Namen von Medikamenten, die zugleich eingetragene Warenzeichen sind, als solche nicht besonders kenntlich gemacht. Es kann also aus der Bezeichnung der Ware mit dem für diese eingetragenen Warenzeichen nicht geschlossen werden, daß die Bezeichnung ein freier Warenname ist. Die Markennamen wurden nur beispielhaft aufgeführt. Hinsichtlich der in diesem Buch angegebenen Dosierungen von Medikamenten usw. wurde die größtmöglichste Sorgfalt beachtet. Gleichwohl werden die Leser aufgefordert, die entsprechenden Prospekte der Hersteller zur Kontrolle heranzuziehen.

Vorwort

Unter den Haustieren nimmt das Pferd in mehrfacher Hinsicht eine Sonderstellung ein. Der Wandel vom Nutztier zum reinen Freizeitkameraden und Luxustier hat dazu geführt, daß das Pferd in medizinischer Hinsicht im Vergleich zu anderen Großtieren geradezu privilegiert ist. Neben dem hohen wirtschaftlichen Wert des Einzeltieres spielt fast immer ein hoher ideeller Wert eine Rolle, wenn es darum geht, diagnostische Methoden und Therapieformen anzuwenden, die bei reinen Nutztieren aus finanziellen Überlegungen gar nicht in Betracht kämen. Dies ist sicher einer der Gründe, weshalb sich die Tiermedizin in zunehmendem Maße mit dem Pferd beschäftigt. Es ist aber auch die Faszination für das »System Pferd« – die Summe der Phänomene, die man mit reiner Logik nicht erklären kann. Pferdeverstand und Horsemanship – was früher notwendiger Bestandteil des täglichen Lebens war, wird heute als Freizeitbeschäftigung erlernt und praktiziert.

Ein üppiges Angebot an medizinischer Information durch Bücher, Zeitschriften und Videos erläutert heute dem Laien komplizierte Vorgänge aus allen Bereichen der Hippologie und Pferdemedizin. Es wäre vermessen, im Rahmen dieses Buches den Versuch zu machen, Spezialwissen zu vermitteln. Es soll ein Buch aus der Praxis für die Praxis sein. Die Themenauswahl wurde so getroffen, daß sich hier 90% der täglichen Arbeit des Tierarztes widerspiegeln. Darüber hinaus wurden einige zwar seltene, aber wegen ihrer Aktualität oder Dramatik bedeutungsvolle Erkrankungen mit aufgenommen.

Ein Hauptproblem bei der Konzeption eines solchen Buches ist das Erarbeiten einer praxisgerechten Systematik. Der akademisch geschulte Tierarzt wird sich einer Erkrankung aus einer anderen Perspektive nähern als der Pferdehalter oder Reiter. Die Gliederung nach Organsystemen und die zahlreichen Bilder und Grafiken sollen dem Laien die Möglichkeit geben, eine bestimmte Erkrankung anhand ihrer Symptome besser zuordnen und in ihrer Bedeutung eher einschätzen zu können.

Ein Buch zum Lesen für den Pferdefreund, aber auch ein kleines Nachschlagewerk im aktuellen Einzelfall: dieser Versuch soll mit dem vorliegenden Buch unternommen werden.

Ein kurzes Nachwort zum Vorwort: Viele Leser werden kritisieren, daß den alternativen Heilmethoden kein Platz gewidmet wird. Dies hat nichts mit einer Ablehnung meinerseits zu tun. Ich möchte vielmehr nicht den Fehler machen, ein Gebiet halbherzig anzureißen, welches mehr verdient hat. Die alternativen Behandlungsmethoden – von der Akupunktur bis zur klassischen Homöopathie – kann man nicht »nebenbei« praktizieren. Ich habe mich selbst oft genug von den Möglichkeiten alternativer Behandlungsmethoden überzeugen können. Sie zu praktizieren bleibt dem vorbehalten, der sich intensiv damit beschäftigt. Für die nächste Generation von Medizinern werden die Grenzen zwischen Schulmedizin und alternativen Behandlungsmethoden nicht mehr existieren; zumindest wird man nicht mehr dogmatisch einen Keil dazwischentreiben. Wir brauchen die Schulmedizin – vor allem im Bereich der Chirurgie und der Intensivmedizin; aber wir brauchen auch andere, neue (oder uralte) Denkansätze zur schonenden Bewältigung und Regulierung chronischer Erkrankungen, die wir schulmedizinisch nicht in den Griff bekommen.

Wilfried Bellinghausen
Königswinter, im Frühjahr 1994

Inhaltsverzeichnis

»... wo laufen sie denn hin?«

Ein Abstecher in die Zoologie

Es ist sicher nicht erforderlich, alle Entwicklungsstationen des Pferdes vom *Eohippus* bis zum heutigen *Equus caballus* auswendig zu kennen, um ein Pferd biologisch und medizinisch verstehen zu können. Manchmal aber ist es schon vorteilhaft, wenn man vor Augen hat, daß das Pferd eine recht betagte Konstruktion mit etlichen eigentümlichen Besonderheiten ist.

In 55 Millionen Jahren hat sich aus einem fuchsgroßen Buschbewohner das Pferd in seiner heutigen Erscheinung – vom Zwergshetty bis zum Shire-Horse – herausgebildet. Dabei haben sich vier wesentliche Merkmale herauskristallisiert: das Pferd ist

- Pflanzenfresser
- Herdentier
- Steppen- und Lauftier
- Fluchttier.

Es gibt aus der Familie der Pferdeartigen (Equiden) heute noch sieben überlebende Vertreter: drei Zebraarten, die asiatischen und afrikanischen

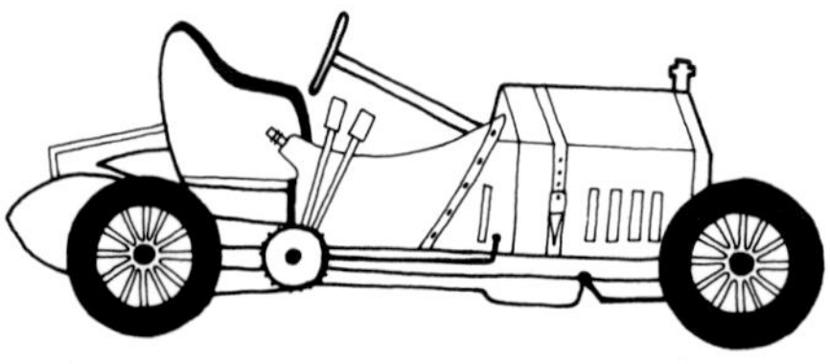

Evolution bedeutet gezielte Weiterentwicklung und Anpassung an neue Herausforderungen. Im biologischen Bereich muß man in Zeiträumen von Jahrmillionen denken. Die

Natur ist ebensowenig wie die Technik vor Fehlentwicklungen geschützt.

Wildesel, den Onager und das Przewalskipferd, von dem unser Hauspferd abstammt. Die zoologische Familie der Wiederkäuer hat sich offensichtlich an die erdgeschichtlichen Veränderungen besser angepaßt: sie umfaßt immerhin noch etwa 250 Arten. Vielleicht war das hochspezialisierte Verdauungssystem des Pferdes zu störanfällig, vielleicht war das Sozialverhalten der Pferde zu wenig flexibel – denkbar auch, daß das Immunsystem für die Abwehr neuartiger Infektionen nicht modern genug war. Das Pferd ist jedenfalls – zoologisch gesehen – auf dem Rückzug. Das hohe Maß an Spezialleistungen, die Equiden vollbringen, wird naturgemäß mit einer erhöhten Störanfälligkeit erkauft.

Es ist keinesfalls abwertend gemeint, wenn man dem Pferd in mancher Hinsicht einen Hang zum Chaotischen bescheinigt. Es gibt eine Reihe von biologischen und medizinischen Phänomenen, die mit einfacher Logik nicht nachzuvollziehen sind. Das Pferd neigt zu Überreaktionen; oft legt es sich dadurch selbst Steine in den Weg und kompliziert Heilungsprozesse: wildes Fleisch, Hufrehe, Kreuzverschlag, Einschuß, Röhrbeinfraktur, allergischer Schock – bei kaum einem anderen Tier kommt solch eine Fülle von fatalen Überreaktionen vor. Auch die Psyche des Pferdes kennt nicht das Prinzip der Verhältnismäßigkeit: Ein leichtes Erschrecken führt zum Durchgehen und zu Unfällen bis zur Selbsverstümmelung. Diese Mechanismen der Überreaktion sind nur – wenn auch unbefriedigend – dadurch zu erklären, daß das Pferd in seinem Verhaltensinventar so altertümlich ausgerüstet ist wie seine Vorfahren und Verwandten.

Die Folgen von Selektion und Nutzung

Das Pferd wurde relativ spät und nur sehr oberflächlich domestiziert. Erst seit einigen tausend Jahren wird es vom Menschen zu Leistungen herangezogen – zunächst wohl als Tragtier und Fleischlieferant, später als Reit- und Fahrtier. Besonders umgängliche und für den Verwendungszweck geeignete Exemplare wurden weitergezüchtet. Dabei mußte die Wildform in erster Linie in der Psyche modifiziert werden, denn die Wildequiden sind für den Umgang mit dem Menschen alles andere als geeignet: Im Zoologischen Garten ist das Wildeselgehege oft gefahrenträchtiger als das der Raubkatzen. Das Pferd verwildert sehr schnell wieder. Dies gilt sowohl für das Individuum, das keinen regelmäßigen Kontakt zum Menschen hat, als auch für ausgewilderte Hauspferde, wie etwa die nordamerikanischen Mustangs oder die südafrikanischen Namib-Pferde. Binnen ein oder zwei Generationen haben sie ihre Wildpferdemerkmale wiedererlangt.
Gleichzeitig mit der Selektion auf Menschenfreundlichkeit veränderte man das Exterieur. Dabei ist in erster Linie eine Zunahme an Größe und Gewicht auffällig. Aus den Wildequiden mit etwa 130 cm Stockmaß wurden die heutigen Warm- und Kaltblüter mit 160 oder 170 cm Stockmaß und dem doppelten oder dreifachen Gewicht. Physikalisch betrachtet ist diese Entwicklung sehr bedenklich. Die daraus resultierenden Mehrbelastungen steigen nicht linear, sondern teilweise in der 2. oder 3. Potenz. So sollte man den Begriff »Gewichtsträger« einmal unter diesem Aspekt beleuchten: Er trägt mit 700 kg Lebendgewicht mehr als genug an seinem eigenen Körpergewicht. Medizinisch schlägt sich dies in einer Vielzahl orthopädischer Probleme wie z. B. Hufrolle, Schale und Spat nieder, die bei kleinwüchsigen Pferden nahezu unbekannt sind.
Im Bereich der Nutzung sind drei Aspekte von besonderer medizinischer Bedeutung:

- Begrenzung des natürlichen Bewegungsbedürfnisses durch die eigentlich nicht artgerechte Boxenhaltung;
- mangelhafte Frischluftzufuhr für das Lungentier Pferd;
- qualitativ und quantitativ ungeeignete Fütterung.

Das natürliche Bewegungsmuster ist in der folgenden Abbildung schematisch dargestellt. Es wird ersichtlich, daß ein boxengehaltenes Pferd in seinem Bewegungsdrang $23\frac{1}{2}$ Stunden täglich unterfordert ist und eine halbe Stunde täglich überfordert wird. Mangelhafte Hufdurchblutung, unphysiologische Muskelbelastung und psychische Reizarmut führen zu irreparablen Schäden an Kör-

Haltung	Reitstall		Circus	Camarque
	15 Private Pferde	15 Schulpferde	6 Westfriesen	4 Weidepferde
Fortbewegung	Reiten	Reiten	Freiheitsdressur	Weiden
Zeit (min)	52	115	54	195
Strecke (m)	6800	12800	6300	6072

Zeitdauer, in der Fortbewegung stattfindet

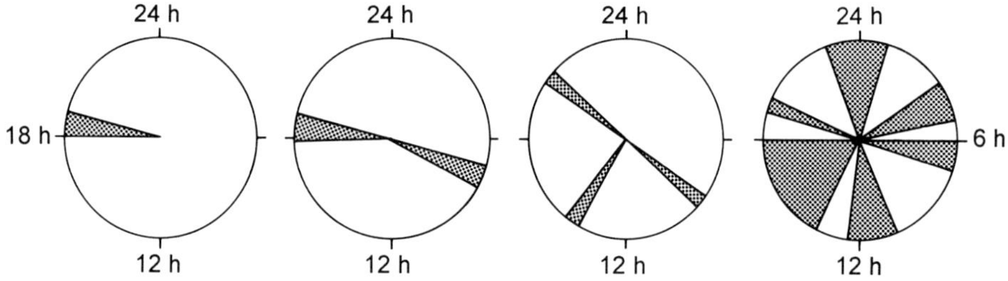

Nichts verdeutlicht besser, daß nur die Auslaufhaltung – egal ob Paddock oder Weide – das natürliche Bewegungsbedürfnis befriedigen kann. Es gehen mehr Pferde vom Stehen kaputt als von der Arbeit (nach ZEEB).

per und Geist des Pferdes. Obwohl mittlerweile auch im Bereich der klassischen Reitdisziplinen ausreichend unter Beweis gestellt wurde, daß die artgerechte Paddock-Auslaufhaltung die Einsatzbereitschaft der Pferde nicht beeinträchtigt, sondern im Gegenteil verbessert, findet diese Haltungsform leider noch immer nicht die gewünschte Akzeptanz bei den Reitern. Unglücklicherweise haftet ihr auch heute noch das Schlamm- und Schmuddelimage der ersten Robusthaltungsversuche an. Paddockhaltung setzt aber mindestens genauso viel Know-how voraus wie Boxenhaltung. Man sammelt auf diesem Sektor laufend neue Erkenntnisse und optimiert so diese Haltungsform. Hier lassen sich Forderungen nach uneingeschränkter Bewegungsmöglichkeit und natürlichem Sozialverhalten mit der individuellen, bedarfsgerechten Fütterung und den Nutzungsvorstellungen des Reiters ideal miteinander vereinbaren.

Über die Bedeutung der Luftzufuhr und Temperaturtoleranz wird im Kapitel »Erkrankungen des Atmungsapparates« ausführlich gesprochen; die Grundlagen der Fütterung sind bei PIRKELMANN (Hrsg.) in seinem Buch »Pferdehaltung« (Ulmer Verlag 1991) nachzulesen.

Zusammenfassung

- Das Pferd ist eine altertümliche Konstruktion. Man muß ihm einen Hang zu scheinbar unlogischen Überreaktionen zubilligen.
- Die Selektion auf reiterlich wünschenswerte Merkmale läßt sich nicht immer mit der Forderung nach biologischer und medizinischer Fitneß vereinbaren.
- Die Paddock-Auslaufhaltung ist das Haltungssystem der Zukunft. An seiner Optimierung wird und muß gearbeitet werden.

Ein paar Worte Fachchinesisch

Ein Mediziner will sich nicht als Fremdsprachler profilieren, wenn er des öfteren Begriffe lateinischer oder griechischer Herkunft verwendet. Einerseits arbeitet die internationale Fachliteratur mit diesen Begriffen, andererseits würde eine Übersetzung ins Deutsche sehr umständliche und wenig präzise Formulierungen ergeben. Außerdem: Wer ein Fremdwort nicht versteht, darf nachfragen. Ich kenne keinen Arzt, der nicht bereit wäre, es zu erklären. Viele medizinische Fachausdrücke gehören schon zum alltäglichen Sprachgebrauch; andere wichtige seien hier stichwortartig erläutert. Dies hilft bei der Verständigung zwischen Pferdehalter und Tierarzt, aber auch beispielsweise beim Studium von Medikamenten-Beipackzetteln.

Anatomie ist die Lehre vom Bau des Körpers. Was nur unter Zuhilfenahme eines Mikroskops sichtbar wird, fällt in den Bereich der **Histologie** (Gewebelehre).
Physiologie ist die Lehre von den normalen Lebensvorgängen. Da Anatomie und Physiologie nicht voneinander getrennt werden können, spricht man heute von **funktioneller Anatomie.**
Pathologie ist die Lehre von den Krankheiten.
Ätiologie ist die Lehre von den Ursachen der Erkrankung.
Ein **Symptom** ist ein Zeichen für eine Erkrankung; wenn mehrere Symptome mit schöner Regelmäßigkeit zusammen auftreten, spricht man von einem **Syndrom** (z. B. das Koliksyndrom).
Ziel einer medizinischen Untersuchung ist zunächst die **Diagnose,** d. h. die Benennung der Krankheit. Oft kann vor Ort nur eine Verdachtsdiagnose ausgesprochen werden, weil zur endgültigen Abklärung weitere Untersuchungen (Labor) oder der weitere Verlauf mit einbezogen werden müssen. Als **Differentialdiagnosen** bezeichnet man diejenigen Erkrankungen, die aufgrund ähnlicher Symptome mit der vorliegenden Erkrankung verwechselt werden können. Das Erwähnen von Differentialdiagnosen erweckt beim ungeduldigen Beobachter unter Umständen den Eindruck diagnostischer Unsicherheit des Arztes; dabei spricht gerade das Inbetrachtziehen anderer Möglichkeiten und Hypothesen für den guten Diagnostiker.
Die **Therapie** ist die Heilbehandlung. Wenn man Methoden zur Krankheitsvorbeuge zur Verfügung hat, so bezeichnet man dies als **Prophylaxe** (z. B. Schutzimpfungen).
Die **Indikation** umreißt das Anwendungsgebiet eines Medikamentes oder einer Behandlungsmethode.
Die **Kontraindikation** meint das genaue Gegenteil: Bei einem Dünndarmverschluß darf auf gar keinen Fall ein Abführmittel gegeben werden, es ist kontraindiziert.
Die **Prognose** blickt in die Zukunft und versucht den Ausgang der Erkrankung vorherzusagen. Bei sehr guter oder guter Prognose ist mit großer Wahrscheinlichkeit mit der vollständigen Genesung zu rechnen. Bei vorsichtiger oder schlechter Prognose sind die Chancen gering bis sehr gering.
Infaust ist eine Prognose, wenn die Erkrankung mit an Sicherheit grenzender Wahrscheinlichkeit unheilbar oder tödlich ist. Ferner ist bei der Prognose zu unterscheiden, ob sie bezüglich des Überlebens oder bezüglich der vollständigen Wiederherstellung gestellt wird. Einen Fesselbeinbruch kann ein Pferd – bei entsprechender Behandlung – überleben; voll belastbar wird es vermutlich nicht wieder werden.
Akut ist eine Erkrankung, die plötzlich auftritt, schnell und heftig verläuft.

Als **chronisch** bezeichnet man eine sich langsam entwickelnde und langwierig verlaufende Erkrankung; zwischen diesen beiden Formen liegt der Bereich der **subakuten** Erkrankung. Erkrankungen können nach ihrer Ausheilung erneut auftreten, man spricht dann von einem **Rezidiv.**

Bei Medikamenten ist von erwünschten **Hauptwirkungen** und unerwünschten **Nebenwirkungen** die Rede. Es wäre objektiver, nur von Wirkungen zu reden; aus einer unerwünschten Nebenwirkung (z. B. Blutdrucksenkung) kann unter Umständen auch eine erwünschte Hauptwirkung (bei Bluthochdruck) werden. Haupt- und Nebenwirkungen sind also nicht unabänderliche Qualitäten eines Medikamentes, sondern nur eine Frage des jeweiligen Standpunktes.

In Klinik und Labor muß man mit Zahlen arbeiten. **Normalwerte** sind diejenigen Durchschnittswerte, die man bei etwa 95% aller gesunden Tiere vorfindet. Die restlichen 5% fallen vielleicht aus dem Rahmen, ohne daß die Tiere krank sind. Bewegt sich ein Wert an der oberen oder unteren Grenze des Normalbereiches, so nennt man ihn **grenzwertig.** Ein solcher Wert darf nie für sich allein zur Diagnosestellung herangezogen werden. Viele Normalwerte scheinen beim Pferd etwas stärker zu streuen als bei anderen Tieren. Dies hängt vielleicht damit zusammen, daß beim Pferd z. B. das Blut nur recht träge auf Veränderungen im Körper reagiert.

Probleme bereitet oft das Erkennen von **Ursache** und **Wirkung.** Ein häufiger Fehler ist das Herleiten eines **kausalen** (= ursächlichen) **Zusammenhanges** aufgrund eines zeitlichen Zusammentreffens. Wenn man dem Pferd heute eine Wurmkur verabreicht und es morgen ein Hufgeschwür bekommt, ist ein kausaler Zusammenhang recht unwahrscheinlich. Wenn man zehn tragenden Stuten ein neues Schmerzmittel gibt und tags darauf verfohlen neun von ihnen, ist der Verdacht eines Zusammenhanges mehr als gerechtfertigt. Wenn man den Verdacht unter Ausschaltung aller Störfaktoren statistisch so absichern kann, daß keine Zweifel mehr bestehen, so wird das Ergebnis als **signifikant** bezeichnet.

Normalwerte und Laboruntersuchungen

Pulsfrequenz, Atemfrequenz, Rektaltemperatur

Die ersten und grundlegenden Meßwerte jeder medizinischen Untersuchung des Pferdes sind die Pulsfrequenz, die Atemfrequenz und die Rektaltemperatur. Sie sind soweit objektiv meßbar, daß man sie sogar zur korrekten Konditionsbeurteilung von Distanzpferden oder Vielseitigkeitspferden zugrundelegt (PAT-Werte).

Die **Pulsfrequenz** beträgt in der Ruhe etwa 28 bis 44 Schläge pro Minute; kleine Abweichungen nach oben und unten deuten nicht unbedingt auf eine Erkrankung hin. So schlägt das Herz eines durchtrainierten Vollblüters im »Leerlauf« unter Umständen noch langsamer, während sich manches Distanzpferd bei der Voruntersuchung doch etwas aufregt und dann schon einen Ruhepuls von über 44 Schlägen pro Minute hat.

Die Pulsfrequenz wird an der Umschlagstelle der Unterkieferarterie erfühlt oder – wesentlich einfacher – mit dem Phonendoskop ermittelt. Gelegentliche Aussetzer sind bis zu einem gewissen Grad normal (physiologische Arrhythmie). Manche Pferde lassen in der Ruhe jede 3. und 4. Herzkammerkontraktion aus. Diese Arrhythmie verschwindet unter Belastung. Die Beurteilung von normalen oder krankhaften Herzgeräuschen setzt sehr viel Erfahrung voraus.

Die **Atemfrequenz** ist nicht immer ganz einfach zu ermitteln. Grund dafür ist, daß Pferde in der Ruhe so flach atmen, daß man weder Bewegungen in der Flanke noch an den Nüstern sieht. Außerdem ist die Atmung bis zu einem gewissen Grad willkürlich steuerbar. Ein Pferd, das Witterung aufnimmt, wird einige rasche, tiefe Atemzüge machen und dann innehalten. Viele Umgebungsreize führen dazu, daß sich die Atemfrequenz verändert. Dies war mit ein Grund dafür, daß man die Atemfrequenzwerte, die unterhalb einer gewissen Grenze liegen, bei Distanzwettbewerben nicht mehr als Wertungskriterium mit heranzieht; hier darf der

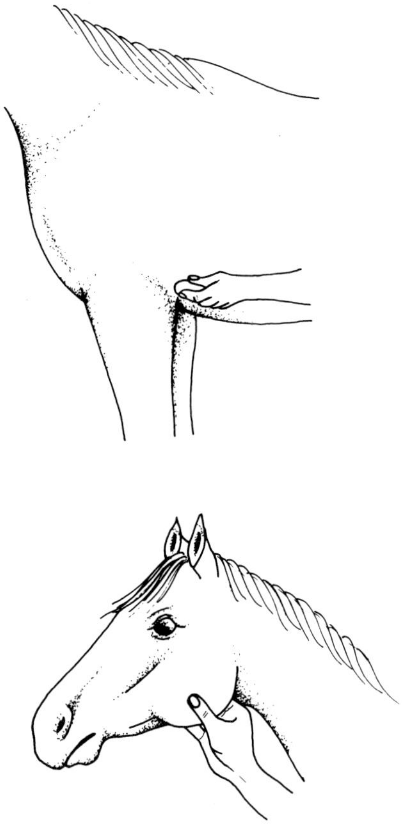

Geübte Finger können an der Unterkieferarterie den Puls tasten. Unkomplizierter geht es mit dem Phonendoskop (oft auch nicht ganz korrekt Stethoskop genannt). Die geeignete Stelle liegt etwas versteckt unter dem linken Ellbogen.

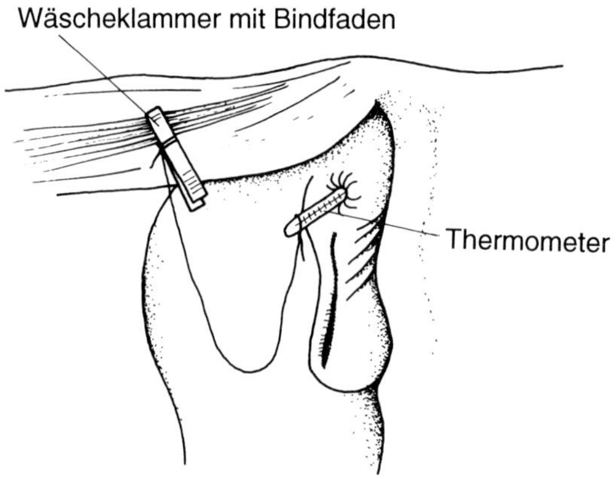

Bindfaden und Wäscheklammer verhindern, daß das Thermometer in den Mastdarm rutscht oder ins Stroh fällt.

Hengst während der Voruntersuchung ruhig einmal nach seiner Stute rufen. Die »echten« Ruhewerte liegen bei 10 bis 14 Atemzügen je Minute.

Die Messung der Körpertemperatur erfolgt im After **(Rektaltemperatur).** Man kann drei Minuten messen oder nur eine Minute messen und etwa ein oder zwei Zehntel Grad hinzuzählen; bei einem unverdächtigen Pferd ist die einminütige Messung ausreichend, bei kritischen Temperaturen sollte jedoch drei Minuten ausgemessen werden. Bei Verwendung von alten Quecksilberthermometern verlängern sich die erwähnten Zeiträume auf drei bzw. fünf Minuten. Das Thermometer wird bis zur Hälfte in den After geschoben und leicht verkantet, damit ein vorsichtiger Kontakt zur Darmschleimhaut hergestellt ist; ansonsten resultiert eine etwas zu niedrige Temperatur. Wenn sich ein Kotballen unmittelbar vor dem After befindet, mißt man dagegen eine geringfügig zu hohe Temperatur. Die nach wie vor häufigste Fehlerquelle bei der Temperaturmessung ist das Vergessen des Herunterschlagens bei den alten Quecksilberthermometern.

Die Normalwerte betragen bei erwachsenen Pferden 37 bis 38 °C (individuelle Schwankungen), bei Fohlen 38,5 °C. Ist die Körpertemperatur aufgrund großer Anstrengung oder hoher Umgebungstemperatur erhöht, spricht man nicht von Fieber, sondern von Erhitzung.

Laboruntersuchungen und ihre Aussagekraft

Die Laboruntersuchungen sind heute aus der Medizin nicht mehr wegzudenken. Eines muß man jedoch berücksichtigen: Im Labor werden keine Diagnosen gestellt, sondern lediglich Verdachtsdiagnosen bestätigt oder entkräftet. Bei aller Fortschrittsgläubigkeit: der Computer darf getrost die Werte ausdrucken; die Interpretation ist aber allein Sache des Menschen. Es gibt ein Minimalprogramm, das in jeder Praxis zur Notfalldiagnostik zur Verfügung stehen sollte. Viele Tierärzte können einen Teil dieser Untersuchungen sogar im Praxisfahrzeug durchführen. Umfangreichere Untersuchungen werden heute meist in Großlabors durchgeführt; diese arbeiten rentabler. Eines sollte man aber immer bedenken: ein falscher Laborwert ist schlechter als gar keiner, weil er auf eine falsche Fährte lockt.

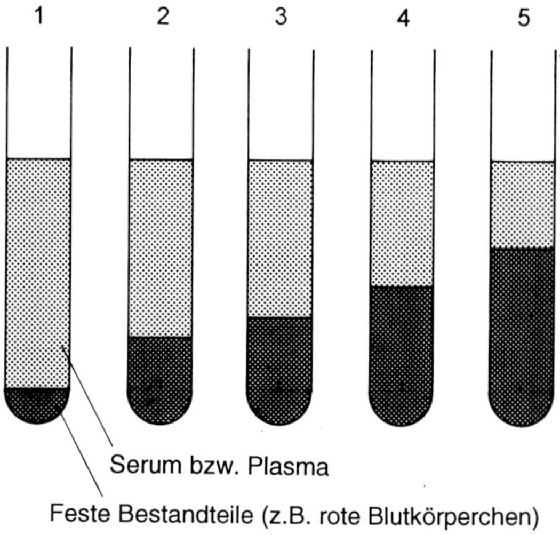

Die Begutachtung des zentrifugierten Blutes erlaubt eine grobe Einschätzung des Hämatokritwertes.
Röhrchen 1: lebensbedrohliche Anämie
Röhrchen 2: vermutlich leistungsschwach wegen zu geringem Hämatokrit; dadurch auch zuwenig Hämoglobin
Röhrchen 3: weitgehend normales Verhältnis von roten Blutkörperchen zu Blutplasma/-serum
Röhrchen 4: deutliche Bluteindickung (Hämatokrit ca. 50 %). Gefahr im Verzug (meist bei Koliken)
Röhrchen 5: lebensbedrohliche Bluteindickung

Das Blutlabor

Die **Leukozyten** (weiße Blutkörperchen) sind mit geringem Aufwand zu zählen.
Normalwert: 5000 bis 10000/µl Blut
- erhöht bei bakteriellen Infektionen, Tumoren
- erniedrigt bei Immunschwäche, chronischen Virusinfekten, Schock, Endstadium von Blutvergiftungen, Tumoren.

Das **Differentialblutbild** unterscheidet die einzelnen Fraktionen der weißen Blutkörperchen. Ihr Wert wird in Prozent der Gesamtzahl angegeben.
Normalwert: **Neutrophile Granulozyten:** 45 bis 70%
- erhöht bei bakteriellen Infekten, Tumoren, äußeren und inneren Vergiftungen
- erniedrigt bei Virusinfekten, septikämischem Schock

Normalwert: **Eosinophile Granulozyten:** 0 bis 4%
- erhöht bei Allergien, Parasitenbefall
- erniedrigt nach Kortison-Behandlung

Normalwert: **Lymphozyten:** 20 bis 45%
- erhöht bei Infektionen in der Heilphase, bei und nach Virusinfekten
- erniedrigt bei Kortison-Behandlung

Die übrigen Anteile des weißen Blutbildes sind in ihrer Aussage sehr speziell. Allgemein ist zu sagen, daß das weiße Blutbild beim Pferd träger reagiert als bei anderen Tieren und dem Menschen.

Die **Erythrozyten** (rotes Blutbild) werden ähnlich wie die Leukozyten gezählt.
Normalwert: 6 bis 12 Mio./µl Blut (stark rasseabhängig)
- erhöht bei scharfem Training, Austrocknung
- erniedrigt bei Anämien, schwerem Parasitenbefall, nach schweren Blutverlusten (mit zeitlicher Verzögerung)

Die Zahl der Erythrozyten steht meist in direktem Zusammenhang mit dem **Hämoglobin,** dem roten Blutfarbstoff. Dieser ist für die Sauerstoffbindung verantwortlich.
Normalwert: 11 bis 17g /100 ml Blut
- erhöht bei scharfem Training, Bluteindickung
- erniedrigt bei Blutbildungsstörungen, Dauerstreß, im Gefolge schwerer Infektionen, bei Infektiöser Anämie

Ebenfalls in diesem Zusammenhang ist der **Hämatokrit-Wert** zu sehen. Man versteht darunter das prozentuale Verhältnis von festen Blutbestandteilen (rote und weiße Blutkörperchen) zum Gesamtblutvolumen.
Normalwert: 32 bis 46% (stark rasseabhängig)
- erhöht bei Bluteindickung (schwere Kolik, Austrocknung)
- erniedrigt bei Anämien, nach schweren Blutverlusten (mit zeitlicher Verzögerung)

Blutgerinnungstests werden beim Pferd nur in besonderen Verdachtsfällen durchgeführt.

Leberwerte

Die Leberfunktion wird durch Bestimmung von Enzymen, aber auch von Stoffwechselprodukten überprüft.

Die **Enzymbestimmung** beruht auf folgendem Prinzip: Jede Zelle benötigt für ihre Stoffwechselleistungen Enzyme. Das sind chemische Reaktionspartner, die für eine bestimmte biochemische Reaktion unerläßlich sind. Wenn eine Zelle geschädigt wird, so treten diese Enzyme aus der Zelle aus und gelangen ins Blutplasma bzw. -serum; dort kann man sie nachweisen. Aus der Höhe des Enzymanstiegs ist indirekt ein Rückschluß auf das Ausmaß der Zellzerstörung zu ziehen. Manche Enzyme sind sehr organspezifisch: Wenn im Blut größere Mengen der Creatinkinase (CK) auftauchen, so deuten sie auf eine Muskelschädigung (Verletzung, Kreuzverschlag) hin, da die Creatinkinase nur in der Muskulatur vorkommt. Ähnliches gilt für die Leberenzyme.

Die **AST** (Aspartat-Amino-Transferase) ist nicht leberspezifisch; sie kommt auch in anderen Organen vor. Bei Lebererkrankungen gibt sie lediglich Aufschluß über die Schwere der Erkrankung.
Normalwert: bis 240 U/l Blut.
Die **GLDH** (Glutamat-Dehydrogenase) ist zwar weitgehend leberspezifisch, neigt beim Pferd aber manchmal ohne erkennbaren Grund zum Ansteigen. Allgemeiner Indikator für Leberschäden.
Normalwert: bis 8 U/l.
Die **AP** (Alkalische Phosphatase) findet sich außer in der Leber auch im Knochen und der Niere. Starke Erhöhung bei Galleabflußstörungen, schweren Vergiftungen; leichte Erhöhung bei Knochenbrüchen, Wachstum.
Normalwert: bis 350 U/l.
Die γ-**GT** (γ-Glutamyl-Transferase) ist vermutlich beim Pferd das leberspezifischste Enzym. Auch geringer Anstieg ist aussagekräftig; dabei ist die Bauchspeicheldrüse mitgemeint.
Normalwert: bis 20 U/l.
Hier sind nur die wichtigsten Enzyme benannt; im großen Suchprogramm ist noch eine Anzahl weiterer Enzyme aufgeführt, deren Interpretation allerdings sehr viel Fingerspitzengefühl erfordert. Häufig wird aus dem Anstieg eines Leberenzyms ein »Leberschaden« hergeleitet. Man muß dabei aber berücksichtigen, daß die Leberenzyme – wie auch andere Laborwerte des Pferdes – manchmal ohne erkennbare Ursachen »verrückt« spielen: Aufgrund der Laboruntersuchung müßte das Pferd schwer krank sein, obwohl entsprechende Anhaltsgründe fehlen.

Die Werte von **Stoffwechselprodukten im Leberstoffwechsel** geben ebenfalls Hinweise auf bestimmte Erkrankungen. Das **Bilirubin** ist ein Gallenfarbstoff und bei akuten und chronischen Lebererkrankungen, aber auch bei massivem Blutzerfall (Hämolyse) erhöht.
Normalwert: 0,5 bis 3 mg/100 ml Blut (Ponies weniger, Vollblüter mehr).

Die **Triglyceride** sind Zwischenprodukte des Fettstoffwechsels. Sie steigen bei Hungerzuständen und der Hyperlipidämie der Ponys.
Normalwert: bis 50 mg/100 ml; Ponys erheblich höher.

Das **Cholesterin** hat diagnostisch ähnliche Bedeutung.
Normalwert: 90 bis 170 mg/100 ml Blut.

Die **Glucose** spielt labordiagnostisch eine untergeordnete Rolle. Fälle von Diabetes mellitus (Zuckerkrankheit) sind beim Pferd extrem selten.
Normalwert: 55 bis 90 mg/100 ml Blut.

Das **Gesamteiweiß (Protein, TPP)** ist zwar für die Leberfunktion von untergeordneter Aussagekraft, ist aber im gesamten Laborbereich von großer Bedeutung. Die Werte sind erhöht bei Austrocknung und schwerer Kolik (!); Erniedrigung der Werte tritt bei vielen auszehrenden Erkrankungen wie Verdauungsstörungen, Parasitenbefall, chronischen Infektionen, Druse und Tumoren auf.

Mineralstoffe und Spurenelemente

Auch die **Mineralstoffe** und **Spurenelemente** werden im Blut bestimmt. Von herausragender Bedeutung ist die **Calcium- und Phosphor-Bestimmung,** da sie eine unausgewogene Mineralstofffütterung am stärksten widerspiegelt.
Normalwerte: Calcium 2,5 bis 3,4 mmol/l Blut;
Phosphor 0,5 bis 1,3 mmol/l Blut.
Natrium, Kalium, Magnesium und Chlorid sind weitere wichtige Bestandteile des **Elektrolythaushaltes,** die aber weniger störanfällig sind. Gleiches gilt für die **Spurenelemente.**

Nierenwerte

Einige Laborwerte der Niere werden im Blut bestimmt; hinzu kommt die Urinuntersuchung.

Der **Harnstoff** ist ein Endprodukt des Eiweißstoffwechsels. Er steigt an bei übermäßiger Eiweißzufuhr, Fieber, Durchfall, Nierenschäden bis hin zur Urämie (Harnstoffvergiftung).
Normalwert: 20 bis 40 mg/100 ml Blut.

Das **Kreatinin** hat eine ähnliche Aussagekraft; allerdings spielen hier Nahrungseinflüsse keine Rolle.
Normalwert: bis 2 mg/100 ml Blut.

Urinuntersuchung

In der Urinuntersuchung finden sich naturgemäß Stoffwechselprodukte aus der Niere und dem Harnapparat, aber auch andere Stoffwechselindikatoren (Zucker, Bilirubin). Der Urin des Pferdes ist – genau wie das Blut – etwas »träge« in der Reaktion. Er ist von Natur aus trüb und schleimig, was beim Absetzen zu schaumigen Pfützen führt. Auch labordiagnostisch fischt man etwas »im Trüben«. Die in den meisten Labors verwendeten Teststreifen aus der Humanmedizin sind zwar für das Pferd brauchbar, reagieren aber meist nicht aussagekräftig.

Interessant sind der Säuregrad (pH-Wert), Normalwert: 7 bis 8,4, und das **spezifische Gewicht** des Harns, welches indirekt die Flüssigkeitsbilanz des Körpers widerspiegelt, Normalwert: 1,025 bis 1,060.

Glucose, Eiweiß, Ketonkörper, Bilirubin und Bakterien (Nitrit) sollten im Urin nicht zu finden sein. Ihr Auftreten gibt Anlaß zu einschlägigen Spezialuntersuchungen. Die Beurteilung von Kristallen und Epithelzellen erlaubt die Lokalisation einer Entzündung oder anderweitiger Erkrankung im Harnapparat.

Es gibt noch eine Reihe weiterer Laboruntersuchungen, die fast schon zum Routineprogramm der großen Labors gehören. Dazu zählen die Eiweißelektrophorese, Hormonbestimmungen sowie toxikologische und bakteriologische Untersuchungen. Die Riesenauswahl an Laborparametern macht eine Gruppierung in Blöcken sinnvoll:

Das **Organprofil** beinhaltet sämtliche Untersuchungen, die bei einem verdächtigen Organ weiterhelfen können; so wird z. B. beim Verdacht einer Pankreas-(Bauchspeicheldrüsen-)Erkrankung ein Pankreasprofil mit den entsprechenden Untersuchungen angefordert. Beim **Suchprogramm** hingegen ist nicht ein Organ, sondern eine Symptomatik der Ausgangspunkt. Im Labor werden Parameter, die mit diesem Symptom im Zusammenhang stehen könnten, untersucht.

Beispiel: Suchprogramm Anfallskrankheiten; hier werden alle labormäßig zu erfassenden Werte ermittelt, die im Anfallsgeschehen eine Rolle spielen.

Ernährung

Prinzip: bedarfsgerecht

Man kann darüber streiten, ob Halbwissen nützlich sein kann. In Fragen der Ernährung ist Halbwissen in der Regel schädlich. Jeder, der eigenverantwortlich ein Pferd versorgen will, muß sich mit der Pferdefütterung in Theorie und Praxis intensiv auseinandersetzen. Das Kapitel Pferdefütterung im Rahmen eines solchen Buches abhandeln zu wollen, wäre grob fahrlässig. Da aber viele Krankheiten durch Fehlfütterung hervorgerufen oder zumindest in ihrem Auftreten begünstigt werden, sollen die elementaren Fehler und Fragen hier kurz aufgelistet werden.

- Die Mehrzahl der Pferde wird qualitativ und quantitativ überfüttert. Die daraus resultierenden Schäden sind viel gravierender als die Folgen von Unterernährung und oft irreversibel. Lediglich im Spitzensport (Rennen, Springsport) wird wirklich **bedarfsgerecht** gefüttert, weil man sich hier kein Gramm Über- oder Untergewicht leisten kann.
- »Das Auge des Herren macht die Pferde fett.« Diese uralte Weisheit hat nichts von ihrer Bedeutung eingebüßt. Wer ein barockes Schönheitsideal hat, sollte dies nicht am Pferd verwirklichen.
- Es gibt keine Tabelle, anhand derer man ein Pferd füttern kann. Dafür sind die individuellen und rassebedingten Unterschiede zu groß. Ein schwerfuttriges Pferd benötigt oft die doppelte Energie- und Nährstoffmenge wie ein vergleichbares leichtfuttriges Pferd. Das bedeutet: die Bilanz muß stimmen. Ein zu fettes Pferd frißt zuviel und/oder tut zuwenig; ein zu mageres Pferd bekommt zu wenig, tut zuviel oder ist krank.
- Die bedarfsgerechte Fütterung ist bei extensiven Haltungsformen nicht möglich. Man kann nicht ein leichtfuttriges Pony, das nicht geritten wird, auf der gleichen Weide halten mit einem schwerfuttrigen Halbblüter, der im Sport geht.
- Wir sollten Pferdeaufzucht und nicht Pferdemast betreiben. Gerade unsere Jungpferde werden übertrieben gefüttert. Das bringt starke Muskeln und schwache Sehnen, Bänder und Knochen. Genau umgekehrt sollte es sein. Die Muskulatur kommt schon früh genug.
- Die Vorstellungen vom Energiegehalt einzelner Futtermittel sind teilweise recht unrealistisch. Die Bemerkung: »das Pferd bekommt doch nur Heu!« ignoriert, daß gutes Heu nur 20 % weniger Energie und Eiweiß enthält als die gleiche Gewichtsmenge Hafer. Wer aber würde einem Pferd schon freien Zugang zum Hafer gewähren?
- Bei schwerfuttrigen Pferden muß zunächst die Rauhfutterration erhöht werden. Das Pferd macht im Blinddarm jede Menge Energie und Wärme daraus. Erst im Grenzbereich wird der Konzentratfutteranteil erhöht (ich meide den Begriff »Kraftfutter«; er unterstellt, daß Rauhfutter keine Kräfte mobilisieren könne).
- Die Mehrzahl der Pferde kann die von ihnen geforderte Hobbyarbeit allein mit Rauhfutter bestreiten. Zusatzfutter hat dann bestenfalls erzieherischen Wert.
- Die Hersteller von Konzentratfuttermitteln suggerieren, daß in ihrem Futtermittel »alles drin« ist, was ein Pferd braucht. Rechnerisch mag das stimmen. Da ein Pferd in freier Natur aber sehr selektiv frißt, kann man es getrost zu den Feinschmeckern unter den Tieren zählen. Eine Wiese mit artenreichem Kräuterbewuchs und eine vielseitige phantasievolle Fütterung in der Krippe beugen Krankheiten vor und unterstützen Heilungsprozesse.

Gewichts- und Altersbestimmung

Gewichtsbestimmung und Gewichtstabelle

Für eine Reihe von medizinischen Fragen (Dosierung von Medikamenten, Narkose) sollte das tatsächliche Gewicht eines Pferdes bekannt sein. Aber auch andere Bereiche (z. B. Anhängerzuladung o. ä.) setzen die Kenntnis des Körpergewichtes voraus. Im Einzelfall ist das Wiegen naturgemäß die einzig sinnvolle Methode. Entsprechende Waagen stehen bei Baustoffbedarfmärkten, beim Landhandel oder landwirtschaftlichen Genossenschaften zur Verfügung. Ein ausreichend genaues Schätzen kann man leicht üben, indem man einige repräsentative Pferde aus dem eigenen Bestand erst schätzt und dann wiegt. So hat man zumindest eine Größenordnungsvorstellung. Genauer läßt sich das Gewicht nach der Formel von CARROL und HUNTINGTON berechnen:

$$\text{Lebendmasse (kg)} = \frac{\text{Brustumfang (in cm)}^2 \times \text{Körperlänge (in cm)}}{11\,900}$$

Bei der Überwachung der Fütterung muß man sich an die anderen Dimensionen im Vergleich zum Menschen gewöhnen. Das Pferd ist im Schnitt zehnmal so schwer wie der Mensch; folglich werden auch Änderungen im Gewicht um diesen Faktor hochgerechnet. Ein Beispiel: Ein mittelschweres Warmblutpferd wiegt im Idealfall 550 kg. Bei 500 kg wird man einen dürftigen Futterzustand attestieren, der aber immer noch im Rahmen des Tolerierbaren liegt; bei 450 kg sieht das Pferd deutlich unterernährt aus. In der anderen Richtung: Bei 600 kg erscheint das Pferd »wohlgenährt«; ab 650 kg wird auch der Laie bestätigen, daß es zu fett ist. Fazit: Schwankungen um 50 kg nach oben und

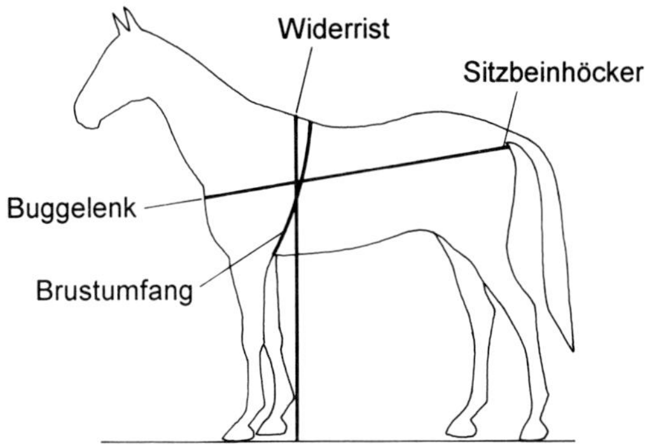

Berechnung des Gewichts aus Brustumfang und Körperlänge kann nach der Formel von CARROL und HUNTINGTON erfolgen (Körperlänge = Abstand Buggelenk–Sitzbeinhöcker).

Die einzige veränderliche Größe in dieser Formel ist der Brustumfang. Der Reiter merkt an den Löchern des Sattelgurtes, ob sein Pferd zugelegt oder abgespeckt hat.

Masse	Gewicht (kg)
Zwergshetty	sehr unterschiedlich, 80–150 kg
Shetlandpony, alter Typ	150–200 kg
Welsh A, Dartmoor	220–250 kg
Welsh B	250–300 kg
Deutsches Reitpony	sehr unterschiedlich, 280–420 kg
Islandpony, leichte Stute	330 kg
Islandpony, kräftiger Wallach	360–440 kg
Araber, leichter Vollbluttyp	370–420 kg
Araber, Shagya, Reitpferdetyp	450–500 kg
Haflinger, moderner Typ	420 kg
Haflinger, alter Typ	520 kg
Fjordpferd, moderner Typ	420 kg
Fjordpferd, schwerer Typ	450–550 kg
Englisches Vollblut	400–500 kg
Appaloosa	sehr unterschiedlich, 400–650 kg
Quarter Horse	450–550 kg
Deutsches Warmblut, leicht	500–550 kg
Deutsches Warmblut, schwer	650–700 kg
Kaltblut, Rheinisch- Belgisch	700–850 kg
Shire Horse	800–1100 kg

unten sind tolerierbar; Schwankungen um 100 kg nach oben und unten durchaus noch üblich, wenn auch nicht erwünscht.
Die Gewichtsangaben der Tabelle auf S. 19 beruhen auf Mittelwerten verschiedener Tabellen und eigenen Messungen.

Altersbestimmung

Die Kenntnis vom Alter des Pferdes ist zur Identitätssicherung, aber auch in bestimmten medizinischen Fragestellungen von Bedeutung. Daß man einem »geschenkten Gaul nicht ins Maul schaut«, liegt darin begründet, daß die Zähne des Pferdes sein Alter einigermaßen genau widerspiegeln. Sehr junge Pferde werden beim Verkauf gerne etwas älter deklariert, um so eine frühe Nutzung zu ermöglichen; häufiger werden jedoch alte bis uralte Pferde um einige Jahre jünger gehandelt.
Die Zahnaltersbestimmung ist eine Übung, die ständig praktiziert werden muß. Hier sollen nur die Grundzüge erwähnt werden, also das Prinzip des Verfahrens.

In der **Zahnformel** werden Milchzähne mit kleinen Buchstaben bezeichnet, bleibende Zähne mit Großbuchstaben. Die Abkürzungen bedeuten:

- i, I: Incisivi = Schneidezähne
- C: Caninus = Wallach-/Hengstzahn (nur als bleibender Zahn)
- p, P: Prämolaren = vordere Backenzähne
- M: Molaren = hintere Backenzähne (nur als bleibende Zähne)

Die Zahl hinter dem Buchstaben gibt seine Reihenfolge an; hochgestellt bedeutet Oberkiefer, tiefgestellt bedeutet Unterkiefer. Gezählt wird vom ersten Schneidezahn ausgehend jeweils in einer Kieferhälfte.
Das neugeborene Fohlen hat i$\frac{1}{1}$, p$\frac{2}{2}$ und p$\frac{3}{3}$, bzw. sie erscheinen in den ersten Lebenstagen. Nach 3 bis 8 Wochen erscheint i$\frac{2}{2}$, nach 5 bis 9 Monaten i$\frac{3}{3}$. i$\frac{1}{1}$ werden auch als »Milchzangen« bezeichnet.
Der Wechsel der Schneidezähne erfolgt relativ genau zu folgenden Zeitpunkten: i$\frac{1}{1}$ mit $2^1/_2$ Jahren; i$\frac{2}{2}$ mit $3^1/_2$ Jahren und i$\frac{3}{3}$ mit $4^1/_2$ Jahren. Mit etwa 5 Jahren erscheint der Wallach-/Hengstzahn (bisweilen auch bei Stuten).
Von den Schneidezähnen werden jährlich etwa 2 mm Substanz abgerieben. Die Schneidezähne treten zu folgenden Zeitpunkten in Reibung: I$\frac{1}{1}$ mit etwa 3 Jahren; I$\frac{2}{2}$ mit etwa 4 Jahren und I$\frac{3}{3}$ mit etwa 5 Jahren.

Als **Kunden** bezeichnet man längliche Vertiefungen in den Schneidezähnen, die im Oberkiefer etwa 12 mm tief und im Unterkiefer etwa 6 mm tief sind. Daraus resultiert, daß die Kunden des Unterkiefers jeweils 3 Jahre nach »Inbetriebnahme« des Zahnes abgerieben sind; im Oberkiefer dauert es 6 Jahre. Im einzelnen verschwinden also die Kunden an

I_1 mit 6 Jahren
I_2 mit 7 Jahren
I_3 mit 8 Jahren

I^1 mit 9 Jahren
I^2 mit 10 Jahren
I^3 mit 11 Jahren

Von der Kunde bleibt danach nur noch eine punktförmige »Kundenspur« zurück.
Die Veränderungen und der Wechsel an den Backenzähnen spielen für die Altersbestimmung keine Rolle. Bisweilen deutet sich ein Backenzahnwechsel durch Knochenausbuchtungen am Unterkiefer an.
Nach dem 11. Lebensjahr wird die Altersbestimmung zunehmend ungenauer. Als Anhaltspunkt dienen die Reibflächen der Schneidezähne, die bis 10 Jahre queroval, bis 15 Jahre dreieckig oder rund, ab 20 Jahre längsoval sind.
Im Alter verändert sich auch der Winkel der Ober- und Unterkieferschneidezähne zueinander. Er geht von stumpfwinklig über rechtwinklig (15 bis 18 Jahre) bis zu spitzwinklig (über 25 Jahre).
Schon geringgradige Fehlstellungen der Schneidezähne, aber auch übermäßige Abnutzung der Zähne durch Aufsetzkoppen, Barrenwetzen oder extrem harte oder weiche Fütterung erschweren die Zahnaltersbestimmung oder machen sie sogar ganz unmöglich.
Man vergißt oft, daß unsere Haustiere in der Regel die doppelte Lebenserwartung haben wie ihre wildlebenden Verwandten. So kommt es, daß bestimmte Organe – in diesem Fall die Zähne – von

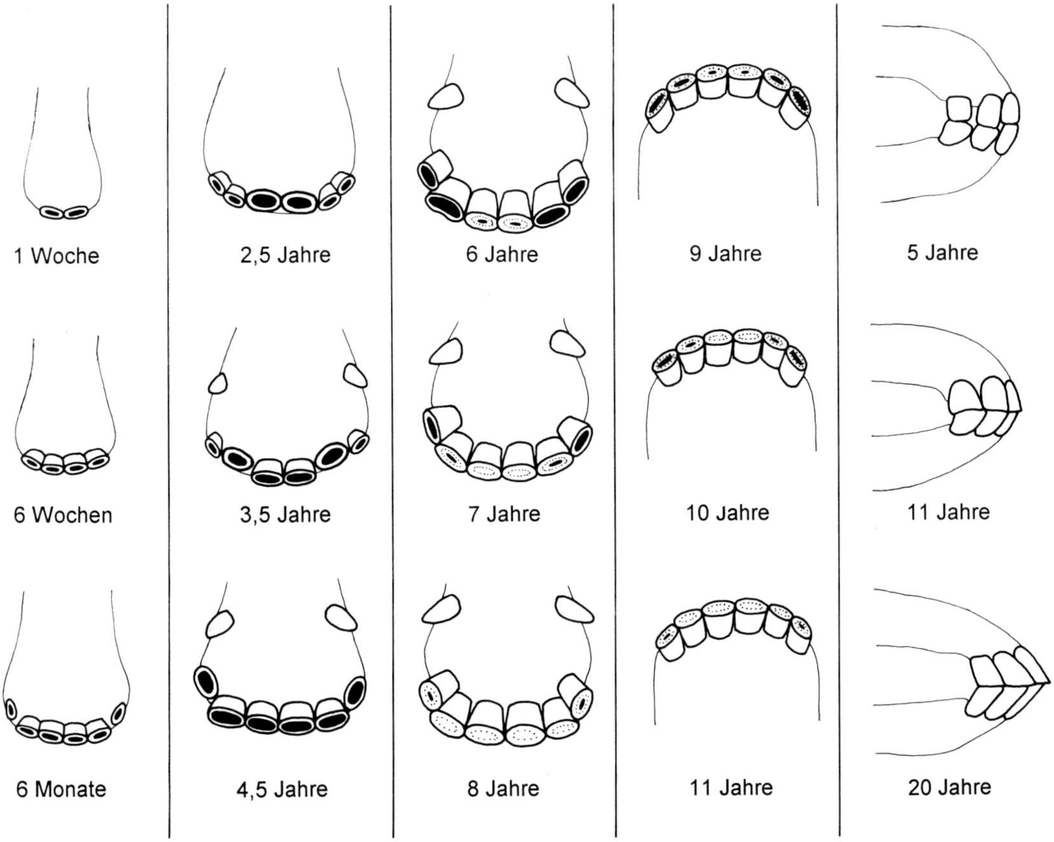

1. Spalte: Entwicklung des Fohlengebisses
2. Spalte: Wechsel der Milchzähne im Oberkiefer und Unterkiefer
3. Spalte: Abrieb der Kunden im Unterkiefer
4. Spalte: Abrieb der Kunden im Oberkiefer
5. Spalte: Aufgrund der Winkelung der Schneidezähne zueinander ist eine grobe Schätzung des Alters möglich

Natur aus nicht für ein extrem langes Leben ausgelegt sind. Manche Pferde verlieren ab dem 25. Lebensjahr natürlicherweise den einen oder anderen Backenzahn. Da in unseren Breiten der Beutegreifer als natürlicher Regulator fehlt, ist der »Zahntod« *die* natürliche Todesursache der Hauspferde; suppige Fütterung und überproportionale Konzentratfuttergaben können das Leben eines zahnarmen Pferdes jedoch oft um einige Jahre verlängern.

Anatomie des Pferdes

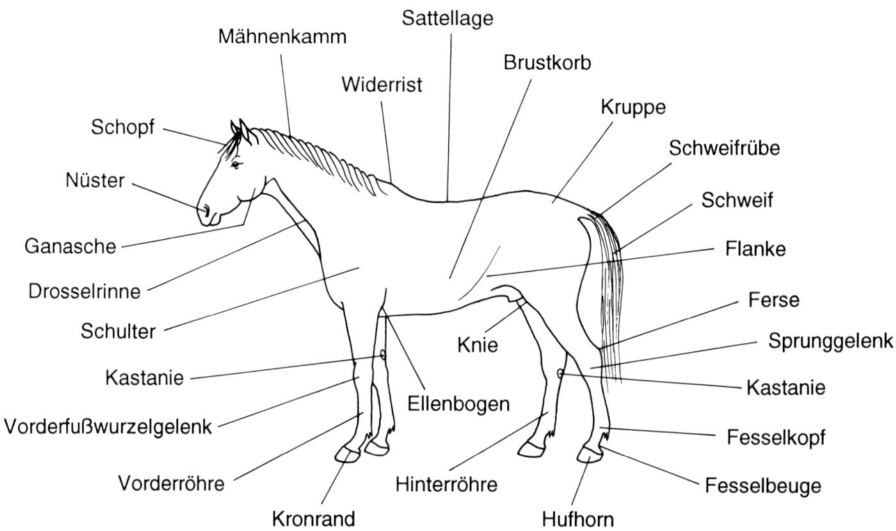

Die äußeren Körperteile des Pferdes

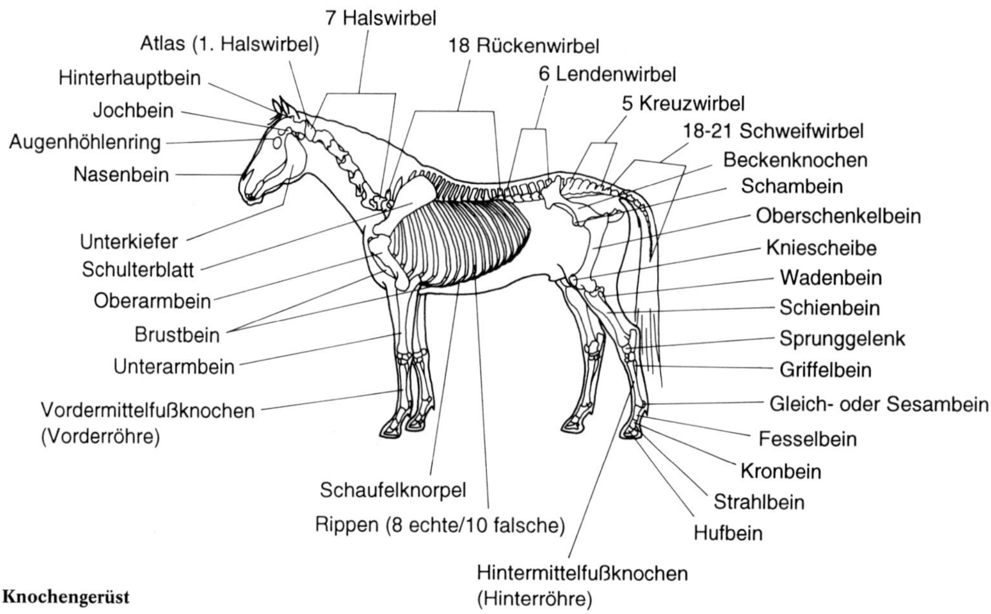

Das Knochengerüst

Erkrankungen des Atmungsapparates

Erkrankungen der Atemorgane spielen beim Pferd eine große Rolle. Es scheint in der Natur so zu sein, daß besonders hochentwickelte Organe besonders störanfällig sind: beim Rind die Vormägen und das Euter, beim Menschen die Psyche und beim Pferd Lunge und Beine. Die Notwendigkeit eines üppig dimensionierten Atemapparates ist offensichtlich: schließlich kann sich ein Fluchttier wie das Pferd im Falle einer Verfolgung keine Engpässe in der Sauerstoffversorgung leisten. Die anatomischen Verhältnisse sind in der folgenden Abbildung skizziert. Funktionell ist wesentlich, daß das Pferd bei extremer Beanspruchung seine Atemfrequenz bis zum mehr als Zehnfachen steigern kann (in der Ruhe etwa 10 Atemzüge pro Minute, bei schwerer Anstrengung über 100/Minute). Zusätzlich kann die Atemzugtiefe, das Atemvolumen, um das Zweieinhalbfache gesteigert werden. Daraus resultiert eine Gesamtsteigerung der Sauerstoffaufnahme um mehr als das Dreißigfache bei starker Beanspruchung. Eine ausreichende Sauerstoffversorgung ist wichtig, denn nur so kann der Muskel im **aeroben** Bereich arbeiten. Das bedeutet, daß er seine Energievorräte sozusagen unter Luftzufuhr verbrennen kann. Arbeitet der Muskel dagegen – bei mangelhafter Sauerstoffversorgung – im **anaeroben** Bereich, so ist die Energieausbeute wesentlich schlechter und die Ansammlung von leistungsbehindernden Stoffwechselprodukten viel größer. Vergleichsweise kann man an ein Feuer ohne ausreichende Luftzufuhr denken, welches hauptsächlich qualmt und stinkt, aber keine nennenswerte Energie produziert.

Ein Warmblutpferd in konventioneller Boxenhaltung wird jährlich im Durchschnitt für 500 DM an Atemwegserkrankungen behandelt. Der Erblichkeitsgrad für diese Erkrankungen ist vermutlich größer, als dem Züchter lieb ist. Wohlgemerkt: nicht die Bronchitis wird vererbt, wohl aber die Anfälligkeit dafür.

Ungeeignete Haltungsformen tun ein übriges. Eine Box mit direktem Frischluftzutritt – die sogenannte Außenbox – ist das mindeste, was man heute in der Pferdehaltung fordern sollte. Ich mache bewußt einen großen Bogen um den Begriff »Erkältung«. Nicht, weil er medizinisch nicht berechtigt wäre – es gibt sicherlich eine Reihe von Erkrankungen, die durch Kälte, Unterkühlung, also Erkältung, hervorgerufen oder in ihrer Entstehung begünstigt werden.

Im Zusammenhang mit Atemwegserkrankungen führt er aber auf eine falsche Fährte und bringt uns in argumentative Schwierigkeiten: Der Begriff Erkältung unterstellt, daß die Kälte bei der Entstehung der Erkrankung ursächlich mitverantwortlich ist. Folglich müßte die Erkältung auch mit Wärme zu verhindern oder zu behandeln sein. Und hier liegt der Denkfehler. Das Pferd hat als Erbe seiner Steppenvorfahren ein extremes Maß an Temperaturtoleranz mitbekommen. Temperaturen zwischen –30 °C und +30 °C spielen für sein Wohlbefinden keine Rolle.

Auch die Angst vor Zugluft ist weitgehend unbegründet. Sogar im Liegebereich einer Box, also der Einstreu, *muß* eine minimale Luftbewegung herrschen (etwa 30 cm/sec.), um die Schadgase, insbesondere das Ammoniak und den Schwefelwasserstoff, wegzupusten.

Wir prüfen die Stalluft flüchtig in Höhe unseres Kopfes, vergessen aber, daß das Pferd mehrere Stunden am Tag und in der Nacht mit seiner Nase direkt über der Einstreu atmet, also da, wo die wesentlich höhere Schadstoffkonzentration vorliegt. Vervollständigt wird diese anrüchige Situation durch das Vorhandensein von Pilzsporen und anderen Staubpartikeln, die auch in der besten Ein-

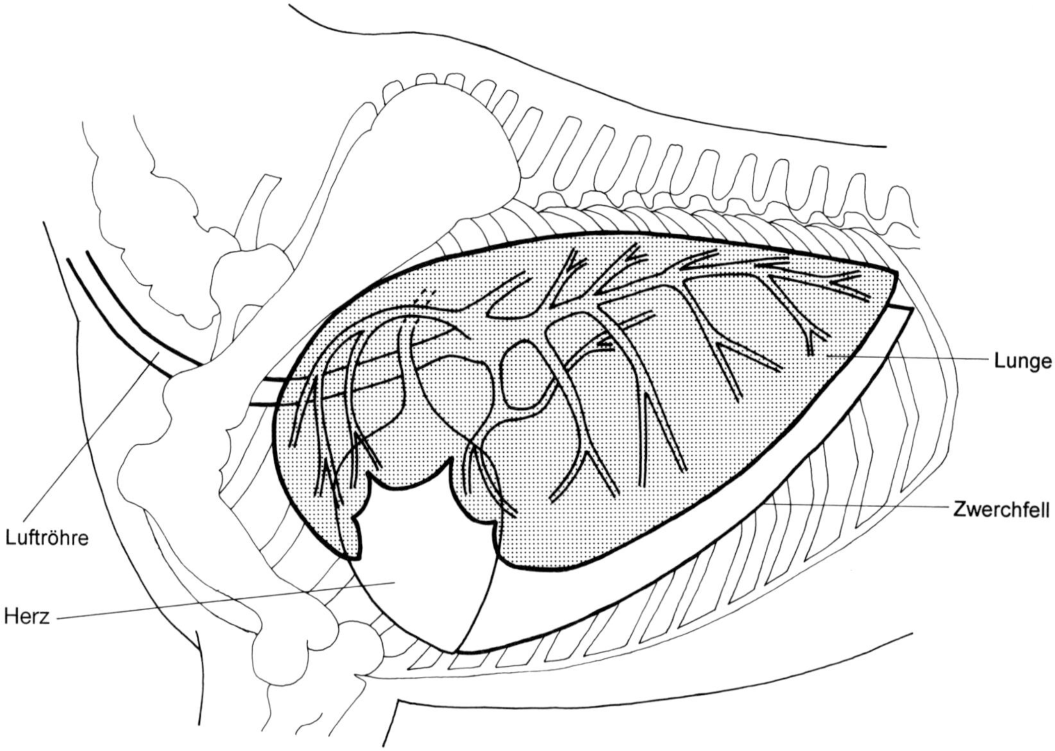

Für ein Fluchttier ist ein großvolumiges, hochspezialisiertes Atemwegssystem lebenswichtig. Für das Lungentier Pferd bedeutet dies eine erhöhte Störanfälligkeit, nicht zuletzt auch durch die ständig zunehmenden Umwelteinflüsse; für den Mediziner sind die Atemwegserkrankungen das häufigste internistische Problem bei Pferden.

streu und im besten Heu in großer Konzentration auftreten. Das Pferd als Allergietier reagiert besonders empfindlich auf verstaubte Einstreu oder Futtermittel.

Leider nehmen nur wenige Pferdehalter die Möglichkeit in Anspruch, das Stallklima objektiv erfassen zu lassen, um dann die erforderlichen Gegenmaßnahmen zu treffen. Es gibt dafür einen sogenannten **Klimakoffer,** der von vielen Landwirtschaftlichen Untersuchungsämtern eingesetzt wird. Mit ihm lassen sich die wesentlichen Faktoren des Stallklimas objektiv messen (Temperatur, Luftfeuchte, Windgeschwindigkeit, verschiedene Schadgase, Beleuchtung).

In Vorwegnahme der Therapieempfehlungen kann man sagen, daß bei *allen* Erkrankungen der Atemwegsorgane eine Optimierung der Haltungsbedingungen der erste Schritt ist. Erst danach wird über den Einsatz von Medikamenten gesprochen. Im prophylaktischen Bereich gilt sinngemäß: alles, was man dem Atmungsapparat an Streßfaktoren im Vorfeld abnehmen kann, wirkt sich positiv aus. Dazu zählt auch die Fütterung (noch) nicht erkrankter Pferde mit gewässertem Heu oder Silage, Vermeidung von unnötigem Staub beim Füttern und Einstreuen, und immer wieder: Fenster und Türen öffnen!

Ein weiteres Problem in der Therapie von Atemwegserkrankungen ist die Fixierung des Pferdehalters auf das Symptom »Husten«. So verständlich es ist, daß man dieses diskriminierende Geräusch möglichst bald nicht mehr hören möchte, so falsch wäre es, den Therapieerfolg *nur* an dessen Verschwinden zu messen. Ginge es nur darum, so könnte man die Mehrzahl aller Bronchialprobleme mit der Langzeitverabreichung von Cortison lösen. Der Husten gehört aber unter Umständen sogar mit zum Therapieplan: in vielen Fällen ist man geradezu froh, wenn endlich ein produktiver, d. h. Auswurf fördernder Husten einsetzt. Husten ist keine Krankheit, sondern ein Symptom; man sollte aber stets bestrebt sein, Ursachen abzustellen und nicht Symptome zu unterdrücken.

Eine weitere Vorwegnahme in diesem Zusammenhang: Wenn ein »Hustensaft« verspricht, daß er sekretlösend *und* hustendämpfend sei, ist er im Ausguß am besten aufgehoben. Sekret verflüssigen macht nur Sinn, wenn man den Husten nicht unterdrückt; die seltenen Fälle, in denen Husten symptomatisch unterdrückt werden muß, bedürfen keiner Sekretverflüssigung.

Abgesehen davon ist die Sekretverflüssigung beim Pferd leichter gesagt als getan. Nur wenige Medikamente und Therapieformen verdienen dieses Prädikat wirklich (s. Abschnitt Bronchitis).

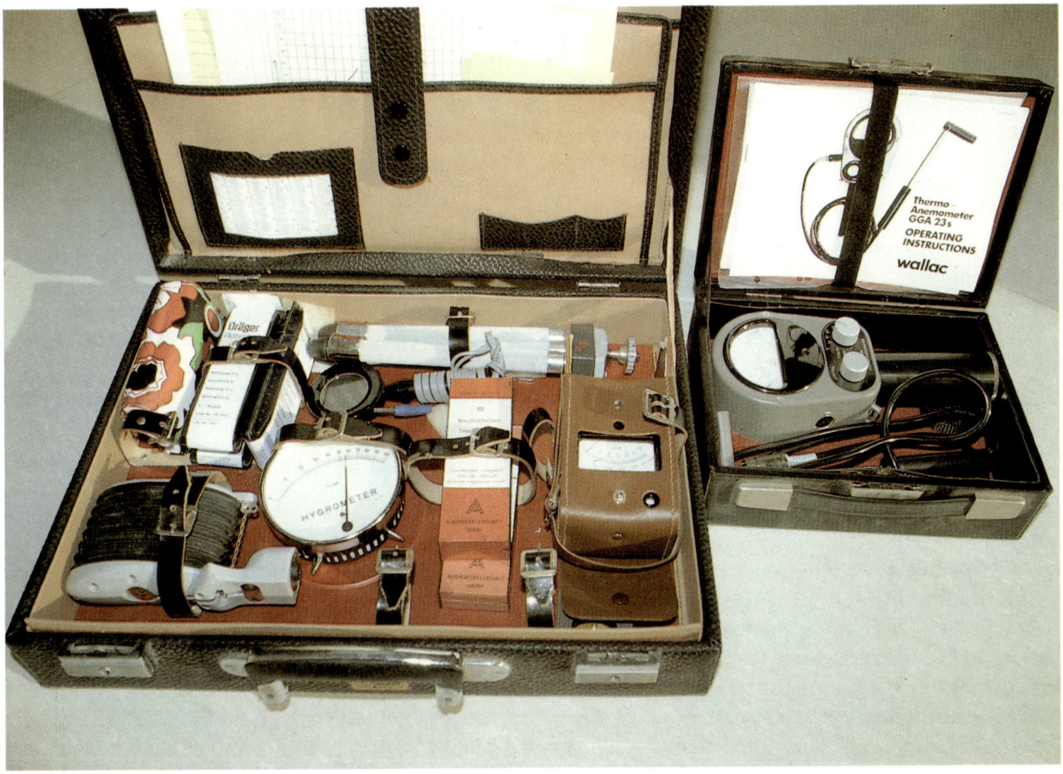

Der Klimakoffer: Er macht im Stall im wahrsten Sinne des Wortes »dicke Luft« sichtbar. Bedauerlich, daß so wenige Pferdehalter von ihm Gebrauch machen. Vielleicht haben sie Angst vor objektiven Zahlen?

Untersuchungsgang

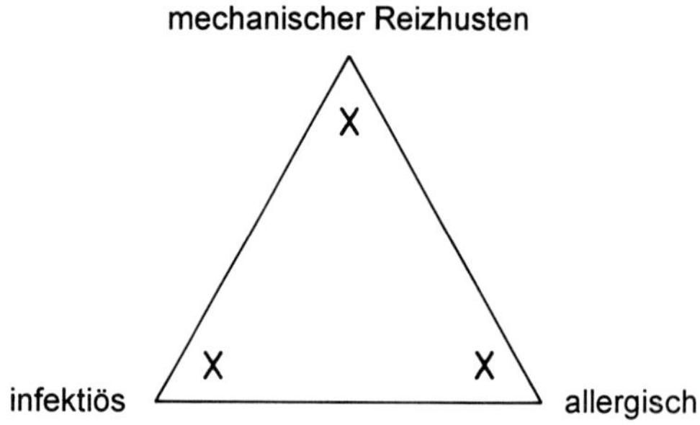

In diesem Diagramm läßt sich jedes Bronchitisproblem ursächlich einordnen. Die Ursachen einer Atemwegserkrankung können rein infektiös, allergisch oder physikalischreizend sein. Meist sind es Mischformen oder ineinander übergehende oder einander begünstigende Ursachen, denn die Bronchitis ist eine typische »Faktorenkrankheit«.

Nach dieser therapeutischen und prophylaktischen Vorwegnahme nun zum Untersuchungsgang.

Der Halter wird in der Mehrzahl der Fälle durch Husten des Pferdes darauf aufmerksam, daß im Atemwegsbereich etwas nicht stimmt. Seltener ist die Atembeschwerde ohne Husten oder die mangelnde Leistungsbereitschaft Grund für das Telefonat mit dem Tierarzt.

Der Untersuchungsgang beginnt mit dem **Temperaturmessen;** es folgen gründliches **Abhören** beider Lungenflügel und der Luftröhre vor und nach Belastung. Die Belastung kann in kurzem Longieren, Reiten oder der Gabe eines Atemstimulans bestehen. Für einfachere Zwecke reicht auch die sogenannte Atemhemmung, d. h. beide Nüstern werden zugehalten; das Pferd wird dies eine halbe Minute dulden und dann einige Male tief durchatmen.

Die **Lungenperkussion** basiert auf dem Prinzip der Schalldämpfung, die in unterschiedlich dichten Geweben unterschiedlich stark ist. Mit ihrer Hilfe kann man bei anatomisch geeigneten Tieren eine aufschlußreiche Vergrößerung oder Verkleinerung der Lungendämpfung ermitteln. Bei fetten, kurzrippigen Ponies ist die Aussagekraft eingeschränkt.

Die **Endoskopie** ist in den letzten Jahren zum festen Bestandteil der Atemwegsuntersuchung geworden. Für die Betrachtung des Kehlkopfes und der Luftsäcke eignet sich das starre, kurze **Laryngoskop,** während des flexible **Bronchoskop** bis zu 1,80 m tiefe Einblicke in die Aufzweigungen der Bronchien gewährt. Bei der Bronchoskopie wird oft auch Material für eine **Bronchialzytologie** gewonnen, d. h. das Sekret aus Bronchien oder Luftröhre wird auf seine Zusammensetzung untersucht; diese kann auf einen Entzündungsherd hinweisen. Gleichzeitig kann das Sekret **bakteriologisch** untersucht werden.

Die **Blutgasanalyse** gibt Aufschluß über das Maß der Sauerstoffsättigung des Blutes. Dazu ist eine Entnahme von arteriellem Blut erforderlich; im Vergleich zur Entnahme von venösem Blut erfordert dies etwas mehr Übung. Die Apparatur zur Blutgasanalyse ist aufwendig und lohnt nur für Kliniken; für den praktischen Tierarzt bietet sich die Zusammenarbeit mit einem Krankenhaus an. Im Normalfall beträgt der Sauerstoffpartialdruck (Pa O_2) im arteriellen Blut etwa 95 mm Hg oder mehr; bei mittleren bis schweren Lungenerkrankungen sinkt der Wert auf 70 mm Hg oder noch tiefer. Die Blutgasanalyse bietet sich zur Verlaufskontrolle der Therapie schwerer Atemwegserkrankungen an.

Weitere Untersuchungen wie Druckmessungen und Atemvolumenmessungen spielen im wissenschaftlichen Bereich eine Rolle. Wie man sieht, ist die Lunge heute aber keinesfalls mehr das unbekannte Organ. Die Mehrzahl der Befunde ist genau und objektiv zu erfassen.

Atemwegserkrankungen sind das Paradebeispiel für Faktorenkrankheiten. Ein Atemwegsproblem bewegt sich immer in einem Dreieck aus infektiösen, allergischen und mechanisch-physikalisch reizenden Prozessen (s. o.). Die meisten allergischen Bronchialerkrankungen weisen zu irgendeinem Zeitpunkt auch eine infektiöse Komponente auf und umgekehrt; eine Immunschwäche gesellt sich dazu, und die schadstoffhaltige Stalluft gibt den Bronchien den Rest. Es geht also diagnostisch in erster Linie darum, den **Ursachenschwerpunkt** zu erfassen. In der Praxis unterscheidet man Erkrankungen der oberen und unteren Atemwege.

Erkrankungen der oberen Atemwege

Rhinitis (Nasenentzündung) und Sinusitis (Nasennebenhöhlenentzündung)

Diese beiden Erkrankungen sind am ehesten mit dem Schnupfen des Menschen vergleichbar. Da es sich in der Regel um ein örtliches Geschehen handelt, verläuft die Erkrankung nicht mit Fieber oder Allgemeinstörungen. Ursache sind lokale Infektionen oder Reizzustände. Reichlich wäßriges, später schleimiges und eitriges Sekret verklebt die Nüstern. Die **Rhinitis** heilt meist nach Verbesserung der Haltungsbedingungen von alleine ab, Antibiotika sind meist entbehrlich.

Bei der **Sinusitis** sind Kiefer- oder Stirnhöhle betroffen. Bei der einseitigen Kieferhöhlenvereiterung läuft bei Kopftiefhaltung – also hauptsächlich beim Fressen – aus einer Nüster schubweise übel stinkender Eiter heraus. Durch den Druckschmerz sind solche Pferde im Allgemeinbefinden leicht gestört. Zu verwechseln ist die Kieferhöhlenvereiterung mit Wurzelvereiterungen der Backenzähne, insbesondere im Hinblick auf den Gestank (»Zahneiter«). Die Behandlung der Sinusitis erfolgt versuchsweise mit hohen und langfristigen Gaben von Antibiotika, die zwar immer sofort Besserung bringen, in der Mehrzahl der Fälle aber zu erneutem Aufflackern der Vereiterung nach Absetzen der Medikamente führen. Die wirkungsvollste Methode ist die Radikalkur der Eröffnung von außen mit anschließender wiederholter Spülung.

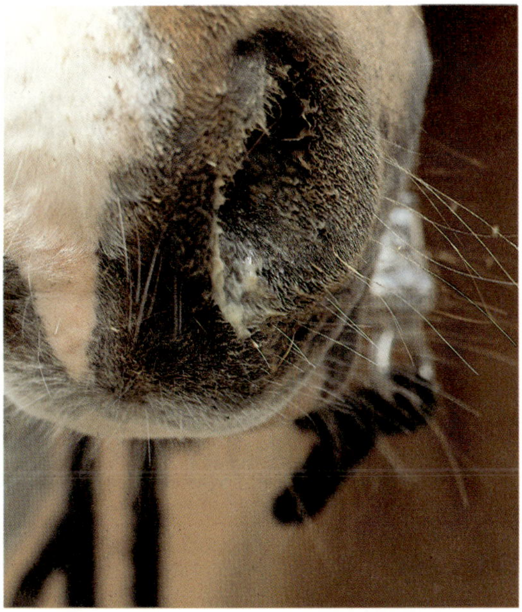

Einseitiger, meist übel stinkender Nasenausfluß tritt bei der Luftsackvereiterung, aber auch bei Nasennebenhöhlenvereiterungen auf. Vereiterte Backenzähne rufen einen ganz besonders üblen Gestank hervor (»Zahneiter«).

Bei vereiterten Zahnwurzeln muß man die Extraktion des betreffenden Zahnes in Erwägung ziehen.

Nasenbeinfraktur

Die Nasenbeinfraktur tritt recht häufig auf. Ursache sind meist Schlagverletzungen, aber auch die wohlgemeinte mechanische Hackamore-Zäumung kann diesen relativ zarten Knochen brechen. Die Folgen sind meist nicht verheerend, solange nicht durch umfangreiche Verlagerungen von Knochentrümmern und anschließenden Schwellungen die Atmung beeinträchtigt wird. Nasenbeinfrakturen heilen schnell – meist unter Hinterlassung einer individuellen Beule oder Delle, die dem Pferd eine persönliche Note gibt.

Nasenbluten

Es tritt als Folge von Gewalteinwirkungen (Sturz, Endoskop oder Nasenschlundsonde) auf, manchmal aber auch ohne erkennbare Ursache. Letzteres wird häufig beim Englischen Vollblüter beobachtet und läßt eine erbliche Veranlagung vermuten. Der Blutverlust wird meistens überschätzt, wenngleich die Box einem Schlachthaus gleicht, da die Atmung das Blut gleichmäßig an allen Wänden verteilt. Zweckmäßigerweise bindet man blutende Pferde über der Futterkrippe kurz aus; so läßt sich der Blutverlust am besten abschätzen. Die Behandlung mit Calcium, Vitamin C und K sowie Cortison ist insgesamt unbefriedigend.

Luftsackvereiterung

Die Luftsackvereiterung ist eine Sonderform der Nebenhöhlenvereiterung. Sie beginnt meist mit einer Infektion der oberen Atemwege, z. B. Druse o. ä. Davon ausgehend bricht ein Lymphknoten ins Innere des Luftsackes durch und ruft dort eine schwer zu behandelnde chronische Vereiterung hervor. Häufig treten sekundär Pilzinfektionen auf. Die endgültige Diagnose erfolgt unter Zuhilfenahme des Endoskops; auch eine Röntgenaufnahme (starkes Gerät erforderlich!) kann die Diagnose absichern. Teilweise findet man regelrecht versteinerten Inhalt (Konkremente). Es gibt verschiedene, nicht ganz ungefährliche chirurgische Methoden zur Eröffnung der Luftsäcke und zur Entfernung von Eiter und Konkrementen.

Druse

Bei der Druse handelt es sich um eine hochansteckende Erkrankung der oberen Luftwege, die vor allem Jungtiere befällt. Der Erreger ist das Bakterium *Streptococcus equi*, als Wegbereiter dienen aber auch hier vermutlich primär Virusinfektionen. Streßfaktoren wie Transport, Umgruppierung etc. begünstigen den Ausbruch der Erkrankung. Sie verläuft mit Fieber (um 40 °C) und leichter Apathie, was aber oft – speziell in der großen Fohlenherde – nicht erkannt wird. Später erfolgt eine gigantische Anschwellung der Kehlgangslymphknoten.

Therapeutisch hat man heute die Wahl, die Vereiterung der Lymphknoten zu akzeptieren und auf ihr Aufbrechen zu warten oder sie chirurgisch zu eröffnen. Die Alternative besteht in der hochdosierten Gabe von Penicillin, was die Abszedierung unterbindet, aber vermutlich auch die Immunitätsausbildung. Wie bei allen Kinderkrankheiten gilt: wenn sie ältere Tiere befällt, ist der Verlauf kritischer. Dies ist ein Grund mehr, die vermutlich primären Virusinfektionen (Herpes, Influenza) durch Schutzimpfungen zu verhindern (siehe Seite 109).

Kehlkopfentzündung (Laryngitis)

Die Kehlkopfentzündung bereitet dem Halter und Reiter viel Ärger. Der Kehlkopf ist ein winziges Organ von einigen Quadratzentimetern Oberfläche, das aber doch imstande ist, ein Pferd lebenslang mit dem Symptom »Husten« auszustatten. Besonders die follikuläre Kehlkopfentzündung hat sich diesbezüglich einen gefürchteten Namen gemacht. Sie spielt oft in gutachterlichen Stellungnahmen eine Rolle, da sie die Symptome des Kehlkopfpfeifens (Gewährsmangel!) imitiert. Ursache sind einmal mehr Herpesviren, aber auch Dauerschädigungen durch Reizgase. Das Herpesvirus behauptet sich als Platzhirsch und wird nicht ohne weiteres weichen. Im Endoskop präsentiert sich die follikuläre Laryngitis, auch kurz **»Follikulitis«** genannt, als imposante himbeerartige Wucherung auf dem Kehlkopf. Es besteht in der Regel keine Leistungsbeeinträchtigung; lediglich bei schweren Formen, die dem Kehlkopfpfeifen nahekommen, ist bei starker Beanspruchung Atemnot zu bemerken.

Fast immer ruft die chronische Follikulitis einen lästigen, hart klingenden Husten hervor. Die Behandlung ist insgesamt nicht zufriedenstellend. Örtliche Spülungen mittels Katheter sind denkbar, aber unter Praxisbedingungen nicht immer durchführbar. Langfristige Antibiotika- und Cortisongaben kommt dem Schießen mit Kanonen auf Spatzen gleich. Bei der Virus-Hypothese bietet sich ein wiederholter Einsatz von Paramunitätsinducern (siehe Seite 107) an. Vielleicht wird die laserchirurgische Behandlung der Follikel (Bläschen) unter endoskopischer Kontrolle bald praxisreif.

Das Kehlkopfpfeifen (Kehlkopflähmung, Hemiplegia laryngis)

Diese Erkrankung gilt als Gewährsmangel (siehe Seite 115). Ursächlich unterscheidet sich der echte Kehlkopfpfeifer von der chronischen Follikulitis (s. o.) dadurch, daß hier eine Lähmung des Nervus recurrens vorliegt. Dieser Nerv versorgt Teile der Kehlkopfmuskulatur. Die Lähmung dieses Nervs wird fast ausschließlich bei großen Pferden, und hier wiederum vermehrt bei Wallachen, beobachtet; eine mechanische Überbeanspruchung aufgrund der großen Dimensionen wird als Ursache diskutiert. Auf jeden Fall liegt eine Veranlagung vor.

Im klassischen Fall ist die Erkrankung auf der linken Seite stärker ausgeprägt als auf der rechten. In leichten Fällen tritt ein mehr oder weniger unästhetisches Geräusch beim Einatmen auf, das sich in schweren Fällen bis zur Atemnot steigert. Solche Pferde sind für schwerere Beanspruchung nicht geeignet. Konservative Behandlungsmethoden existieren nicht; die chirurgische Behandlung ist heute so weit ausgereift, daß sie für Spezialkliniken zur Routineoperation geworden ist. Danach sind die Pferde wieder voll belastbar.

Erkrankungen der unteren Atemwege

Luftröhre (Trachea)

Sie stellt funktionell das Bindeglied zwischen den oberen Atemwegen und den Bronchien dar. Isolierte Erkrankungen der Luftröhre sind selten; zumeist sind sie mit Erkrankungen der oberen Luftwege oder der Bronchien vergesellschaftet. In lebensbedrohlichen Atemnotsituationen (Insektenstich im Rachenbereich, tumoröse Verengung der oberen Atemwege) erinnert man sich an den uralten **Luftröhrenschnitt,** der schon vielen Pferden das Leben gerettet hat. Selbst mit einem Dauertubus in der Luftröhre ist noch eine weitgehende Nutzung (leichte Arbeit, Zucht) möglich. Bei endoskopischer Betrachtung fallen gerade im Bereich des tiefsten Punktes der Luftröhre oft imponierende Schleimansammlungen und Sekretseen auf.

Bronchitis

Die Bronchitis ist *das* Standardproblem im Bereich der Atemwege. In Ursache, Verlauf, Intensität und Therapie ist sie sehr vielgestaltig. Im therapeutischen Bereich hat man in den letzten Jahren erhebliche Fortschritte gemacht.
Die akute Bronchitis ist in dem skizzierten Ursachendreieck (siehe Seite 26) zunächst meist in der infektiösen Ecke angesiedelt. Dabei handelt es sich primär um Virusinfektionen (Influenza, Reoviren, Adenoviren), die sekundär durch Bakterien und Mykoplasmen (das sind bakterienähnliche Mikroorganismen) kompliziert werden. Bei einer **akuten infektiösen Bronchitis** besteht je nach Erregerart mäßiges bis hohes Fieber; zunächst gibt es reichlich wäßrigen Nasenausfluß, der aber schnell schleimig und schließlich gelbgrün-eitrig wird. Das Allgemeinbefinden ist – je nach Erregerart und Verfassung – leicht bis hochgradig gestört, die Atmung erschwert. Beim Abhören fällt das ganze Spektrum krankhafter Atemgeräusche auf, deren Wiedergabe mit Worten nur schwer möglich ist: Pfeifen, Rasseln, Knistern oder beängstigende Stille, wenn ein Lungenabschnitt gänzlich unter Wasser steht. Der Husten ist eher flach, kraftlos und zunächst unproduktiv. Der Laie beurteilt die Qualität des Hustens meist genau verkehrt herum:

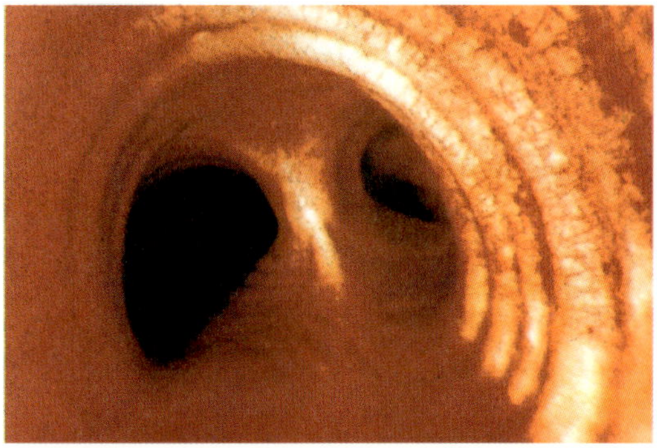

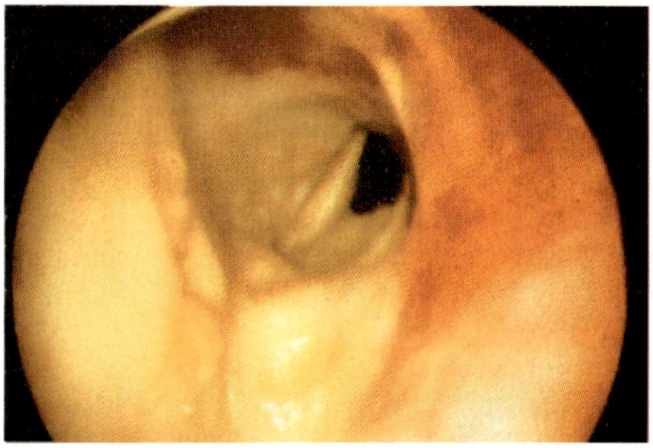

Ein Blick nach innen: das obere Bild zeigt eine normale, sekretfreie Luftröhre mit einer deutlich erkennbaren Aufzweigung.
Unten: rien ne va plus (»nichts geht mehr«). Zähflüssiger Eiter verstopft sogar die großen Luftkanäle und legt die kleinen Bronchien vollständig lahm. Schwere Atemnot ist die Folge. (Aufnahmen: Prof. Deegen, Hannover)

Ein harter, knallender Husten wird als »von unten heraus« klassifiziert; dabei kommt er meist aus dem Kehlkopfbereich. Zum Vergleich: Wer sich beim Kaffeetrinken verschluckt (Kehlkopf!), hustet laut und hart. Im Rahmen einer Bronchitis, insbesondere wenn auch noch das Brustfell in Mitleidenschaft gezogen ist **(Brustfellentzündung),** ist der Husten oberflächlich, leise und kraftlos.
Die akute Bronchitis heilt ab oder geht in ein chronisches Stadium über. Der Sekretsumpf des Bronchialschleimes ist ein idealer Haftgrund für Allergene (Staub, Schimmelpilze), so daß spätestens hier eine Mischform aus Infektionskrankheit und Allergie entsteht, was in der Behandlung – oder wichtiger noch in der Prophylaxe – berücksichtigt

werden muß. Eine akute Bronchitis im Virusstadium wird mit Paramunitätsinducern oder anderen abwehrsteigernden Mitteln behandelt; sobald Bakterien auftreten, kann man mit der antibiotischen Behandlung beginnen. Dabei wäre es aus medizinischen Gründen wünschenswert, wenn man eine Erregerbestimmung mit Untersuchung der Resistenzlage des entsprechenden Erregers durchführen ließe. In der Praxis scheitert dies an dem zeitlichen Verzug, der dadurch eintritt. Ein Antibiogramm mit Resistenzbestimmung dauert im ungünstigen Fall eine Woche – zu lange, um in der Praxis hilfreich zu sein. Man wird also auf Antibiotika ausweichen, die der Erfahrung nach gut wirksam sind und deren Nebenwirkungen sich in Grenzen halten. Gut verträglich sind im allgemeinen Langzeit-Penicilline. Sie wirken zwar nur gegen bestimmte (sogenannte grampositive) Erreger, z. B. Streptokokken. Da diese aber meist den Hauptbestandteil der Erreger ausmachen, ist zumindest diese Front zunächst entschärft. Ähnlich gut wirken Langzeit-Sulfonamide in Kombination mit Trimethoprim. Daneben gibt es eine Reihe gut verträglicher, oral zu verabreichender Antibiotika, die aber bei längerer Anwendung teilweise zu Darmproblemen führen.

Ist die akute Bronchitis eher durch allergische Merkmale gekennzeichnet, so stellt sich ein sogenannter **Bronchospasmus** ein, d. h. die Bronchialmuskulatur verkrampft sich und verengt die Bronchien. Dies bedingt einen Teufelskreis, da die spastisch verengten Bronchien das Sekret erst recht nicht freigeben. In dieser Situation hat sich die Gabe eines Bronchospasmolytikums (z. B. Ventipulmin) bewährt. Bei starken, asthmatischen Atemnotfällen ist ein Kurzzeit-Cortison oder ein Euphyllin-Präparat vorzuziehen.

Bei jeder akuten Bronchitis muß der Patient geschont werden – das heißt aber nicht Boxenruhe bei verschlossenen Luftlöchern, sondern freiwilliger Aufenthalt im Paddock oder auf der Wiese, sofern nicht gerade Eisregen eine zusätzliche Unterkühlung herbeiführt. Man sollte dem Pferd sinngemäß das antun, was man sich selber auch bei einem grippalen Infekt mit Bronchialkatarrh gönnt: vorsichtiges Spazieren an frischer Luft. Gearbeitet wird erst nach vollständiger Genesung wieder.

Leider gelingt auch bei hohem therapeutischem Aufwand nicht bei jeder akuten Bronchitis die Heilung. Bisweilen resultiert eine **chronische Bronchitis** daraus. Man hört in diesem Zusammenhang oft den Begriff »verschleppte Bronchitis«. Ich meide diesen Ausdruck, denn er unterstellt sinngemäß, daß irgendjemand die Situation verschlafen, falsch eingeschätzt oder falsch behandelt hat. Das trifft nicht zu. Der Hang zur Chronizität ist meist vorgegeben und wird durch eine geringe Reformfreudigkeit des Halters in puncto Haltungsbedingungen noch verstärkt.

Die Diagnose der chronischen Bronchitis ähnelt jener der akuten, aber mit anderen Schwerpunkten. Fieber fehlt gänzlich, das Allgemeinbefinden ist ungestört, die Atemfunktion meist geringer gestört als bei der akuten Bronchitis. Diagnostisch verschiebt sich der Schwerpunkt auf die Bronchoskopie und Belastungsproben. Vom Resultat der Bronchoskopie macht man die Therapie abhängig. Wenn eine starke Vereiterung vorliegt, kommt eine Antibiose in Betracht. Bei sehr zähem Schleim, der nicht abgehustet werden kann, muß das Sekret verflüssigt werden.

In den letzten Jahren hat man gute Erfahrungen mit einer zwar aufwendigen, aber sehr wirksamen Behandlungsmethode gemacht: der **Hyperfusion** (auch als Lungenwäsche oder Kochsalzspülung bezeichnet). Ihr liegt folgendes Prinzip zugrunde: Durch Zufuhr von großen Mengen Kochsalzlösung (intravenös und/oder per Nasenschlundsonde) werden gewissermaßen alle Körperflüssigkeiten und Sekrete, also auch das zähe Bronchialsekret, verflüssigt. Dies läßt sich endoskopisch, teilweise auch durch Abhören überprüfen. Die Behandlung erstreckt sich über mehrere Tage; oft wird sie mit anderen Maßnahmen wie Sekretverflüssigung und Lösung des Bronchialspasmus kombiniert.

Nicht zu unterschätzen ist der erzieherische Effekt einer solchen Behandlung: Wer einige Tausend DM für eine Bronchitisbehandlung bezahlen muß, wird in Zukunft ein offenes Ohr für alle vorbeugenden Maßnahmen haben.

Inhalieren bringt in vielen Fällen auch bei der chronischen Bronchitis eine Erleichterung. Im Inhalationsgemisch können eine Vielzahl desinfizierender, entzündungshemmender und sekretlösender Substanzen untergebracht werden. Wichtig ist, daß das Inhalat »lungengängig« ist, d. h. die Teilchengröße des vernebelten Gemisches darf 1 bis 2

Tausendstel Millimeter nicht überschreiten. Dies ist mit dem üblichen Kochtopf nicht zu erreichen; er produziert Wassertröpfchen in der Größe zwischen 5 und 10 Tausendstel Millimeter. Zur Bronchialbehandlung hat sich deshalb heute der Ultraschallvernebler durchgesetzt. Voraussetzung für die Inhalationsbehandlung vor Ort ist, daß das Pferd die Atemmaske duldet. In Kliniken wird bisweilen ein extra dafür eingerichteter Raum vernebelt.

Die Begriffe **CO B** (= **c**hronisch **o**bstruktive **B**ronchitis) oder **CO P D** (= **c**hronic **o**bstructive **p**ulmonary **d**isease) stellen keine neue Krankheit dar; sie betonen aber die Bedeutung des Bronchialspasmus und den Wert der in diesem Bereich ansetzenden vorbeugenden und therapeutischen Maßnahmen.

Lungenemphysem (Lungenblähung)

Diese Erkrankung entsteht selten als akutes Ereignis im Zusammenhang mit einer momentanen Überforderung der Lunge (Unfall, asthmatischer Anfall); zumeist ist das Lungenemphysem der traurige und nicht wiedergutzumachende Endzustand einer chronischen Bronchitis. Wird eine Lunge, die in ihrer Kapazität eingeschränkt ist, überfordert, so platzen nach und nach die winzigen Lungenbläschen (Alveolen). Sie werden durch Bindegewebe ersetzt und damit funktionsunfähig. Ein Lungenemphysem geht also immer mit einer verminderten Sauerstoffaufnahmekapazität einher. Wird das Pferd nicht gefordert, kann es bis zu einem gewissen Grade gut mit dem Emphysem leben, da es nicht schmerzhaft ist. Bei Anstrengung kommt das Pferd jedoch sofort »aus der Puste«. Es muß neben der üblichen Zwerchfellsatmung vermehrt auf die Bauchmuskulatur beim Ein- und Ausatmen zurückgreifen. Daraus entwickelt sich in schweren Fällen eine übermäßige Ausbildung dieser Hilfs-Atemmuskulatur, die dann als »Dampfrinne« hervortritt.

Das chronische Lungenemphysem ist nicht heilbar. Wenn gelegentlich doch Besserungen im Befinden geschildert werden, so liegt das daran, daß meist nur Teile der Lunge emphysematös wurden. Im übrigen Teil der Lunge liegt eine akute oder chronische Bronchitis vor, die bei entsprechender Pflege weitgehend ausheilt. Mit anderen Worten: Wenn ein Teil der Lunge emphysematös ist, muß man alles daran setzen, den halbwegs gesunden Teil der Lunge so gut wie möglich zu erhalten.

Dämpfigkeit

Das chronische Lungenemphysem ist die häufigste Ursache für den forensischen, d. h. gerichtlich (im Sinne eines Gewährsmangels, siehe Seite 115) festgestellten Tatbestand der **Dämpfigkeit.** Dämpfigkeit ist somit im Grunde genommen *kein medizinischer,* sondern ein *rechtlicher* Begriff und ist wie folgt definiert: Es handelt sich um eine »Atembeschwerde, die chronisch und unheilbar ist und ihre Ursache in einer Erkrankung der Lunge oder des Herzens hat.« Theoretisch kann also auch ein Herzfehler, der Atembeschwerden verursacht, und nicht heilbar ist, forensisch als Dämpfigkeit eingestuft werden.

Man kann einem dämpfigen Pferd auf verschiedene Art Erleichterung verschaffen. Medikamentös geschieht das häufig durch Gabe eines Langzeit-Cortisons. Seine Wirkung ist teilweise so verblüffend, daß ein Laie ein dämpfiges Pferd nicht als solches erkennt. So ist dies denn auch eine der häufigsten »Roßtäuschereien«, wenn es um den Verkauf eines dämpfigen Pferdes geht. Der Tierarzt kann die Dämpfigkeit durch Abhören, Perkussion (bei entsprechender Anatomie) und im Zweifelsfall durch Zusatzuntersuchungen diagnostizieren.

Rotz

Als rein forensische Angelegenheit kann heute hierzulande der **Rotz** (Gewährsmangel, siehe Seite 115) betrachtet werden. Es handelt sich um eine bakterielle Infektion, die in Osteuropa und Asien beheimatet ist.

Lungenwurm

Bei sehr hartnäckigen chronischen Bronchitiden muß man noch an den Lungenwurm *(Dictyocaulus arnfieldi)* denken. Er ist üblicherweise beim Esel beheimatet – etwa die Hälfte aller Esel ist befallen – und geht nur ausnahmsweise (1 %) ins Pferd. Der Nachweis erfolgt über Kotprobe oder im Bronchialschleim. Zur Behandlung ist Ivermectin (Ivomec) das geeignete Mittel. Werden Esel und Pferde konsequent behandelt, erübrigt sich die Forderung nach getrennter Haltung dieser beiden gerne vergesellschafteten Pferdeartigen.

Erkrankungen von Herz, Kreislauf und Blutgefäßen

Das Herz ist in seiner Anlage und Funktion mit einer Doppelpumpe zu vergleichen. Es besteht prinzipiell aus einem großen Muskel mit vier Hohlräumen: zwei Vorhöfen (Vorkammern) und zwei Herzkammern. Sein relativ hohes Gewicht von bis zu 1 % des Körpergewichtes deutet auf die funktionellen Reserven hin, die das Pferd als Fluchttier haben muß.

Eine Pumpe dient dazu, einen Kreislauf mit Druck zu versorgen und in Betrieb zu halten; eine Doppelpumpe versorgt folglich zwei Kreisläufe. Wir sprechen bei den Säugetieren vom **großen** oder **Körperkreislauf** und vom **kleinen** oder **Lungenkreislauf.**

Der Weg des Blutes ist also folgender: Verbrauchtes, d. h. sauerstoffarmes Blut gelangt über die vordere und hintere Hohlvene in die rechte Vorkammer und von dort über Ventile, die **Herzklappen,** in die rechte Herzkammer. Beim Zusammenziehen der Herzmuskulatur (Kontraktion), die akustisch beim Abhören des Herzens oder auch durch Tasten wahrnehmbar ist, wird das Blut aus der rechten Herzkammer in den Lungenkreislauf gepumpt. Dort verzweigen sich die Lungengefäße in immer kleinere Arterien, die letztlich im **Kapillargebiet** der Lunge enden. Hier findet im Bereich der Lungenbläschen die Sauerstoffaufnahme statt; gleichzeitig wird das CO_2 des verbrauchten Blutes abgegeben (»abgeatmet«). Von der Lunge fließt das sauerstoffreiche Blut zurück zum Herzen in die linke Vorkammer und die linke Kammer. Von dort aus wird es mit der gleichen Muskelkontraktion in den großen Körperkreislauf gepumpt. Dort wird der Sauerstoff für Stoffwechselleistungen verbraucht, und anschließend gelangt das Blut über das Kapillargebiet des großen Kreislaufes schließlich wieder in die vordere oder hintere Hohlvene; der Kreislauf ist komplett.

Kurz gefaßt heißt das also: Die Arterien des großen Kreislaufes führen sauerstoffreiches Blut, die Venen sauerstoffarmes; im Lungenkreislauf liegen die Verhältnisse logischerweise genau umgekehrt. Sauerstoffreiches Blut ist heller als verbrauchtes Blut; Blutungen aus arteriellen Gefäßen des großen Kreislaufes spritzen im Rhythmus des Herzschlages, venöse Blutungen hingegen sickern aus der Wunde.

Durch die unterschiedlichen Druckverhältnisse befinden sich immer etwa drei Viertel des gesamten zirkulierenden Blutes im venösen Teil des großen Kreislaufs, etwa ein Viertel im arteriellen Teil. Die Gesamtblutmenge beträgt bei allen Säugetieren etwa 7 % der Körpermasse; dies ergibt für ein 500 kg schweres Pferd etwa 35 l.

Der Vollständigkeit halber muß noch der **Pfortaderkreislauf** erwähnt werden. Er ist dem großen Körperkreislauf im Nebenschluß parallel geschaltet. Die abführenden Venen der Verdauungsorgane fließen zunächst zur Leber und von dort in das allgemeine Venensystem. Dadurch wird eine Überlastung des Körperkreislaufs mit unnötigen Stoffwechselprodukten, die für die Leber bestimmt sind, vermieden.

Die Untersuchung von Herz und Kreislauf erfolgt in erster Linie durch Abhören mit dem Phonendoskop. Dabei wird beim Herzen auf die Frequenz, Intensität, Rhythmik und auf Nebengeräusche geachtet. Gerade die Beurteilung von Nebengeräuschen ist äußerst schwierig, da ein Pferd auch im Normalfall eine Fülle von oft recht abenteuerlich klingenden Nebengeräuschen aufweist, die meist unter Belastung verschwinden und deshalb klinisch keine Bedeutung haben. Es sind pfeifende oder schabende Geräusche, die von Verengungen oder Strömungswirbeln der herznahen Gefäße herrühren. Manchmal sind es mangelhaft

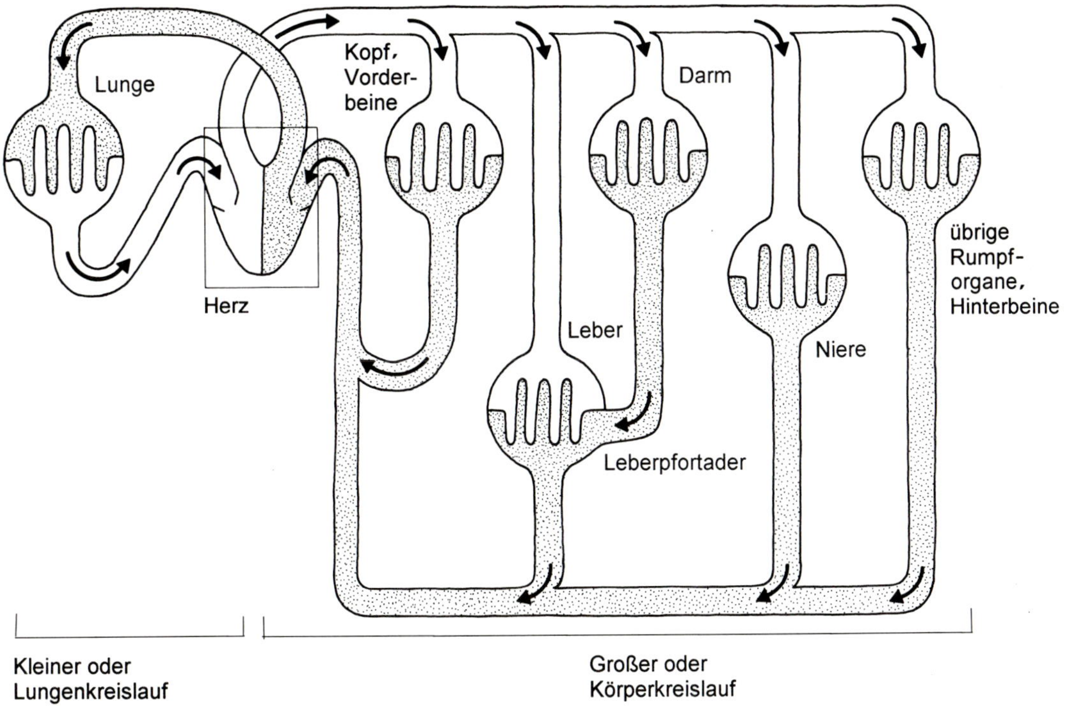

Da wird jeder Ingenieur neidisch: genial einfach, aber zuverlässig wird das sauerstoffarme Blut vom Herzen in die Lunge gepumpt und dort mit Sauerstoff angereichert; dann fließt es zurück zum Herzen (kleiner oder Lungenkreislauf). Die zweite Herzkammer pumpt das sauerstoffreiche Blut zu den Verbraucherorganen (großer oder Körperkreislauf). Das nährstoffreiche Blut aus dem Darmbereich geht über den Pfortaderkreislauf als Abkürzung direkt zur Leber, wo die Nährstoffe umgesetzt werden.

schließende Herzklappen, die bei der Herzkontraktion einen Teil des Blutes wieder in den Vorhof zurückdrücken; selten handelt es sich um ein Loch in der Herzscheidewand oder das Fortbestehen eines embryonalen Blutgefäßes, daß sich normalerweise sofort nach der Geburt schließt.
Gerade weil die Beurteilung von Herzerkrankungen so schwierig ist, sollte man sich im Zweifelsfall an den Internisten wenden. Untersuchungen mit dem EKG sind zwar vor Ort durchführbar, ihre Interpretation ist aber schwierig. Blutdruckmessung, Röntgen- und Ultraschalluntersuchung und Messung des Herzminutenvolumens sind ausgesprochene Spezialuntersuchungen.

Reizbildung und Reizleitung

Das Herz hat – neben seiner Verknüpfung mit dem allgemeinen vegetativen Nervensystem – eine eigene **Reizbildung** und **Reizleitung.** Das führt dazu, daß das Herz auch nach Eintreten des Hirntodes weiterschlägt, wenn es ausreichend mit Sauerstoff und Nährstoffen versorgt wird. Dieses eigene Reizbildungs- und -leitungssystem ist hin und wieder Quelle von Störungen, die sich aber vor Ort kaum näher bestimmen lassen. Das EKG liefert hier wertvolle Befunde.
Während das **Vorhofflimmern** nicht unbedingt lebensbedrohlich und teilweise medikamentös zu beherrschen ist, bedeutet ein **Kammerflimmern** immer den unmittelbar bevorstehenden Tod.

Die Behandlung von Reizbildungs- und Reizleitungsstörungen geschieht mit Chinidin-Präparaten; da oft gleichzeitig eine allgemeine Herzmuskelschwäche vorliegt, wird häufig parallel ein Digitalis-Präparat (gewonnen aus der Pflanze *Digitalis purpurea* = Roter Fingerhut) eingesetzt. Digitalispräparate steigern die Herzmuskelleistung.

Herzmuskelerkrankungen, Erkrankungen der Herzklappen und des Herzbeutels

Solche Herzkrankheiten entstehen oft im Gefolge von bakteriellen Infektionen oder Virusinfektionen; bisweilen verirren sich auch Wanderlarven oder Strongyliden in die Herzmuskulatur (siehe Seite 49).
Klinisch ist all diesen Herzerkrankungen gemeinsam, daß sie – und zwar meist nur in fortgeschrittenen Fällen – Leistungsschwäche nach sich ziehen. Da ein Pferd die Anfangsstadien solcher Erkrankungen nicht offen darlegt, geschieht es nicht selten, daß man einem vorgeschädigten Pferd eine außerordentliche Leistung wie eine Herbstjagd o. ä. abverlangt. Das Pferd signalisiert von sich aus keine Vorboten eines bevorstehenden Kollapses; oft endet solch ein Gewaltmarsch dann in einem **plötzlichen Herztod,** der den Reiter völlig unvorbereitet überrascht, da er von der absoluten Gesundheit und Leistungsfähigkeit seines Pferdes überzeugt war.

Plötzlicher Herztod

Dieser Begriff ist der Humanmedizin entlehnt. Man kann darüber streiten, ob er trotz seiner wenig exakten Definition für das Pferd übernommen werden sollte. Er schildert aber anschaulich das überraschende und schicksalhafte Moment solcher Todesfälle, zu denen auch viele andere Herzerkrankungen wie Muskelriß, Tamponade oder Gefäßriß der Hauptschlagader (Aorta) zählen. Auch bestens trainierte, völlig unverdächtige Pferde sind vor diesem Schicksal nie ganz sicher.

Erkrankungen der Blutgefäße

Sie sind zum größten Teil Folgeschäden von Verwurmungen.

Wurmaneurysma

Als typische Erkrankung ist das Wurmaneurysma anzusehen. Die Wanderlarven der Strongyliden setzen sich mit Vorliebe in der Gekrösewurzel, d. h. der zentralen Schaltstelle der Nerven und Blutbahnen des Verdauungsapparates, fest. Daraus resultieren dauerhafte oder rezidivierende Koliken, Durchfälle und Abmagerung. Da die Larven dort massive funktionelle Störungen mit dauernden Gewebsschädigungen hervorrufen, nützt auch eine intensive Wurmbehandlung in diesem Stadium nicht mehr viel. Die nächste Komplikation des Wurmaneurysmas ist die Thrombose oder Embolie weiterer Darmgefäße, d. h. Verstopfung durch losgelöste und fortgespülte Partikel des Wurmaneurysmas. Dies führt zu Mangeldurchblutungen der betroffenen Darmabschnitte.

Thrombose der Aortenaufzweigung

Dies ist eine Sonderform der Thrombose. Man vergleicht bei der rektalen Untersuchung (siehe Seite 45) die Symmetrie der rechten und linken Beckenarterie; ist diese nicht gegeben, so besteht der Verdacht, daß eine der beiden Arterien durch einen Thrombus verstopft ist. Bei Belastung ergibt sich dann das Bild des **intermittierenden Hinkens,** da die Mangeldurchblutung der betreffenden Gliedmaße sehr schmerzhaft ist. In der Ruhe und zu Beginn der Belastung bestehen keine Beschwerden. Die Behandlung ist allerdings wenig erfolgversprechend.

Anämie und Präanämisches Syndrom

Die Anämie oder Blutarmut wird bei Pferden sehr häufig beobachtet. Der Begriff **»Präanämisches Syndrom«** zeigt einige Besonderheiten. Die Einstufung als Syndrom verrät, daß es sich um Symptome handelt, die mit gewisser Regelmäßigkeit beobachtet werden und deren eigentliche Ursa-

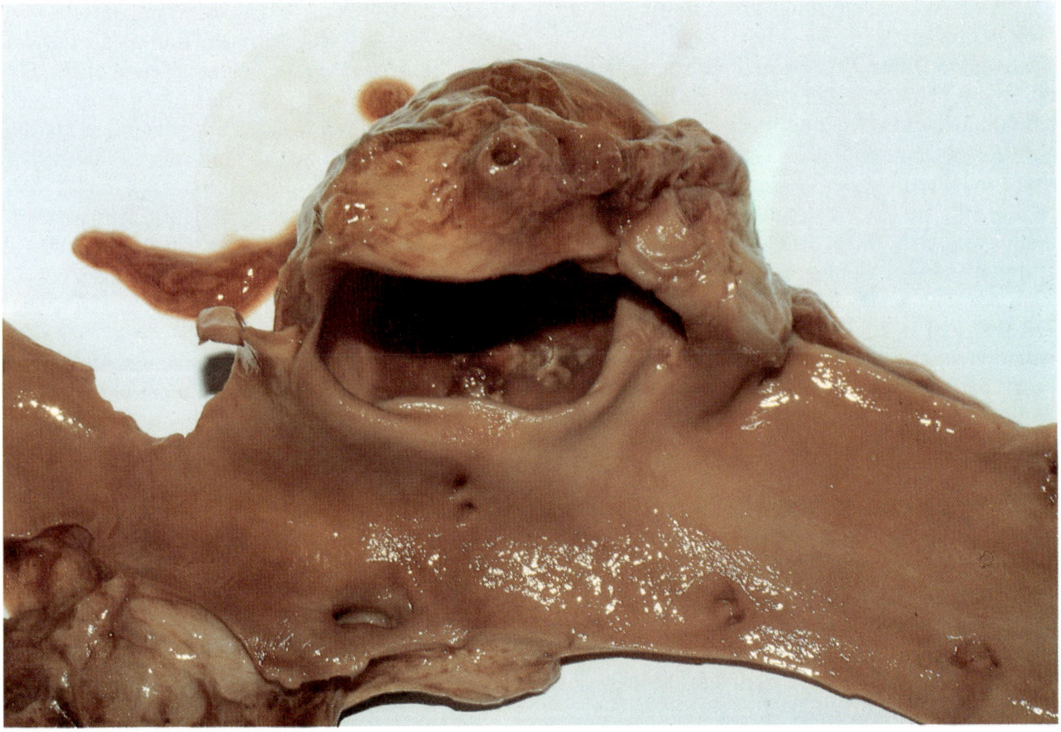

Wurmaneurysma in der großen Körperschlagader (Aorta). Diese parasitäre Bedrohung wird insbesondere beim Fohlen oft unterschätzt.

Chronische Durchblutungsstörungen der zugeschalteten Organe (Hinterhand, Niere, Darm) sind die Folge.

chen nicht gänzlich bekannt sind: Leistungsschwäche, Nachschwitzen, Infektanfälligkeit; der Reiter sagt, das Pferd ist »leer«. Die indirekte Ursache liegt in einer mehr oder weniger ausgeprägten Anämie (»präanämisch«), die sehr einfach im Labor durch eine Hämoglobinbestimmung nachgewiesen werden kann. Eine jahreszeitliche Abhängigkeit wird von Wissenschaftlern unterschiedlich beurteilt; eine indirekte Abhängigkeit von der Jahreszeit ist aber doch festzustellen, wenn bei Turnierpferden am Ende der Turniersaison (sofern es das heute überhaupt noch gibt) und bei Robustpferden am Ende eines langen Winters die geschilderten Symptome auftreten und die Diagnose gestellt wird. Jedenfalls wirkt sich Dauerstreß – seien es Turniere oder Robusthaltung mit Haarwechsel – negativ auf die Blutbildung aus. Die Hämoglobinwerte liegen teilweise weit unter den geforderten 11 bis 17 g/100 ml.

Leichte Formen der Anämie sind durch orale Gaben blutbildender Substanzen zu behandeln; schwere Anämien (um 8 g/100 ml oder weniger) sollten mit intravenösen Eisengaben (z. B. Hippiron) behandelt werden; in Verbindung mit einem Anabolikum und einer ausgeklügelten Ernährung bessern sich die Probleme binnen kürzester Zeit und nachhaltig.

Anämien durch direkten Blutverlust erlebt man bei Unfällen und Operationen, insbesondere bei nicht glücklich verlaufenen Kastrationen. Als grober Richtwert kann angesehen werden, daß ein Säugetier den Verlust von etwa einem Drittel seines Gesamtblutvolumens ohne Behandlung und ohne nennenswerte Spätfolgen übersteht. Von diesem Prinzip wurde und wird ja sogar beim Aderlaß Gebrauch gemacht, der dem erwachsenen Großpferd 5 bis 8 l Blut entzieht. Wenn die Hälfte des Gesamtblutes verloren ist, wird die Situation allerdings kritisch und behandlungsbedürftig.

Bluttransfusionen sind unter Praxisbedingungen oft recht abenteuerlich durchzuführen. Man benötigt neben zahlreichen Helfern in erster Linie ein geeignetes Spendertier. Dessen Eignung mißt sich zunächst an seiner Gesundheit und stoischen Ruhe, mit der es die langandauernde Blutentnahme dulden muß. Darüber hinaus muß die Blutgruppenverträglichkeit gewährleistet sein. Wenn auch die Wahrscheinlichkeit einer Unverträglichkeit gering ist, so ist doch aus rechtlicher Sicht eine Verträglichkeitsuntersuchung anzuraten. In der Praxis ist dies die sogenannte biologische Vorprobe. Dabei wird dem zu behandelnden Pferd eine kleine Menge des Blutes infundiert und danach einige Minuten gewartet, ob Unverträglichkeit zu beobachten ist. Leider ist die Aussagekraft dieser Probe begrenzt, da das zu behandelnde – sprich im Verbluten begriffene – Tier ohnehin nur wenig normale Reaktion zeigt, insbesondere was Schweißausbruch, Temperatur, Schwanken oder Niederstürzen, Puls- und Atemfrequenz betrifft. Unter Klinikbedingungen sind Bluttransfusionen erheblich einfacher durchzuführen.

Bei akuten Blutverlusten ist der Hämoglobin- und Hämatokritwert nicht aussagekräftig, da Plasma und Blutkörperchen zu gleichen Teilen austreten; erst nach einigen Stunden oder Tagen ist ein deutlicher Abfall dieser Werte zu beobachten. Da die Blutdruckmessung beim Pferd in der Praxis nicht üblich bzw. schwer durchführbar ist, muß man sich bei der Entscheidung zur Transfusion auf andere Beobachtungen, wie etwa die Hochrechnung des Blutverlustes oder klinische Anzeichen, vor allem aber auf das eigene Fingerspitzengefühl verlassen.

Von der Transfusion von Blut zu unterscheiden ist die **Infusion** aller möglichen Zubereitungen. Insbesondere im Rahmen von Kolikbehandlungen (Transport zur Klinik) ist man bemüht, die Bluteindickung durch Gaben von Plasmaersatzmitteln, aber auch durch Infusion einfacher Kochsalzlösung zu verhindern. Die Infusion ist technisch erheblich einfacher, praxisgerecht und fast immer gut verträglich.

Sonderformen der Anämie sind die Infektiöse Anämie (siehe Seite 110 und 116) und die Anämie, die im Rahmen der Neugeborenen-Gelbsucht auftritt (siehe Seite 68).

Erkrankungen des Verdauungsapparates

Der Verdauungsapparat beginnt anatomisch und funktionell an den Zähnen und endet am After. Dementsprechend vielgestaltig sind seine Funktionen und Erkrankungen. Beim Pferd kommt hinzu, daß bestimmte Abschnitte (Dünn- und Dickdarm) besonders eigentümlich entwickelt sind und daraus eine erhöhte Störanfälligkeit herrührt – der gesamte Komplex des Koliksyndroms ist Ausdruck davon.

Gebiß- und Zahnkrankheiten

Unterkieferverkürzung (Brachygnathia inferior)
Es handelt sich hier um eine beim Pferd häufig anzutreffende Mißbildung. Sie ist erblich bedingt. In den ersten Lebensjahren geht von dieser Mißbildung keinerlei Beschwerde aus. Erst im zunehmendem Alter (ab etwa 10 Jahren) kann sich die Notwendigkeit ergeben, daß die Schneidezähne, die ja bei dieser Krankheit keinem direkten Abrieb ausgesetzt sind und folglich immer weiter nachschieben, gekürzt werden müssen, damit sie nicht das gegenüberliegende Zahnfleisch bzw. den Gaumen verletzen. Wegen des hohen Erblichkeitsgrades sind Hengste mit diesem Fehler nicht zur Zucht zugelassen; bei Stuten wird dies merkwürdigerweise nicht beanstandet.
Gravierende Störungen sind zu erwarten, wenn neben der Unterkieferverkürzung gleichzeitig auch eine Verschiebung, Fehlstellung oder verkleinerte Ausbildung der Backenzähne zu beobachten ist. Daraus resultieren schwere Kaustörungen, die eine ausgesprochene Schwerfuttrigkeit zur Folge haben. Solche Pferde müssen beizeiten mit »Seniorenkost« beigefüttert werden, d. h. mit Futter, das sehr gehaltvoll, aber schon weitgehend vorzerkleinert ist (Schlappfutter).
Auch das angeborene Fehlen oder eine Überzahl von Zähnen wird beobachtet; der Grad der Beschwerden ist dabei unterschiedlich.
Bei Pferden mit einer Fehlstellung der Schneidezähne oder Unterkieferverkürzung ist eine Zahnaltersbestimmung (siehe Seite 20) naturgemäß nicht möglich.

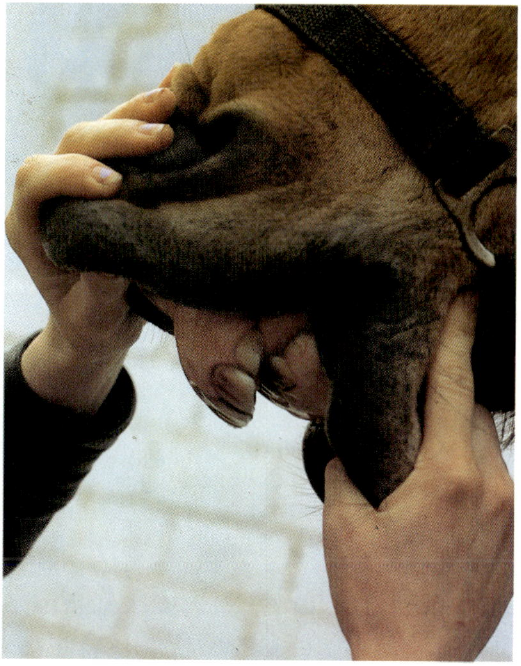

Die Unterkieferverkürzung (Brachygnathia inferior) bereitet bisweilen im fortgeschrittenen Alter Probleme. Hier hilft ein Kürzen der Schneidezähne. Die Pferde sind nicht unbedingt schwerfuttriger als Pferde mit normalem Gebiß, da die Futterverwertung eher an die Mahltätigkeit der Backenzähne gebunden ist.

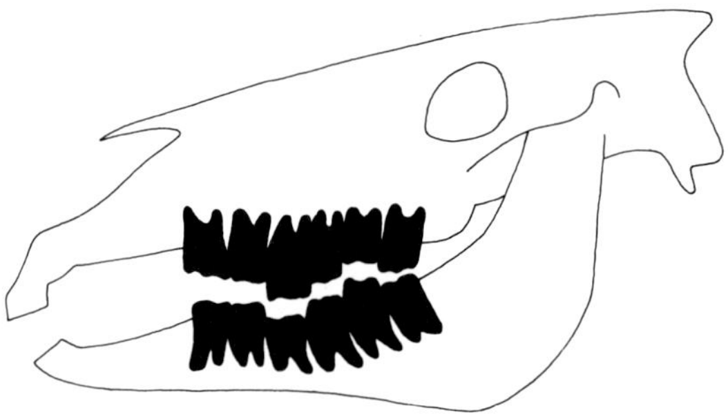

Das Treppengebiß findet sich häufig bei älteren Pferden. Solange ein Backenzahn mit seinem Gegenüber ein »Team« bildet, gibt es wenig Probleme. Ernst wird es erst, wenn Haken oder Kanten die Kautätigkeit erschweren oder der gegenüberstehende Zahn vollständig ausfällt.

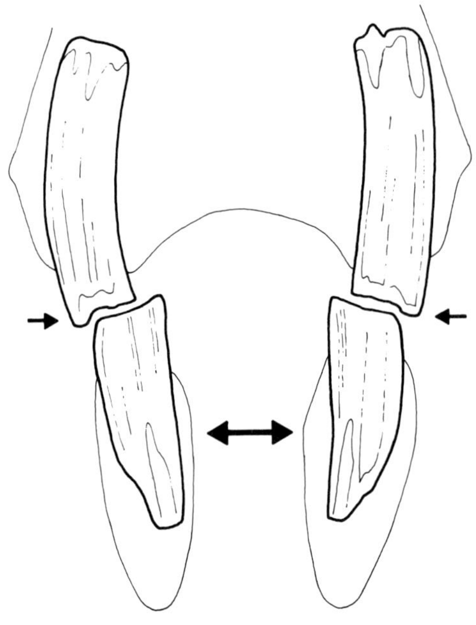

So entstehen die Zahnhaken. Die Seitwärtsbewegung des Unterkiefers führt an den stärker beanspruchten Stellen (Oberkiefer innen, Unterkiefer außen) zu vermehrtem Abrieb. An den weniger beanspruchten Stellen bleibt die Zahnsubstanz in Form der Haken stehen. Hier schafft die Raspel Abhilfe.

Treppengebiß

Das Treppengebiß entsteht meist im Alter, wenn ein Zahn seinen Gegenspieler durch Ausfall oder Extraktion verliert. Dadurch fehlt der erforderliche Abrieb; der Zahn schiebt und bildet so – im Vergleich zu seinen Nachbarzähnen – eine Stufe, was diesem Gebiß den Namen Treppengebiß eingebracht hat. Vorsichtiges Kürzen durch den Tierarzt kann die Kaubeschwerden im Rahmen halten.

Kantengebiß

Das Kantengebiß ist die häufigste erworbene Zahnanomalie. Es entsteht ursächlich durch die unterschiedliche Überdeckung von Ober- und Unterkieferbackenzähnen. Der Oberkiefer ist etwas weiter als der Unterkiefer. Bei seitlichen Mahlbewegungen wird folglich in erster Linie die Innenkante der Oberkieferbackenzähne und die Außenkante der Unterkieferbackenzähne beansprucht und abgerieben. Daraus resultiert im Laufe der Zeit eine Abschrägung der Kaufläche mit einer Kantenbildung, die zu nadelspitzen Haken an der Außenseite der Oberkieferbackenzähne führt. Die Verfütterung von wenig verholztem, weichem Futter fördert die Entstehung dieser Gebißanomalie, die auch als Spitzzähne oder Zahnhaken bezeichnet wird.

Die übliche Behandlung besteht in einem Abraspeln der Spitzen. Wenn dies ab einem gewissen Alter regelmäßig erfolgt, kann man die Entstehung weiterer Komplikationen verhindern.

Scherengebiß

Das Scherengebiß ist eine häufige Folge des unbehandelten Kantengebisses. Hierbei stehen die Kauflächen so schräg gegeneinander geneigt, daß eine Mahlbewegung nicht mehr möglich ist. Die Korrektur dieses Zustandes erfordert aufwendiges Schleifen und Begradigen der Kauflächen. Dies ist nur unter Narkose möglich; die Rezidivneigung ist groß.

Kopper- und Wetzergebiß

Diese Gebißformen sind Folgen der entsprechenden Untugenden (siehe Seite 115) mit geringer medizinischer Bedeutung.

Zahnstein und Karies

Zahnstein besteht aus Mineralien, Bakterien und Futterbestandteilen, die je nach Speichelzusammensetzung zu einer mehr oder weniger starken Auflagerung auf den Zähnen führen. Am augenfälligsten ist dies beim Wallachzahn. Die Entfernung geschieht einfach durch Ansetzen einer Kombizange und vorsichtiges Abdrehen des mörtelartigen Belages.

Zahnkaries tritt beim Pferd selten auf.

Alle Zahnerkrankungen und Kaustörungen zeigen sich beim Pferd während der Rauhfutteraufnahme im sogenannten Wickelkauen (»Priemen«): das Pferd kaut eine Zeitlang auf faserigem Futter (Heu, Stroh), um es dann in Form eines kleinen Wickels wieder aus dem Maul fallen zu lassen. Wird dies beobachtet, so ist eine gründliche Untersuchung der Mundhöhle und der Zähne anzuraten.

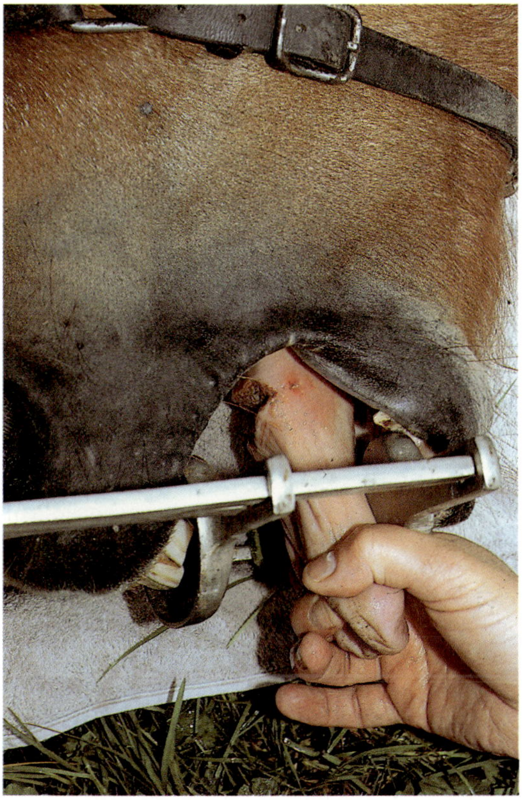

Sieht schlimm aus, heilt aber gut: frische Schnittverletzung der Zunge.

Verletzungen der Zunge und der Mundhöhle

Solche Verletzungen sind recht häufig zu beobachten. Je nach Ausmaß sind sie chirurgisch zu versorgen. Die Heilungstendenz ist prinzipiell sehr gut. Sowohl Verletzungen der Mundschleimhaut als auch Defekte durch verlorene Zähne heilen innerhalb weniger Tage ab.

Unterkieferfrakturen

Kieferbrüche treten ebenfalls häufig auf als Folge von Schlagverletzungen oder Hängenbleiben im Boxengitter. Die Behandlungsaussichten sind je nach Lokalisation gut bis mäßig. Teilweise kann man durch Überkappen sämtlicher Unterkieferschneidezähne mit Kunststoff und andere chirurgische Maßnahmen eine weitgehende Fixierung erreichen; vorsichtiges Füttern begünstigt die Bruchheilung, die etwa 8 Wochen in Anspruch nimmt.

Veränderungen der Speicheldrüsen

Bei allen Kau- und Schluckbeschwerden ist auch an eine krankhafte Veränderung der Speicheldrüsen zu denken. Sie können traumatisch (Fremdkörper, Futterpartikel) oder durch Infektion geschädigt sein. Nach einer anfänglich schmerzhaften Phase heilen diese Erkrankungen meist unter Zurücklassen einer gewissen Verhärtung der Speicheldrüse ab. **Speichelsteine** verlegen hin und wieder die Ausführgänge der Speicheldrüsen. Sie müssen chirurgisch entfernt werden.

Oft wird der Tierarzt bemüht, wenn ein Pferd Schwierigkeiten bei der Beizäumung hat. Dies wird dann entzündeten oder anderweitig veränderten Speicheldrüsen in die Schuhe geschoben. Nach meinen Beobachtungen sind es aber meist keine medizinischen, sondern eher Veranlagungs- oder Ausbildungsprobleme, wenn ein Pferd sich in den Ganaschen etwas schwer tut.

Speiseröhre (Oesophagus)

Schlundverstopfung

Die Speiseröhre des Pferdes gibt häufig Anlaß zu Beschwerden. Funktionell kann sie schon dem Darm gleichgesetzt werden; sie kann genau wie dieser stark krampfen. Hinzu kommt, daß dieses schlauchartige Gebilde mechanisch nicht so beanspruchbar ist wie z. B. die Speiseröhre des Rindes und daß sich am Eintritt der Speiseröhre in den Brustraum eine Art Engpaß befindet, vor dem sich gerne Futtermassen stauen. Nachdem die Frage, ob das Huhn oder das Ei zuerst da waren, noch nicht abschließend geklärt ist, erübrigt sich die Frage, ob der Futterstau einen Krampf hervorruft oder der Krampf einen Futterstau zur Folge hat. Tatsache ist, daß vorwiegend bestimmte, stark quellfähige Futter, insbesondere Zuckerrübenschnitzel, immer wieder Probleme bereiten. Vom Futtermeister wird zwar immer ins Feld geführt, daß die Schnitzel über Nacht eingeweicht waren. Dies scheint aber nicht ausreichend zu sein, weil zwei Komponenten der Quellfähigkeit nicht berücksichtigt werden: der Speichel ist warm und enthält darüber hinaus Verdauungsenzyme, die eine weitere Quellung hervorrufen. Ferner ist bei vielen Schlundverstopfungen an ein primäres Kolikgeschehen zu denken, das sich in Form eines Krampfes auf die Speiseröhre ausdehnt.

Das Bild der Schlundverstopfung ist dramatisch und unverwechselbar: Große Mengen Speichel, mit Futterpartikeln durchmischt, treten aus den Nüstern; Hustenanfälle entstehen, wenn diese Mischung am Kehlkopf in die Luftröhre gelangt. In Verbindung mit dem Vorbericht (vor kurzem Kraftfutter gegeben) kann die Diagnose meist schon am Telefon gestellt werden. Dies ist um so wichtiger, als der Tierarzt sich auf eine lange Nacht (Schlundverstopfungen passieren grundsätzlich abends) einstellen muß. Die Behandlung ist für alle Beteiligten unerquicklich. Nach der Gabe eines Spasmolytikums wird zunächst dessen Wirkungseintritt abgewartet. Dann versucht man, mit der Nasenschlundsonde den Sitz der Verstopfung zu lokalisieren. Meist klemmt es am Brusteingang. Durch ständiges Spülen werden kleinste Mengen der Futterpartikel gelöst und abgehebert (abhebern = ablaufen lassen). Man muß sich aber darüber im klaren sein, daß die Nasenschlundsonde ihrerseits einen Reiz darstellt, der die Verkrampfung begünstigt. Auch ist nicht jedes Pferd begeistert von der Manipulation mit der Nasenschlundsonde. Oft ist eine Sedierung erforderlich. Wenn dann noch in beiden Nasengängen Blutungen durch die Sonde hervorgerufen werden, kommen auch ansonsten eher zurückhaltende Tierärzte auf die Idee, das Pferd in eine Klinik zu überweisen. Dies hat drei unübersehbare Vorteile:

- Kliniken verfügen über spezielle Spülsonden (gleichzeitige Zufuhr von Wasser und Ablauf über einen anderen Kanal)
- Bei absolutem Therapieversagen kann in der Klinik die Verstopfung operativ beseitigt werden.
- Viele Schlundverstopfungen werden im wahrsten Sinne des Wortes »weggefahren«: der Transport im Hänger und die Langzeitwirkung des Spasmolytikums führen dazu, daß die Verstopfung sich löst. Beim Eintreffen in der Klinik wird dann weitgehende Beschwerdefreiheit festgestellt – ein Befund, mit dem alle Beteiligten zufrieden sein können.

Da bei der Schlundverstopfung regelmäßig auch Futterbrei eingeatmet wird, muß die Lunge einige Tage antibiotisch versorgt werden.

Ursächlich und im Sinne einer Vorbeuge ist zu vermerken, daß Rauhfutter niemals Anlaß zur Schlundverstopfung gibt. Auch gibt es bestimmte Pferde, die selbst bei vorsichtigstem Umgang mit Krippenfutter zur Schlundverstopfung neigen.

Magen

Der anschließende Abschnitt des Verdauungsapparates, der Magen, ist nicht sonderlich störanfällig. Wenn er in Form einer **Gastritis** (Magenschleimhautentzündung) Beschwerden macht, so sind die Symptome mit denen einer Dünndarmentzündung zu vergleichen. Schwere Fütterungsfehler, Schadpflanzen oder Überfressen schlagen dem Pferd buchstäblich auf den Magen. Bei einer echten **Magenüberladung** muß der Versuch gemacht werden, den Magen per Nasenschlundsonde zu entlasten, da sonst die Gefahr besteht, daß er platzt. Bei Überfressen mit frischem Rasenmähergras ist dies allerdings ein frommer Wunsch;

hier ist theoretisch nur mit einer Bauchhöhlenoperation Abhilfe zu schaffen.

Tumore des Magens (insbesondere das Plattenepithelkarzinom) treten bisweilen auf; sie sind im Verdachtsfall bestenfalls mit dem Endoskop nachzuweisen. Eine Therapie erübrigt sich, die Prognose ist aussichtslos.

Magendasseln

Die Magendassel *(Gasterophilus intestinalis)* ist der erste Parasit, der uns im Verdauungsapparat begegnet. Es handelt sich um die Larve der Dasselfliege, die sich für die kalten Wintermonate einen warmen Platz – eben den Magen des Pferdes – ausgesucht hat.

Die Dasselfliege legt in den Sommermonaten, bis zu den letzten warmen Herbsttagen, ihre Eier im Fell des Pferdes ab, vorzugsweise im Bereich des Handwurzelgelenks. Es sind kleine gelbe Eier (2 × 0,5 mm), die man auf Anhieb erkennt. Das Auftreten der Dasselfliege beunruhigt die Pferde instinktiv mehr als jedes andere Insekt. Nach der Eiablage werden die Eier vom Pferd abgeleckt; der warme Speichel weckt sie zum ersten Larvenstadium. Dieses wandert – unter mehrfachen Metamorphosen – durch die Mundschleimhaut und die Speiseröhrenschleimhaut bis in den Magen, wo sich die dann etwa wespengroßen Larven festsetzen. Ihre Schadwirkung besteht einerseits in einem gewissen Blutzoll, den jeder Parasit verlangt, andererseits in einer chronischen Reizung der Magenschleimhaut. Auch wird diskutiert, ob nicht im Falle einer Magenüberladung die Magenwand an dieser Stelle besonders rißgefährdet sei.

Die Bekämpfung der Magendassel ist in den letzten Jahren erheblich vereinfacht worden. Geht man davon aus, daß die ersten Larven schon etwa im Oktober im Magen eintreffen, die letzten aber – je nach Zeitpunkt der Eiablage – erst im Dezember, dann resultiert daraus folgende Behandlungsempfehlung: die erste Vorhut wird Mitte Oktober vernichtet, die spätere Gruppe Mitte Januar. Danach dürften keine Larven mehr den Magen erreichen.

Zur Behandlung empfiehlt sich die orale Gabe des gut verträglichen Ivermectin-Präparates Ivomec. Damit werden gleichzeitig alle bedeutsamen Rundwürmer einschließlich des Lungenwurms erfaßt. Auch die Phosphorsäurepräparate (z. B. Rintal plus, Telmin plus) sind bei richtiger Dosierung geeignet.

Überwintern im Warmen: die Magendasseln. Ihre Bekämpfung ist heutzutage kein Problem mehr.

Koliksyndrom

Die im folgenden beschriebenen Erkrankungen des Darmes werden unter dem Begriff »Koliksyndrom« abgehandelt, auch wenn im Einzelfall die Koliksymptomatik nicht im Vordergrund steht. Prinzipiell ist aber jede Erkrankung des Dünn-, Blind- oder Dickdarmes geeignet, Koliken hervorzurufen.

Der Name »Kolik« leitet sich von einem bestimmten Darmabschnitt her, dem Kolon. Unter Kolik versteht man jede Art schmerzhafter Zustände im Bauchraum. Die Unterteilung in »echte« (Darm-) und »falsche« (z. B. Gebärmutter-)Kolik bringt weder diagnostisch noch therapeutisch einen Vorteil; sie ist Tradition. Es geht natürlich bei der Kolikdiagnostik darum, den Befund so präzise wie möglich zu gestalten. Ist dies nicht möglich, ist zunächst dem Pferd Erleichterung zu verschaffen.

Ein Blick in die Geschichte

Früher kannte die Kolikbehandlung nur wenige und recht drastisch wirkende Therapieformen: Einlauf, Abführmittel, Kräutertinkturen. Mit diesen Mitteln war ein Pferd entweder binnen kürzester Zeit tot oder gesund; die Zahl der Totalverluste war allerdings im Vergleich zu heute erschreckend hoch. Dies änderte sich, als man bezüglich der Entstehung der Kolik die gemeinsame Ursache im Spasmus der Darmmuskulatur gefunden hatte.

Die erhöhte Anfälligkeit für Spasmen (= Krämpfe) im Darm ist dem Pferd in die Wiege gelegt. Es ist ein vegetativ sehr labiles Wesen; was dem Menschen aufs Gemüt oder auf den Magen schlägt, schlägt dem Pferd auf den Darm und führt zur Kolik. Auch sind mit Sicherheit eine Vielzahl von Faktoren, die wir aufgrund der Reduktion unserer Sinne gar nicht wahrnehmen können, ursächlich beteiligt. Wenn wir für uns schon ein gewisses Maß an Wetterfühligkeit als Grund zum Krankfeiern angeben, so hat das Pferd, das den Umwelteinflüssen in einem viel höheren Maß ausgesetzt ist, erst recht ein Anrecht darauf, in vegetativen Extremsituationen mit Kolik zu reagieren. Daß Tiere über feinere Sensoren verfügen als der Mensch, wird jedem klar, der einmal die Unruhe von Haus- und Wildtieren vor einem Erdbeben beobachten konnte – lange bevor die Wände wackeln!

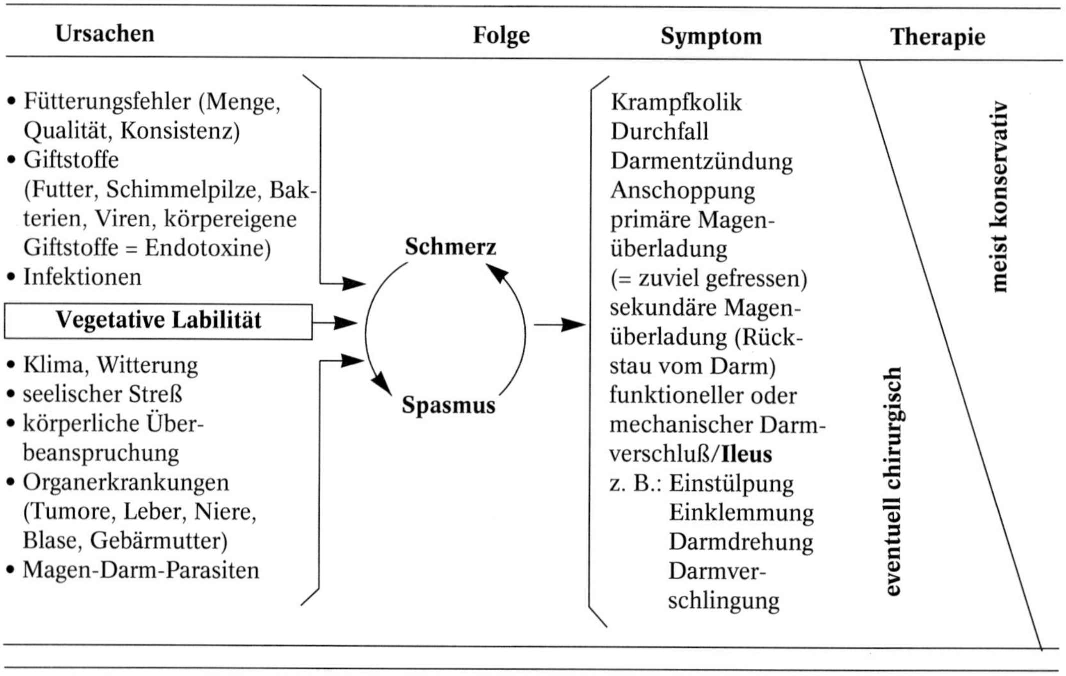

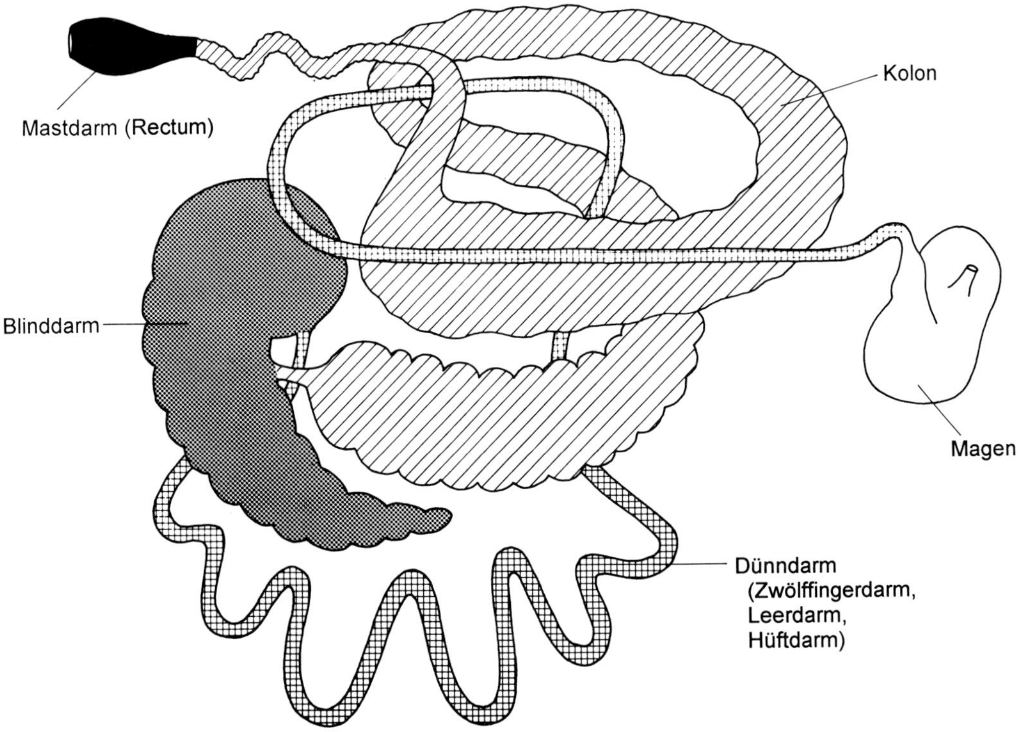

Selbst schematisiert noch reichlich unübersichtlich: der Magen-Darm-Trakt des Pferdes. Typisch ist der voluminöse Blinddarm als Gärkammer. Hier kann sogar aus einfachsten Rohstoffen Energie gewonnen werden.

Der nächste, folgerichtige Schritt war die Entwicklung und Einführung gezielt wirkender **Spasmolytika** (= krampflösende Schmerzmedikamente, auch **Spasmoanalgetika** genannt). Wenn man den Spasmus (Krampf) als Vater der Kolik bezeichnet, so ist mit dem Ausschalten des Spasmus der Kolik ein Teil ihres Schreckens genommen. Die Grafik auf Seite 42 verdeutlicht die Zusammenhänge im Kolikgeschehen; wie jedes Schema ist auch dieses nur ein Denkmodell ohne Anspruch auf Wissenschaftlichkeit.

Das Kolikgeschehen in Zahlen

Die Werte setzen sich zusammen aus einer eigenen Statistik, kombiniert mit anderen Erfahrungswerten: Etwa 80 % aller Fälle, die telefonisch als »Kolik« gemeldet werden und/oder sich als solche herausstellen, sind nach einer einmaligen Behandlung mit einem Spasmoanalgetikum nachhaltig saniert. Dies gilt insbesondere für die sehr heftigen und schmerzhaften Krampfkoliken. Bei etwa 10 % ist eine weitere Schmerzbehandlung, eventuell kombiniert mit anderen Therapieformen, erforderlich. 5 % aller Koliken bereiten nachhaltig Kopfzerbrechen; je nach Überweisungspraxis gehen dann weitere 2 bis 5 % zur Überwachung oder Operation in die Klinik. Auch wenn sich aus diesen Zahlen herleiten läßt, daß eine Kolik heutzutage kein Todesurteil mehr ist, muß man im Einzelfall immer damit rechnen, daß man mit seinem Pferd zu den 15 bis 20 % Problemfällen zählt.
Einen Überblick über die Anatomie des Magen-Darm-Traktes gibt die obige Grafik. Diese fast als unübersichtlich zu bezeichnende Darstellung soll weniger Respekt heischen, sondern vielmehr die zahlreichen wunden Punkte und Störquellen sichtbar machen, die in diesem hochdifferenzierten Organsystem stecken. Das folgende Schema

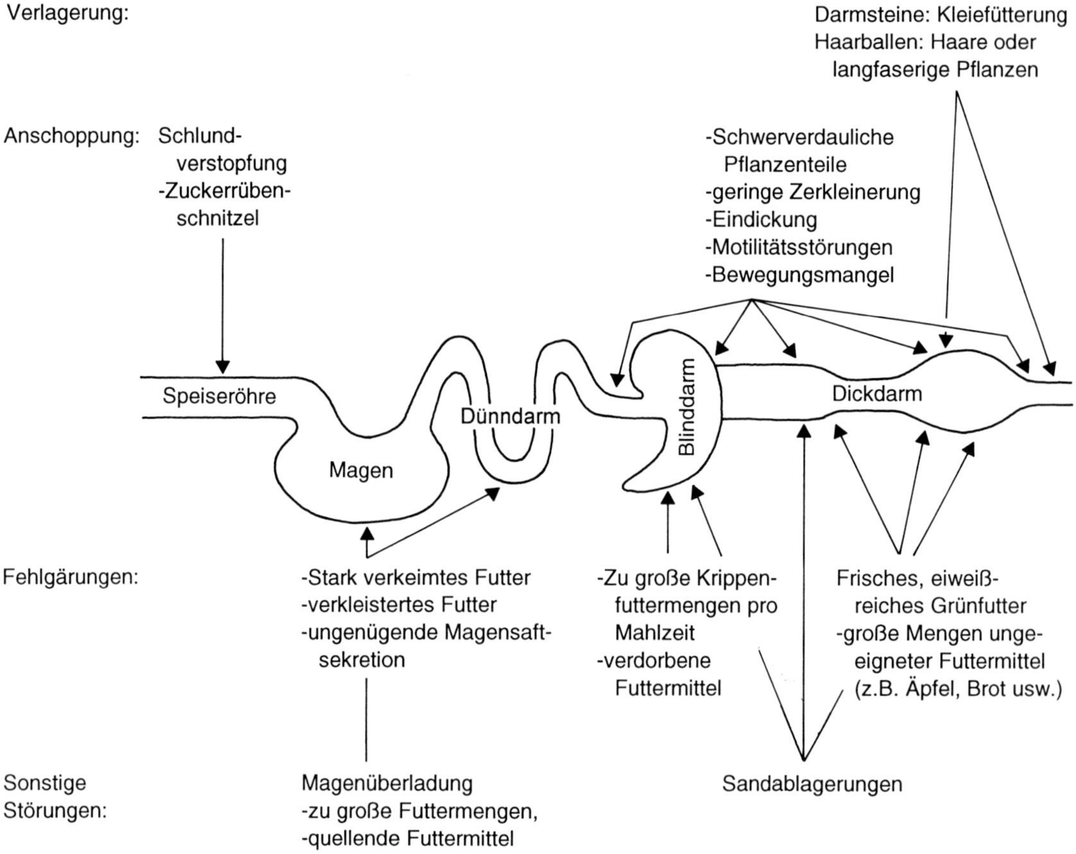

Jeder Abschnitt des Magen-Darm-Traktes hat seine Schwachpunkte. Hier sind die häufigsten Kolikursachen den jeweiligen Organen zugeordnet.

vermittelt einen Einblick in häufige Kolikursachen im Hinblick auf ihre Lokalisation.

Untersuchungsgang

Bei einem Koliker beginnt man mit einer umfangreichen Allgemeinuntersuchung. Da Koliken immer der Charakter des Ausnahmezustandes anhaftet, tut der Besitzer gut, den Vorbericht mit allen eventuell bedeutenden Ereignissen vorzubereiten: Haltung, Haltungsumstellung; Fütterung, Futterumstellung; Wurmkuren; frühere Erkrankungen, speziell Koliken. Im direkten Zusammenhang: Seit wann bestehen die Koliksymptome? Welches sind die Symptome? Kot- und Urinabsatz, letzte Futter- und Wasseraufnahme; bei Stuten: Trächtigkeit – wenn ja, welches Stadium?

Der Tierarzt kann anhand der Kreislaufbeurteilung in etwa einen Verdacht über die Intensität der Schmerzen aussprechen; dazu beobachtet man auch die typischen Schmerzäußerungen wie Scharren, Unter-den-Bauch-treten, Wälzen. Das Flehmen ist zwar kein typisches Koliksymptom, wird aber mit schöner Regelmäßigkeit beobachtet. Vermutlich werden so körpereigene Giftstoffe, die während der Kolik entstehen, analysiert.

Die Darmgeräusche sind in der Regel unterdrückt; da es aber auch Kolikformen mit erhöhter Peristaltik gibt, ist ein Normalbefund in diesem Bereich nicht absolut aussagekräftig. Andererseits kann z. B. ein schmerzhafter Kreuzverschlag auf vegetativem Wege auch die Peristaltik lahmlegen. Die Atemfrequenz ist bei Schmerzhaftigkeit meist erhöht; für die Körpertemperatur gilt das nur, wenn das Pferd tobt (Temperaturerhöhung durch motorische Aktivität). Echtes Fieber tritt kurzfristig auf, wenn durch Perforation von Magen oder Darm eine Bauchfellentzündung eintritt; diese endet aber dann schnell in Koma, Untertemperatur und Tod.

Die **rektale Untersuchung** ist fester Bestandteil der Kolikuntersuchung. Die Aussagekraft hängt von der Erfahrung des Untersuchers, aber auch von der »Auskunftsfreudigkeit« des Pferdes ab. Es gibt Pferde, die sich diesbezüglich in Schweigen hüllen; bei allzu starker Abwehr (Pressen) ist sie sogar unmöglich und gefährlich. Es soll nicht verschwiegen werden, daß eine rektale Untersuchung – egal ob gynäkologisch oder beim Koliker – ein gewisses Risiko mit sich bringt. Der Mastdarm hat aus bislang unbekannten Gründen an seiner oberen Seite eine Art »Sollbruchstelle«. Hier kann es bei rektalen Untersuchungen, aber oft auch ohne jede äußere Einwirkung zu spontanen Rupturen kommen. Die Wahrscheinlichkeit liegt allerdings bei etwa 1:10 000, also im vertretbaren Bereich, wenn man die Aussagekraft der rektalen Untersuchung berücksichtigt. Durch die rektale Untersuchung soll die Diagnose, die ja bislang nur auf der Schmerzbeobachtung beruhte, präzisiert werden. Am einfachsten sind sogenannte Anschoppungen, d. h. massive Ansammlungen von eingedicktem Futterbrei, zu diagnostizieren. Sie befinden sich zumeist in der Beckenflexur, einem Bereich, der dem untersuchenden Arm direkt zugänglich ist. Auch Verlagerungen des Dickdarms (»Kippen«) sind so unter Umständen festzustellen. Die einzelnen Darmabschnitte werden auf Füllung (fest, flüssig, Gas) und Schmerzhaftigkeit untersucht. Die Beurteilung des zutagegeförderten Kotes erlaubt Rückschlüsse auf das Alter der Kolik: normaler, fester und nicht stinkender Kot deutet darauf hin, daß die Kolik eher jüngeren Datums ist; wenn bei der rektalen Untersuchung nur noch ein paar gelbliche Schleimfetzen zutage gefördert werden, ist dies ein Hinweis auf eine schon geraume Zeit bestehende, ernsthafte Erkrankung.

Knackpunkt der Kolikdiagnostik ist die Frage, ob ein Pferd in die Klinik überwiesen werden soll oder nicht. Hier spielen eine Reihe von Faktoren, darunter auch nichtmedizinische, eine wesentliche Rolle. Wenn der Tierarzt sich absolut sicher ist, daß nur ein chirurgischer Eingriff das Tier retten kann, stellt sich die Frage, ob dieser Eingriff sinnvoll ist. Unter »Sinn« muß hier auch die Frage nach der Wirtschaftlichkeit gestellt werden. Ein ansonsten gesundes, junges Pony mit einem Marktwert von 1 500 DM läßt die Wirtschaftlichkeit in weite Ferne rücken; der Eingriff kostet ein Mehrfaches. Dies ist reichlich Material für Gewissenskonflikte.

Jenseits wirtschaftlicher Erwägungen ist aber auch folgendes zu bedenken: Bei einem Pferd, das schon mehrfach mit gleicher Symptomatik und ohne andauernden Erfolg operiert wurde, ist eine weitere Operation nicht sehr erfolgversprechend. Schließlich gibt es auch noch den technischen Aspekt: Wie weit ist die nächste Klinik entfernt, die Bauchhöhlenchirurgie durchführt? Wie übersteht das Pferd den Transport? Was ist, wenn das Pferd als Pflegefall nach Hause kommt? Einen Teil dieser Fragen kann und muß man im Geiste durchspielen, *ehe* die Krisensituation Kolik eintritt. In der Situation selber ist man mit raschen Entscheidungen dieser Tragweite überfordert.

Die Kolikchirurgie hat in den letzten Jahren einen riesigen Aufschwung genommen; die Probleme sind damit aber nicht kleiner geworden, sondern für den Praktiker und Pferdehalter eher größer. Wo man früher nur konservativ behandeln und abwarten konnte, muß man heute innerhalb von Minuten Entscheidungen treffen, deren Folgen weitreichend sind.

Neben der rektalen Untersuchung ist die **Sondierung des Magens** eine wichtige, in Verdachtsfällen sogar vorgeschriebene Maßnahme, da oft eine Magenüberladung vorliegt. Zum Bauchhöhlenpunktat gibt es zur Zeit geteilte Meinungen: sie muß und sollte nicht in jedem Fall durchgeführt werden.

Das Blutlabor gibt Aufschluß über die Kreislauf- und Schocksituation (Hämatokritwert, Protein).

Die konservative **Behandlung** einer Kolik beginnt zumeist mit der Gabe eines Spasmoanalgetikums (z. B. Novalgin). Manchmal ist dessen Gabe sogar vor der rektalen Untersuchung erforderlich, weil diese sonst gar nicht durchführbar ist. Die Reaktion auf das Schmerzmittel erlaubt außerdem gewisse Rückschlüsse auf die »Therapierbarkeit« des Geschehens; man spricht auch von »diagnostischer Therapie«: Ist die Wirkung des Spasmoanalgetikums nur sehr oberflächlich, muß man mit einem ungünstigeren, in jedem Fall aber behandlungsintensiveren Verlauf rechnen. Die handelsüblichen Spasmoanalgetika sind z. T. sowohl für »Durchfall« als auch für »Verstopfung« ausgewiesen. Beim Menschen ist dies paradox, für das Pferd dagegen nicht. Der Spasmus als gemeinsamer Nenner erklärt, warum eine Verkrampfung der Darmwand zum Durchfall führt, während ein Krampf eines Schließmuskels den Weitertransport verhindert.

Bei nachgewiesenen Anschoppungen erfolgt zusätzlich die Gabe von Paraffinöl; wenn dies und ausgiebige Bewegung nicht zum Erfolg führen, darf man mit aller Vorsicht Glaubersalz einsetzen. Dabei ist zu bedenken, daß man im vorderen Darmabschnitt Dampf macht, während im hinteren Bereich quasi ein Verschluß in Form einer Anschoppung vorliegt. Da sich aus diesem Grund Koliken nach Glaubersalzgaben oft verschlimmern, ist diese Behandlung nicht uneingeschränkt zu empfehlen.

◁ **Wälzen als Fellpflege oder als Alarmsymptom der Kolik? Diese Frage ist auch für den Laien einfach zu entscheiden. Typisch ist hier, daß das Pferd sich in seiner Not sogar in unmittelbarer Nähe des Zaunes wälzt (das bedeutet zusätzliche Verletzungsgefahr!). Auch Festliegen in der Box ist oft ursächlich auf eine Kolik zurückzuführen.**

Einige spezielle Kolikformen

Darmverschluß (Ileus)

Der Ileus wird oft als »Knoten im Darm« verstanden und erklärt. Dies ist plausibel, wenn man von einem sogenannten **mechanischen Darmverschluß** spricht. Das Gegenstück ist der **funktionelle Darmverschluß:** Dabei ist der Darm zwar durchgängig, die Peristaltik funktioniert aber nicht und führt zu einer Darmlähmung mit Stauung, was letztendlich dann auch einen vollständigen Verschluß bewirkt. Mechanischer und funktioneller Darmverschluß können ineinander übergehen; sowohl der eine wie der andere können konservativ heilen oder aber einen chirurgischen Eingriff erfordern.

Der Begriff »Darmverschlingung« hat in früheren Zeiten zu großer Verwirrung geführt: Ein Kolikpferd, das sich stark gewälzt hat, stirbt; bei der Obduktion wird eine Darmverschlingung diagnostiziert. Man hat daraus messerscharf, aber falsch gefolgert, daß ein Kolikpatient sich auf gar keinen Fall wälzen darf; nach Möglichkeit soll er sich noch nicht einmal hinlegen. Im Zeichen des neueren Verständnisses vom Kolikgeschehen darf man diese Verhaltensregeln als überholt bezeichnen: Das Pferd hat keine Darmverschlingung bekommen, weil es sich gewälzt hat, sondern es hat sich heftig gewälzt, *weil* es Bauchweh hatte – die klassiche Verwechslung von Ursache und Wirkung. In diesem Zusammenhang soll auch erwähnt werden, daß ein Pferd bei einer Kolik zwar geführt werden darf, was sich unter Umständen positiv auf das Kolikgeschehen auswirkt, aber es darf keinesfalls zu Gewaltmärschen gezwungen werden. Dies würde nur eine unnötige Belastung des ohnehin gestreßten Kreislaufs bedeuten.

Am besten ist es, wenn sich das Pferd ruhig hinlegt. Das ist *die* biologische Schmerzbekämpfung: der Zug am Gekröse und den Eingeweiden läßt

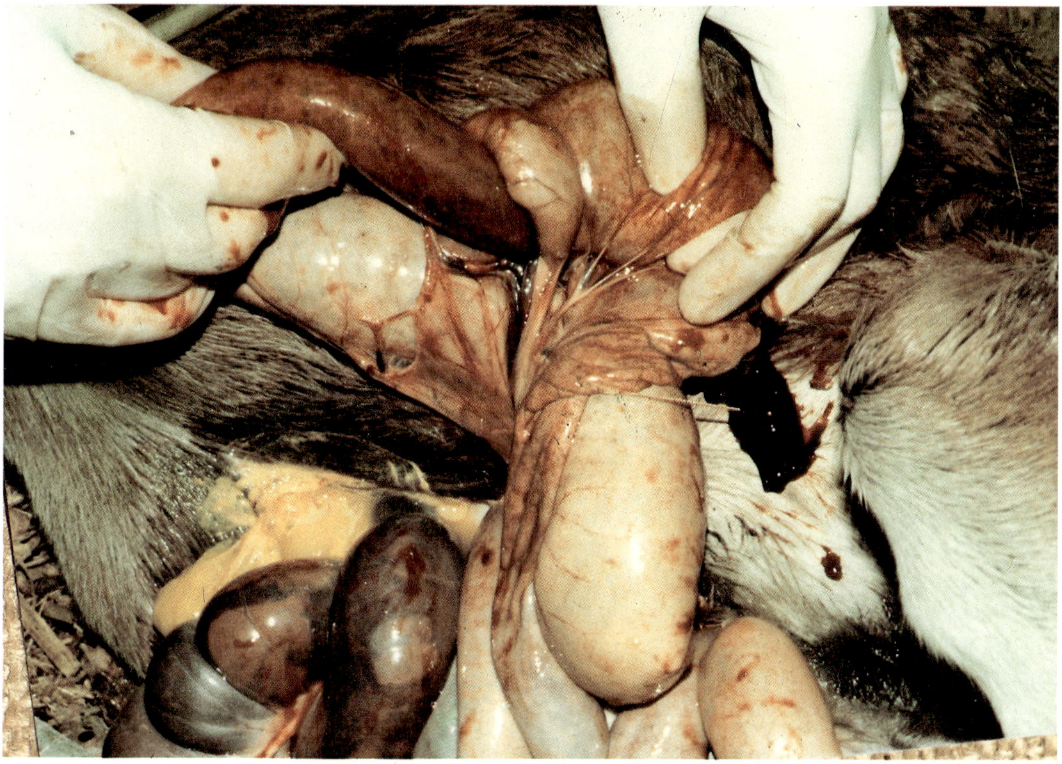

Einklemmung des Dünndarmes. Der Darm ist teilweise schon abgestorben (dunkle Verfärbung).

nach; der Schmerz wird erträglicher. Auf keinen Fall sollte man deshalb ein ruhig liegendes Pferd auftreiben.

Es gibt auch eine therapeutische Variante des Wälzens: Wenn bei einer teilweisen Drehung von Darmteilen (z. B. Dickdarm) der Darm »auf der Kippe« steht und eine chirurgische Versorgung nicht in Betracht kommt, kann die Natur durch Wälzen – hoffentlich in der richtigen Richtung – eine Selbstheilung herbeiführen.

Eine sehr spezielle Variante des Darmverschlusses, die heute schon teilweise systematisch durch Wälzen (in Narkose und in der richtigen Richtung) behandelt wird, ist die **Einklemmung des Darmes** über dem **Milz-Nieren-Band.** Daran erkranken fast ausnahmslos große Pferde – Wallache häufiger als Stuten. Gezielte Diagnostik und spezifische Therapie führen zu guten Erfolgen; Abwarten ist hier fehl am Platz.

Der Dünndarm bietet mit etwa 20 m Länge genügend Möglichkeiten zum Dünndarm-Ileus. Er tritt als **Knoten (Volvulus),** als **Einstülpung (Invagination)** oder **Einklemmung (Inkarzeration)** auf. Der Dickdarm begnügt sich mit teilweisen oder vollständigen **Drehungen (Torsio).**

Fehlgärungen

Sie entstehen nach Aufnahme von Schadfutter oder Überfressen. Diese Kolikformen neigen sehr zur Toxinbildung und sind deshalb mit Vorsicht zu betrachten, da sich gerne Sekundärerkrankungen einstellen. Der Kot ist schaumig aufgegast und übelriechend. Zunächst wird Fasten verordnet, danach gibt es gutes Heu und Bakterienstarterkulturen zur Sanierung der Darmflora.

Durchfälle

Sie werden hervorgerufen durch Parasiten, Infektionen (Bakterien, Viren), langfristigen Antibiotikaeinsatz, Streß oder Autoimmunerkrankungen. Anzustreben ist eine Therapie der Ursachen. Antibiotika sind zweischneidige Medikamente: sie können Erfolg bringen, können ihn aber auch endgültig vereiteln. Bei Fohlen darf man eher mit Antibiotika arbeiten. Wenn keine ausgeprägte Koliksymptomatik besteht, legt man den Behandlungsschwerpunkt auf die Fütterung (Diätetik). Die weiteren Therapieempfehlungen sind bescheiden: man verabreicht Medizinische Kohle, Eichenrindenpulver und Weißen Ton, dazu Suspensionen vom Kot gesunder Tiere oder Bakterienstarterkulturen. Ein beliebtes Hausmittel ist Joghurt mit lebenden Kulturen. Artenreiches Heu scheint ein gutes Grundfutter bei Durchfällen zu sein. Insgesamt ist die Behandlung der Durchfallerkrankung auch bei hohem Therapieaufwand unbefriedigend.

Typhlocolitis

Die Typhlocolitis – früher auch Colitis X genannt – ist eine akute und nicht selten lebensbedrohlich verlaufende Entzündung des Blind- und Dickdarmes. Durchfall und Verstopfung wechseln sich innerhalb kürzester Zeit ab. Das Wesentliche ist die enorme Toxinproduktion, die diese Entzündung aufgrund der großen Masse der betroffenen Organe mit sich bringt. Diese Toxine dringen durch die geschädigte Darmwand ungehindert ins Blut und verursachen einen schwer zu behandelnden Schock, der oft im Tod endet. Ursächlich wird auch hier eine Autoimmunerkrankung diskutiert; das gute kurzfristige Ansprechen auf Cortison unterstreicht diese Vermutung.

Wenig befriedigend ist die Behandlung chronischer Durchfälle. Im Bild die vollständig ruinierte Dickdarmschleimhaut eines Pferdes.

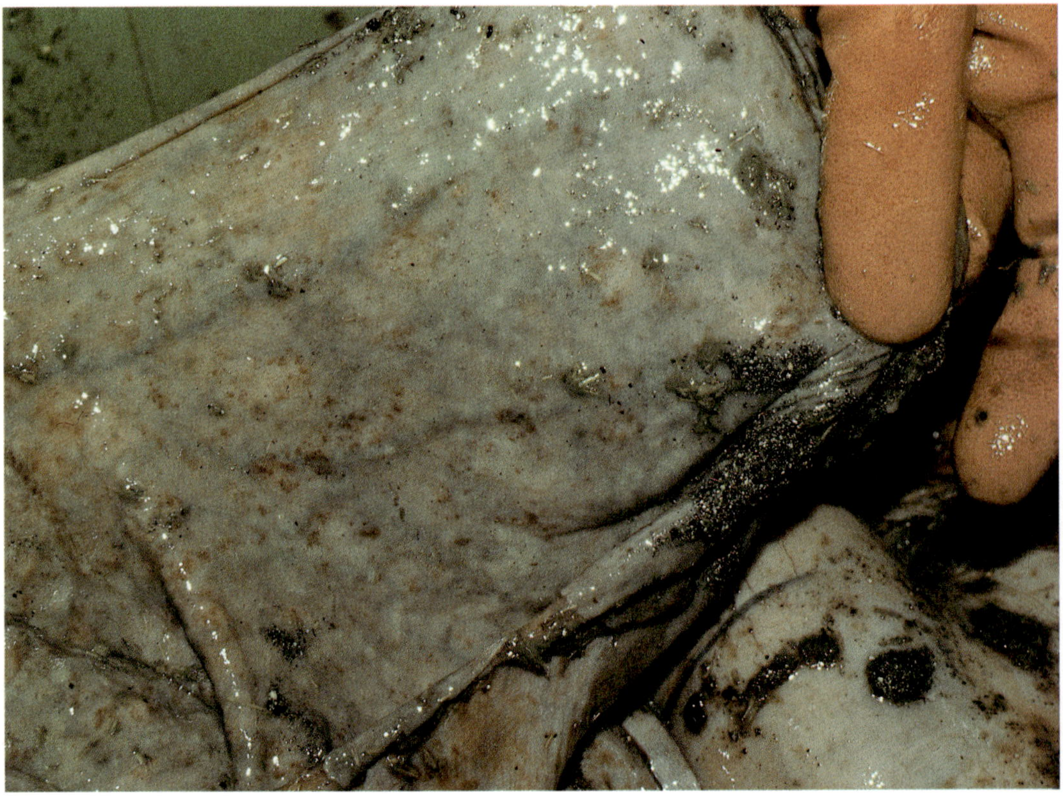

Salmonellose

Sie kommt bei Pferden relativ häufig vor, wird aber nicht erkannt, da die Tiere keine Beschwerden haben. In seltenen Fällen wird diese latente Form der Salmonellose durch Streß oder andere Erkrankungen in eine akute Form überführt, die dann schwere Durchfälle hervorruft. Hier sind gezielte, auch länger andauernde antibiotische Behandlungen von Nutzen. Die Salmonellose ist eine typische Faktorenkrankheit.

Die wichtigsten Darmparasiten

Ein Pferd ist unter normalen Bedingungen nie ganz parasitenfrei – bestenfalls einige Tage nach der Wurmkur. Biologisch ist dies auch weder erforderlich noch sinnvoll, denn das Pferd muß sich als Wirtstier mit dem Parasiten auseinandersetzen und im Laufe der Zeit eine gewisse Immunität aufbauen. So spielt der Parasitenbefall bei Jungtieren auch eine größere Rolle als bei älteren Pferden.

Der für das Fohlen in der ersten Lebensphase bedeutsame Zwergfadenwurm *(Strongyloides sp.)* wird auf Seite 68 besprochen. Ältere Pferde leiden mehr unter dem Befall mit Strongyliden der Gattungen *Strongylus* und *Trichonema.* Es gibt eine Vielzahl von Arten und Unterarten, die aber viele Gemeinsamkeiten haben: Es handelt sich zunächst um Darmparasiten, deren Larven aber gerne auf Wanderschaft gehen und dabei vorzugsweise Blutbahnen als Wege benutzen. Neben den Durchfällen ist daher das **Wurmaneurysma** (eine Art knotige Verdickung der Gefäßwand mit Ausbuchtung, siehe Seite 35) geradezu typisch für diese Parasiten. Auch können sie in Nervenbahnen- und schaltstellen eindringen und dort für dauerhafte Schäden sorgen. Die größte Gefahr stellen die Darmparasiten also nicht im Darm selbst, sondern in anderen Organen dar.

Die Ansteckung erfolgt durch Aufnahme von Larvenstadien, wobei die unterschiedlichen Arten sehr verschiedene Zyklen durchlaufen, was aber für die klinische Bedeutung eine untergeordnete Rolle spielt.

Die **Askariden** (Spulwürmer) befallen vornehmlich Jungtiere. Die Symptome sind ähnlich dem Strogylidenbefall. Bei Jungtieren können dramatische Symptome bis zu Todesfällen auftreten.

Die **Oxyuren** (Pfriemenschwänze) sitzen im Blind- und Dickdarm von vorwiegend älteren Pferden. Zur Eiablage verlassen sie den Darm via After und legen die Eischnüre unterhalb des Afters ab. Dies führt zu Juckreiz und läßt die Besitzer schweifscheuernder Pferde immer zunächst an einen Parasitenbefall denken, obwohl genereller Parasitenbefall nicht zu örtlichem Juckreiz am Schweif führt.

Die Kenntnis der einzelnen Parasiten und ihrer Entwicklungszyklen ist heute für den Pferdehalter nicht mehr von Bedeutung. Wichtig ist, daß er um die Gefahr der Verwurmung – insbesondere beim Jungtier – weiß und regelmäßig und sinnvoll entwurmt. Wurmbefall läßt sich durch Untersuchung von Kotproben im Labor feststellen. Bei regelmäßigen Wurmkuren braucht man allerdings nur im konkreten Verdachtsfall zusätzlich Kotuntersuchungen durchzuführen.

Zur Bekämpfung der bisher erwähnten Rundwürmer sind umfangreiche Strategien entwickelt worden. Wenn man davon ausgeht, daß man zur Zeit **drei** grundsätzlich verschiedene Wirkstoffkategorien hat und daß alle Präparate dieser drei Klassen ausgezeichnet verträglich *und* wirksam sind, dürfte sich das Problem relativieren. Die Wirkstoffklassen sind

1. die Benzimidazole (Cambenzole, Thibenzole, Rintal, Panacur, Telmin, Retentex)
2. das Pyrantel (Banminth)
3. das Ivermectin (Ivomec).

Alle genannten Präparate zeigen eine ausgezeichnete Verträglichkeit; die Mehrzahl wurde in Versuchen bis zum Zehnfachen und mehr überdosiert, ohne daß Beschwerden, geschweige denn Todesfälle auftraten. Probleme bei der Anwendung eines dieser Präparate dürften seltene Einzelfälle sein.

Die Benzimidazole sind in höherer Dosierung teilweise auch gegen Bandwürmer wirksam, ebenso das Pyrantel. Ivomec hingegen ist zur gleichzeitigen Dasselbehandlung hervorragend geeignet; eine Dosiserhöhung bringt hier jedoch keine Bandwurmwirksamkeit.

Einzelheiten der Entwurmungsstrategie bespricht man mit dem Tierarzt, der die Situation vor Ort am besten einschätzen kann.

Der vorhin erwähnte **Pferdebandwurm** führt in der Forschung ein Schattendasein. In Deutschland ist – regional unterschiedlich – bis zu einem Viertel aller Pferde befallen. Über die Konsequenzen wird gestritten. Ein geringer Befall verursacht sicherlich keine Beschwerden; für hochgradig befallene Pferde oder Jungtiere kann der Pferdebandwurm jedoch zum Problem werden. Häufige Koliken, Abmagerung oder Durchfall können ein Hinweis auf Bandwürmer sein. Der Nachweis des Bandwurmbefalls gelingt in der Kotprobe nicht immer, da die Bandwürmer nicht ständig Eier enthaltende Glieder abstoßen. In Deutschland ist kein echtes Bandwurmpräparat für diese Indikation auf dem Markt zugelassen. Arzneimittelrechtlich begibt man sich also immer in eine Grauzone. Die Behandlung mit der 2- bis 3fachen Dosierung von Pyrantel ist ebenso gut und verträglich wie die Anwendung des Bandwurmpräparates Niclosamid (Mansonil), das in anderen Ländern zur Behandlung von Pferden zugelassen ist. Mit beiden Präparaten wurden gute Erfahrungen bezüglich ihrer Wirksamkeit und Verträglichkeit gemacht.

Ein leider oft unterschätzter Darmparasit: der Pferdebandwurm. Das Ausmaß der Beschwerden hängt von der Befallsstärke ab: von kaum zu bemerkenden Kolikschüben bis hin zur Darmperforation ist er immer für Überraschungen gut (das Fünfpfennigstück dient dem Größenvergleich).

Stoffwechselkrankheiten; Leber und Niere

Es erscheint auf den ersten Blick vermessen, diese drei Punkte in einem – dazu noch kurzen – Kapitel abzuhandeln. Es gibt aber Gründe dafür:

- Die Zahl der **primären Lebererkrankungen** ist sehr gering. Das soll nicht heißen, daß nicht im Gefolge von Fehlfütterungen, Vergiftungen oder Stoffwechselerkrankungen **sekundäre Leberschäden** auftreten können. Die beim Menschen häufig anzutreffende Zirrhose, das Leberkarzinom oder die verschiedenen Arten der Hepatitis (Leberentzündung) sind beim Pferd eine absolute Rarität.
- **Primäre Nierenerkrankungen** machen einer langjährigen Statistik zufolge nur 0,2 % aller Erkrankungen beim Pferd aus; auch hier findet man häufiger, daß die Niere als Folge einer Grunderkrankung (z. B. Infektionskrankheit) in Mitleidenschaft gezogen wird.
- Die westliche Schulmedizin räumt den Leber-, Nieren- und Stoffwechselkrankheiten einen dementsprechend niedrigen Stellenwert ein. Andere Medizintraditionen bauen regelrecht auf Störungen und Fehlregulationen dieser Organe auf. Hier sind zunächst auch unserer Labordiagnostik Grenzen gesetzt. Eine adäquate Wertschätzung liegt vermutlich zwischen diesen beiden Extremen.

Erkrankungen der Leber

Die Leber fungiert als der große »Chemiekonzern« des Körpers. Es gibt keine Stoffwechselleistung im Körper, die nicht direkt oder indirekt in Zusammenhang mit der Leberfunktion steht. Jegliches Auf-, Ab- oder Umbauen von zerlegten Nahrungsbestandteilen erfolgt zunächst in der Leber. Da Ernährung und Leberfunktion somit eng verknüpft sind, ist es nicht verwunderlich, daß in erster Linie Fehlfütterungen für das Auftreten von **Leberirritationen** verantwortlich sind. Mir gefällt der Begriff »Irritation« besser als der oft erwähnte »Leberschaden«: Beide Begriffe sind zwar unwissenschaftlich; bei der »Irritation« steht aber die Reizung durch momentane Überforderung im Vordergrund, während der Begriff »Schaden« einen nicht wiedergutzumachenden Zustand unterstellt. Bei der Mehrzahl der labordiagnostisch festgestellten »Leberschäden« handelt es sich aber genaugenommen um eine Leberirritation, die nach Normalisierung der Fütterung bzw. nach Abstellen der auslösenden Ursache wieder verschwindet.

Wie wir im Kapitel über die Normalwerte bei den Leberenzymen gesehen haben, tanzen diese oft auch ohne erkennbaren Grund schon einmal aus der Reihe. Ein veränderter Leberenzymwert soll wohl diagnostisch so gut wie möglich mitberücksichtigt werden, rechtfertigt aber für sich allein noch nicht die Diagnose »Leberschaden«.

Hyperlipidämie der Ponys

Die Hyperlipidämie der Ponys ist eine klassische Stoffwechselerkrankung mit starker Beteiligung der Leber; aber selbst hier ist der Leberschaden sekundär. Ursächlich liegt dieser Erkrankung eine Störung des gesamten Energiestoffwechsels zugrunde. Ein eher gut gefüttertes Pony wird bei extensiver Weidehaltung im Winter unter Umständen genötigt sein, seinen Energiebedarf durch Mobilisierung von Fettreserven, die ja reichlich vorhanden sind, zu decken. Leider ist diese an sich wünschenswerte Abmagerungskur sehr störanfällig, da durch den verstärkten Fettabbau vereinfacht gesagt das Blut mit Fett und seinen Nebenprodukten so sehr überfrachtet wird, daß es zu einer Blockade des gesamten Prozesses der Energiegewinnung kommt. Anfällig sind also alle gut genährten Ponys, die plötzlich einem Futtermangelstreß ausgesetzt sind. Auch die Quasi-Nulldiät bei Hufrehe, die bisweilen praktiziert wird, kann diesen ungewünschten Nebeneffekt haben.

Die Folgen der Hyperlipidämie sind verheerend. Das Pferd steht apathisch auf der Weide, ist bewegungsunfähig (Achtung! Verwechslungsgefahr mit Hufrehe oder Kreuzverschlag!) und verweigert die Nahrungsaufnahme. Rektal zeigt sich unter Umständen das Bild einer alten Kolik; die Schleimhäute sind leicht gelblich verfärbt. Der Kreislauf ist stark in Mitleidenschaft gezogen. Im Blutlabor fällt zunächst die starke milchige Trübung des Blutplasmas auf, das im Normalfall bernsteingelbdurchsichtig ist. Die leberspezifischen Enzyme sind teilweise stark erhöht. Das Blut dickt ein; oft kommt es zu einer Blutansäuerung (Azidose).

Die Behandlung richtet sich nach der Grunderkrankung. Im Vordergrund steht die Behandlung der Azidose, der Bluteindickung (Infusionen!) und die Bereitstellung von leicht verwertbaren Nährstoffen (Zwangsernährung, ggf. auch durch Infusionen). Die Heilungschancen sind auch bei aufwendiger Behandlung relativ schlecht; bei zu starker Azidose ist ein Behandlungsversuch zwecklos.

Weitere Leber- und Stoffwechselerkrankungen sind beim Pferd eine solche Rarität, daß sich ihre Besprechung hier erübrigt.

Erkrankungen von Niere und Harnwegen

Sie beschäftigen in erster Linie den Pathologen. In der Praxis beobachtet man bisweilen aufsteigende Infektionen der Harnwege, die bis zur Niere vordringen können, oder Infektionen über das Blut (=absteigende Infektionen), etwa im Gefolge der Druse. Hier erfolgt eine antibiotische Behandlung, möglichst nach Erreger- und Resistenzbestimmung.

Steinbildung kann in allen Bereichen des Harnapparates erfolgen und ist mit Schmerzen, Blutungen und Urinabsatzbeschwerden verbunden. Blasen- und Harnröhrensteine sind notfalls operativ zu entfernen. Besonders in der Eichelgrube bilden sich bei älteren Tieren gerne Urinsteine, die gelegentlich einer Reinigung des Schlauches – unter Sedierung – entfernt werden. Eine **Lähmung der Harnblase** ist regelmäßig Bestandteil der zentralnervösen Verlaufsform der EHV-(**E**quines **H**erpes-**V**irus-)Infektionen (siehe Seite 109); ihre Prognose ist – wie die der gesamten EHV-Lähmung – vorsichtig zu beurteilen.

Unter dem Begriff **Strahlkolik** werden hauptsächlich Erkrankungen erfaßt, die ihren Ursprung nicht unbedingt im Harnwegsbereich haben. Oft verkrampft sich im Rahmen eines allgemeinen Kolikgeschehens die Schließmuskulatur der Blase; sie ist bei der rektalen Untersuchung als handballgroßes Gebilde zu tasten. Nach Verabreichung eines Spasmoanalgetikums löst sich auch dieser Bereich der Verkrampfung, und das Pferd kann wieder Urin absetzen (»strahlen«).

Fortpflanzung

Andrologie und künstliche Besamung

Die Andrologie beschäftigt sich mit Form und Funktion der männlichen Geschlechtsorgane. Gerade diese medizinische Spezialdisziplin hat sich in den letzten Jahren enorm entwickelt, da – insbesondere wegen der künstlichen Besamung (= k. B.) beim Pferd – ein hohes Maß an Grundlagenforschung und Praxiserprobung erforderlich wurde.
Einen schematischen Überblick über die männlichen Geschlechtsorgane gibt die untenstehende Grafik.

Die Samenzellen (Spermien) werden im Hoden gebildet. Die Größe der Hoden steht im Zusammenhang mit der Samenproduktion; im Alter werden die Hoden in der Regel kleiner. Vom Hoden wandern die Spermien in den benachbarten Nebenhoden, wo sie einen Reifungsprozeß durchlaufen. Erst im Deckakt wird der relativ kleine Anteil von konzentrierten Spermien mit dem großen Flüssigkeitsvolumen vermischt, das die sogenannten akzessorischen Geschlechtsdrüsen produzieren, und ausgestoßen (= Ejakulation).
Ein normales Ejakulat ist üppig dimensioniert. In etwa 50 ml Sperma befinden sich so viele Spermien, daß man ohne weiteres 5 bis 10 Be-

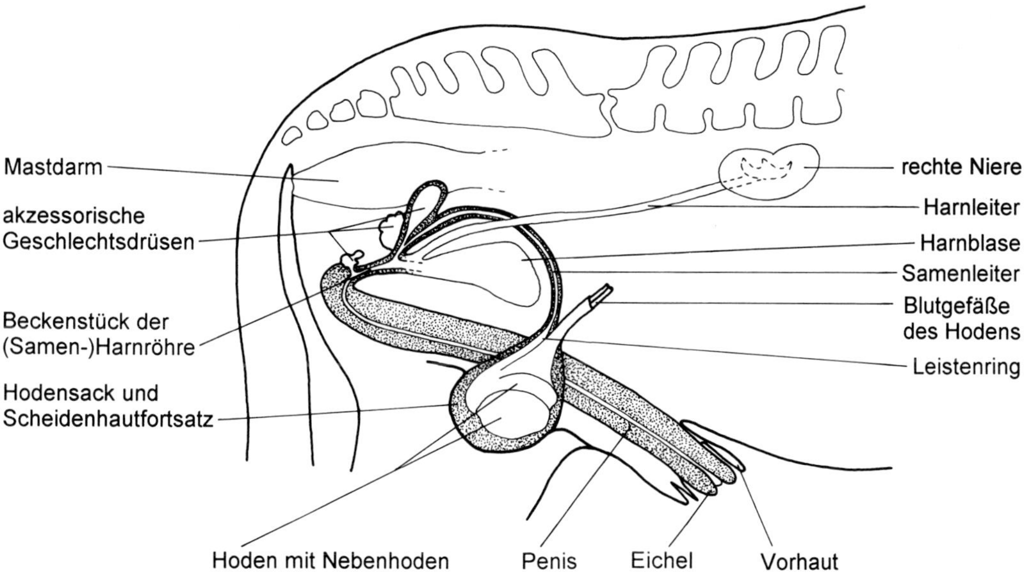

Die Genitalorgane des Hengstes.

samungsportionen daraus gewinnen kann, in Einzelfällen sogar bis zu 25 Portionen. Wenn man sich diesen Luxus der Natur zunutze macht, kann man begehrte Hengste in der Hauptdecksaison mit Hilfe der künstlichen Besamung enorm entlasten. Durch die intensivere Fruchtbarkeitsüberwachung von Hengst und Stute liegen die Empfängnisraten sogar teilweise höher als im Natursprung. Auch die Deckinfektionen lassen sich so wesentlich besser beherrschen.

Die meisten Erkrankungen des männlichen Genitale sind naturgemäß nur für den Züchter von Bedeutung. In aller Regel wird man Hengste, die ein genetisches Defizit haben, gar nicht erst in der Zucht einsetzen, sondern kastrieren. Es gibt einige Mängel, die den Hengst sogar gesetzlich für den Zuchteinsatz verbieten, wie z. B. die Unterkieferverkürzung oder die Einhodigkeit. Fortpflanzungsmerkmale haben einen hohen Erblichkeitsgrad. Ein Hengst an der unteren Grenze der Fortpflanzungsfähigkeit muß schon sehr überzeugende Vorteile auf anderen Gebieten haben, damit man ihn guten Gewissens zur Zucht einsetzen darf.

Ein relativ häufig anzutreffender Tumor des Pferdes ist das Plattenepithelkarzinom am Penis.

Andrologische Erkrankungen

Eine **Hodenentzündung** wird meist zufällig bei der Kastration anhand von Verklebungen und Verwachsungen festgestellt. **Hodenverletzungen** kommen bei Verkehrsunfällen (Deichsel der Kutsche) o. ä. vor und sind mitunter Grund für eine unfreiwillige Kastration. **Hodentumore** sind selten; bisweilen findet man einen sogenannten **Hodensackbruch.** Dabei rutscht Inhalt aus dem Bauchraum (z. B. Dünndarm oder Netz) in den Hodensack. Solange der Bruchinhalt nicht einklemmt, ist dies – zumindest beim heranwachsenden Pferd – ohne Bedeutung. Da aber immer die Gefahr von Darmeinklemmungen und -verdrehungen besteht, sollte man solche Tiere frühzeitig kastrieren.

Kryptorchismus, Monorchismus

Nicht als Erkrankung, sondern eher als Mißbildung einzustufen ist die Einhodigkeit oder das Fehlen beider Hoden (Monorchide, Kryptorchide). Ob der oder die Hoden wirklich fehlen oder – was meist der Fall ist – im Leistenkanal oder in der Bauchhöhle liegen, ist nicht immer zweifelsfrei zu beurteilen. Bei vielen Ponyrassen hat ein hoher Prozentsatz der Hengste mit etwa zwei Jahren nur einen Hoden im Hodensack; wird dieser entfernt, kommt der andere Hoden oft nach, so daß das Pferd dann vollständig kastriert werden kann.

Bisweilen wurde und wird ein Einhoder einseitig kastriert und als vermeintlicher Wallach verkauft. Geschieht dies vorsätzlich, so handelt es sich um Betrug. Früher war der Nachweis der vollständigen Kastration schwierig oder gar unmöglich. Heute kann man durch einen Hormontest (Cox-Test) nachweisen, ob funktionstüchtiges Hodengewebe im Körper vorhanden ist. Dabei wird der Testosteronwert vor und nach der Gabe eines stimulierenden Hormons (HCG) bestimmt. Fällt der Test negativ aus (kein Anstieg des Testosterons nach HCG-Gabe), so kann man davon ausgehen, daß man einen echten Wallach vor sich hat. Ein Kryptorchide (»Klopphengst«) stellt prinzipiell keine größere Gefahr dar als ein normaler Hengst; gefährlich ist lediglich, daß man ihn für einen Wallach hält und meint, hinsichtlich Stuten und anderer Hengste dementsprechend sorgloser mit ihm umgehen zu können.

Tumoröse Veränderungen
Erkrankungen der akzessorischen Geschlechtsdrüsen sind relativ selten, zumal diese sich beim Wallach zurückbilden. Vergleichsweise häufig findet man tumoröse Veränderungen im Bereich des Penis, vor allem als Plattenepithelkarzinom. Das Pferd kann eine zeitlang mit diesen blumenkohlartigen Wucherungen am Penis leben. Weder die chirurgische Entfernung noch die verschiedenen konservativen Behandlungsmethoden sind zufriedenstellend. Das Karzinom kommt schnell wieder; Narben und Verwachsungen verursachen Harnabsatzstörungen, die oft genug Anlaß geben zur Tötung des Tieres.

Kastration

Die Kastration wird bei Haustieren üblicherweise durchgeführt, um sie für den Menschen umgänglicher und ausgeglichener zu machen. Sie stellt außerdem eine Selektionsmaßnahme dar, indem man so Tiere mit unerwünschten Merkmalen ein für allemal von der Fortpflanzung ausschließt. Der Begriff **Kastration** ist übrigens nicht an das Geschlecht gebunden, sondern folgendermaßen definiert: Es handelt sich dabei um die vollständige **Entfernung des keimbereitenden Gewebes** (Hoden oder Eierstock); hingegen ist die **Sterilisation** eine **Unterbrechung der keimleitenden Wege.** Bei der Sterilisation bleibt der Sexualtrieb vollkommen erhalten; lediglich die Zeugungs- bzw. Empfängnisfähigkeit ist ausgeschaltet.
Die Sterilisation macht beim Hengst keinen Sinn, da ein sterilisierter Hengst die gleichen Hengstmanieren hat wie ein normaler Hengst; würde man einen sterilisierten Hengst mit Stuten zusammenbringen, entstünde sogar noch mehr Unruhe als bei einem zeugungsfähigen Hengst, da der sterilisierte Hengst immer weiter deckt, ohne daß eine der Stuten tragend würde.

Die häufigsten Fragen im Zusammenhang mit der Kastration

Wann ist der richtige Zeitpunkt?
Dies hängt von vielen Faktoren ab. Wenn ein Hengst eventuell zur Zucht eingesetzt werden soll, muß man mindestens bis zu einem Alter von zweieinhalb Jahren warten; erst dann kann man sein Exterieur soweit beurteilen, daß eine Entscheidung möglich ist. Eine Interieurbeurteilung einschließlich der Reiteigenschaften ist in der Regel erst wesentlich später möglich.
Bei Tieren, die von vornherein nicht als Hengstanwärter in Frage kommen, richtet man sich nach anderen Kriterien. Manche Rassen, aber noch mehr vereinzelte Individuen sind so extrem früh geschlechtsreif, daß sie schon vor Erreichen des Jährlingsalters sehr hengstig und lästig werden. Sie werden spätestens als Jährlinge kastriert. Auch Managementgründe können für eine frühzeitige Kastration sprechen: Steht beispielsweise nur eine große Gemeinschaftswiese für alle Altersstufen und beide Geschlechter zur Verfügung, so ist die frühzeitige Kastration angebracht.
Andererseits gibt es auch extreme Spätzünder, die selbst als Zweijährige noch kein sexuelles Interesse zeigen. Da sie oft auch in der allgemeinen Entwicklung etwas hinterherhinken, wird man bei ihnen versuchen, die Kastration hinauszuschieben. Ein grobes Kriterium stellt u. a. die Ausbildung der Hoden dar. Ein daumenstarker Hoden bei einem Warmblutpferd signalisiert, daß der Hengst vermutlich noch nicht ausgewachsen ist, obwohl er theoretisch bereits zeugungsfähig ist. Wenn ein Kontakt mit Stuten besteht, muß man immer von der Deck- und Zeugungsfähigkeit ausgehen.
Vom medizinischen Standpunkt aus ist die frühzeitige Kastration, also beim Jährling, das geringere Risiko. Die Hoden sind noch klein und schwächer durchblutet, daher besteht eine geringere Gefahr von Nachblutungen. Die Schwellung, die fast unvermeidlich ist, fällt geringer aus. Ein Jährling steckt eine Kastration in der Regel wesentlich besser weg als ein älterer Hengst, der womöglich schon im Deckeinsatz war.

Wie wirkt sich die Kastration auf die körperliche und psychische Entwicklung des Pferdes aus?

Bei der körperlichen Entwicklung muß zwischen Pferderassen unterschieden werden, die zwischen Männlein und Weiblein starke Unterschiede aufweisen und solchen, bei denen man den kleinen Unterschied erst durch Anheben des Schweifes erkennt (= starker oder schwacher Geschlechtsdimorphismus). Bei Rassen mit starkem Geschlechtsdimorphismus fördert eine frühzeitige Kastration das Größenwachstum (z. B. Fjordpferde). Die Wallache werden einige Zentimeter größer als die Hengste – allerdings auch etwas voluminöser, was nicht immer ein Vorteil ist. Man spricht von »wallachartig« und meint damit ein etwas ausdrucksloses, teilweise auch bindegewebsschwaches Exterieur, vor allem an Hals und Flanke.

Der Wallach neigt in der Jugend eher zu besserer Futterverwertung; im Alter wandelt sich dies. Das Haarkleid des alten Wallachs ist meist stumpfer oder gar zottelig im Vergleich zum Hengst.

Leistungsbezogene Merkmale sind von der Kastration nicht betroffen. Im klassischen Dressursport findet man 15 % Stuten, 10 % Hengste; der Rest sind Wallache. Im Springsport ist es ähnlich. Wenn der Hengst physisch oder psychisch dem Wallach überlegen wäre, würde sich das sicherlich in diesen Zahlen niederschlagen. Im Vollblutrennsport machen naturgemäß meist Hengste von sich reden. Dies ist darin begründet, daß die Vollblutrennen in erster Linie Zuchtrennen sind und eine Teilnahme mit einem Wallach keinen Sinn machen würde. Stuten und Hengste unterscheiden sich in der Rennleistung nicht signifikant.

Anders wird das Bild, wenn man dem Tier zirzensisch-intellektuelle Leistungen abverlangt. Hier ist der Hengst u. U. im Vorteil, da bei ihm eine intensivere Beschäftigung mit seiner Umwelt abläuft. Wenn es gelingt, diese ursprünglich im Dienst der Fortpflanzung stehenden Aktivitäten in aktive Mitarbeit bei Lernprozessen zu lenken, so ist der Umgang mit einem Hengst ein absolutes Vergnügen. Daraus resultiert auch der Mythos, der sich um den Hengst gebildet hat. Winnetou und Kara Ben Nemsi hätten nie und nimmer einen Wallach geritten; Fury und Black Beauty sind natürlich Hengste. Die Wiener Hofreitschule mit Wallachen – undenkbar! Man darf diese Mythen aber nicht auf das Pony hinterm Haus übertragen. Ein Reithengst ist in aller Regel zur Einzelhaltung verdammt. Er braucht mehrere Stunden Beschäftigung täglich. Er kann nur bedingt an Ausritten oder Wanderritten teilnehmen; viele Veranstalter lehnen die Teilnahme von Hengsten ab. Die Versicherungen verlangen eine größere Sorgfaltspflicht. Man muß also letztendlich zwischen zwei unnatürlichen Übeln das kleinere wählen: Die Kastration ist unnatürlich; die Folgen des Nicht-Kastrierens sind es ebenfalls.

Hinweis: Der Hengst hat ein höheres motorisches und kreatives Potential. Nur wer dies sachverständig einzusetzen weiß, sollte sich einen Reithengst halten.

Technik der Kastration

Die Jahreszeit spielt nach meinen Beobachtungen eine untergeordnete Rolle. Lediglich strenge Frost- oder extreme Hitzeperioden sollte man meiden. Die ambulante Kastration wird vorzugsweise auf der Wiese vorgenommen. Hier herrschen akzeptable hygienische Bedingungen; man kann – geplant oder im Zwischenfall – den Hengst unproblematisch ablegen. Kastriert wird im Stehen oder am abgelegten Pferd; dabei ist vom rechtlichen Standpunkt die Berücksichtigung der gutachterlichen Empfehlungen wichtig. Jede davon abweichende Vorgehensweise setzt das Einverständnis des Tierhalters voraus.

Heutzutage ist die Kastration mit **Abbinden der Blutgefäße** (Ligatur) Standard. Eine Kastrationszange kann zusätzlich zur Sicherheit eingesetzt werden. **Offen** nennt man eine Kastration, wenn alle Schichten des Hodensackes eröffnet werden. Damit ist indirekt auch die Bauchhöhle eröffnet; es resultiert daraus die Gefahr einer Bauchfellentzündung, eines Darm- oder Netzvorfalles; dies tritt zwar selten auf, ist aber bedrohlich. Bei der **bedeckten** Kastration bestehen diese Gefahren nicht. Hier wird die innere Auskleidung des Hodensackes, also das Bauchfell, mit in die Ligatur hineingefaßt. Der Nachteil dieser Methode ist der höhere operative Aufwand. Heute wird zunehmend die **bedeckte Kastration mit Wundnaht** praktiziert. Die Methode ist sehr aufwendig, was sich auch im Preis niederschlägt. Wenn die angestrebte primäre Heilung der Wundnaht komplika-

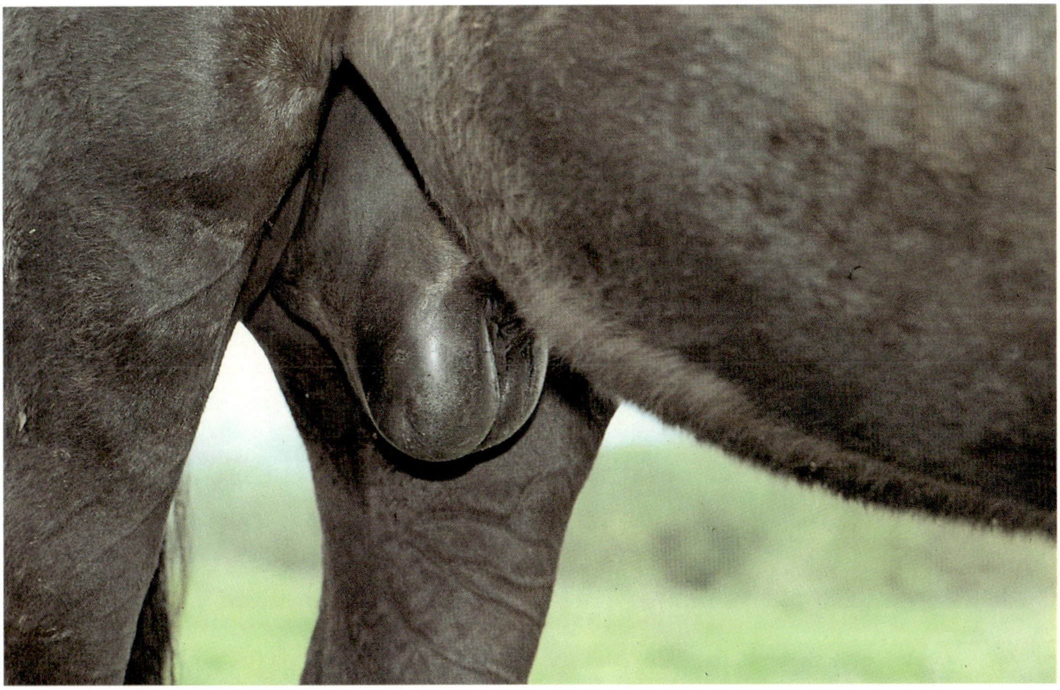

Nicht gerade schön, aber oft unvermeidlich: Die Schwellung im Bereich der Vorhaut einige Tage nach der Kastration. Solange der Kandidat kein Fieber hat und normal frißt, besteht kein Anlaß zur Sorge. Im Zweifel schaut der Tierarzt aber lieber einmal mehr nach.

tionslos verläuft, ist dies jedoch die eleganteste Methode.

Gerade die offene Kastration stellt den weniger erfahrenen Pferdehalter oft vor Probleme: In welchem Maß ist das Nachbluten, das Nachtropfen von Wundsekret, die Schwellung von Wundbereich und Vorhaut normal? Welche Allgemeinstörungen sind verdächtig?

Daß aus einer offenen Wunde, die darüber hinaus noch direkte Verbindung zur Bauchhöhle hat, Wundsekret abtropft, ist normal und wünschenswert. Eine Schwellung der Vorhaut ist nicht ideal, aber auch nicht gefährlich, wenn wirklich nur der Vorhautbereich geschwollen ist. Umfangreiche Sekretstauungen im Hodensack hingegen begünstigen das Entstehen einer Bauchfellentzündung: hier muß nachbehandelt werden. Eine leichte Temperaturerhöhung in den ersten Tagen nach der Kastration kann toleriert werden; Futterverweigerung hingegen ist ein Alarmzeichen. Der Tierarzt sollte im Zweifelsfall lieber einmal zu oft zu seinem Patienten fahren.

Über das Risiko der Kastration liegen keine genauen Zahlen vor. Tödliche Zwischenfälle sind relativ selten (schätzungsweise unter 1 %). Da man dem Tierarzt in der Regel keinen schuldhaften Verstoß gegen grundsätzliche Normen nachsagen kann, haftet im Falle eines Falles die Berufshaftpflichtversicherung des Tierarztes *nicht*. Doch viele Tierversicherer bieten eine vergleichsweise günstige **Kastrationsversicherung** an. Sie reguliert eventuelle Schäden verschuldensunabhängig.

Hinweis: Die Kastration ist zwar kein extrem gefährlicher Eingriff, aber auch kein Bagatelleingriff. Gutes Allgemeinbefinden des Kastranden, gute Nachsorge und eine Kastrationsversicherung können eine Panne nicht unbedingt verhindern, aber die Konsequenzen im Rahmen halten.

Gynäkologie

Die Gynäkologie beschäftigt sich mit Form und Funktion der weiblichen Geschlechtsorgane und deren Erkrankungen. Ein anatomisches Schema der Genitalorgane der Stute zeigt die untenstehende Grafik.

Die Funktion der Geschlechtsorgane wird hormonell gesteuert. Diese Binsenweisheit ist von außerordentlicher praktischer Bedeutung, da gerade Umwelteinflüsse wie z. B. Licht, Bewegung, Temperatur, soziale Kontakte das Hormonsystem beeinflussen. Diese Tatsache wird hier erwähnt, weil auf dieser Ebene die Ursache für die Mehrzahl der Fruchtbarkeitsstörungen liegt: Wir haben – zumindest bei Voll- und Warmblütern – die Reproduktionssaison in die Zeit der physiologischen sexuellen Winterpause verlagert. Die Folgen sind schlechte Brunsterkennung, undeutliche Ovulationen (= Eisprung) und mangelhafte Ausbildung zusätzlicher Gelbkörper, die für die erste Trächtigkeitsphase von elementarer Bedeutung sind. Wenn beim Warmblut die Fruchtbarkeitsraten bei etwa 76 % (Natursprung) liegen und beim Islandpferd bei etwa 90 %, so ist die Differenz mit Sicherheit in erster Linie auf saisonale Einflüsse zurückzuführen. Offensichtlich beherzigen aber nur die Ponyzüchter den alten Züchterspruch: »Ein Fohlen muß ins Gras fallen«. Die Probleme rund um Bedeckung, Empfängnis, Geburt und Kinderstube werden im späten Frühjahr immer geringer.

Man unterscheidet zwischen Geschlechts- und Zuchtreife. **Geschlechtsreif** ist eine Stute im Augenblick des ersten Eisprunges. **Zuchtreif** hingegen sind unsere Hauspferde frühestens mit zweieinhalb bis dreieinhalb Jahren. Oft wird ein Pferd dreijährig angeritten und im selben Frühjahr gedeckt. Dies fördert die psychische Entwicklung des Pferdes und gibt dem Organismus noch etwas Zeit zur endgültigen Ausreifung vor dem harten Turniereinsatz, ohne daß dadurch ein Zuchtjahr verloren geht.

In diesem gynäkologischen Zusammenhang sollen auch einige genetische Grundbegriffe erklärt werden. Sie sind nicht ganz ohne Berechtigung der femininen Abteilung zugeordnet, spielt doch der weibliche Organismus individualgenetisch die größere Rolle (nicht populationsgenetisch; hier dominiert der männliche Vererber aufgrund der

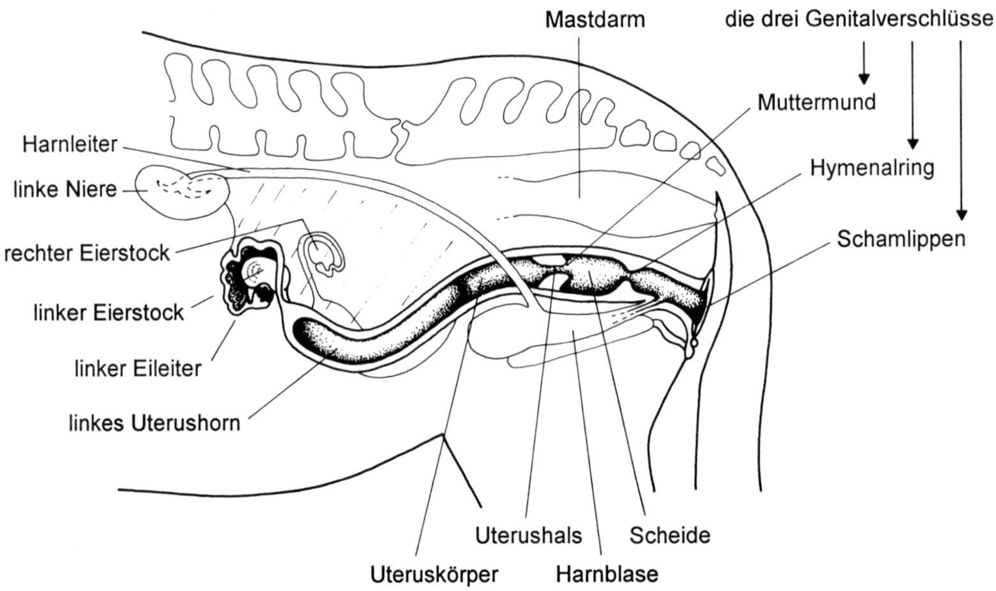

Die Genitalorgane der Stute.

potentiell höheren Nachkommenzahl). Dies liegt einerseits in dem doppelt vorhandenen X-Chromosom der Eizelle und der plasmatischen Vererbung begründet, andererseits an den vorgeburtlichen Einflüssen und der frühkindlichen Prägung durch die Mutter. Gerade dieser letzte Aspekt kann nicht genug betont werden. Fazit: für das Fohlen sind die Qualitäten der Mutter zu 55 bis 60 % maßgeblich, die des Vaters nur zu 40 bis 45 %. Wenn das Fohlen also nicht den Vorstellungen des Züchters entspricht, sollte man mit der Fehlersuche nicht immer beim Hengst beginnen.

Die **Heretabilität** gibt den Erblichkeitsgrad eines Merkmales an. Bestimmte Mißbildungen (z. B. Unterkieferverkürzung) haben einen hohen Erblichkeitsgrad und werden deshalb zuchthygienisch bekämpft. Für viele Merkmale ist eine Heretabilitätsberechnung schwierig, da die Meßbarkeit des Merkmals nicht gewährleistet ist. Während man die Milchleistung noch sehr gut objektiv erfassen kann, ist die Springveranlagung oder die Eignung zum Rennpaß so komplex, daß hierfür nur Näherungswerte genannt werden können.

Inzucht ist die Anpaarung nahe verwandter Individuen. Unter **Inzestzucht** versteht man die Anpaarung von Geschwistern oder Vater/Tochter bzw. Mutter/Sohn. Diese Methoden sind züchterische Hilfen, die die genetische Festigung bestimmter Merkmale begünstigen. Nachteile sind die daraus resultierenden **Inzuchtdepressionen:** Wenn von diesen Methoden zu häufig Gebrauch gemacht wird, resultiert daraus eine mangelnde Vitalität der Tiere. Sie werden infektionsanfälliger und allergiegefährdeter, neigen zu Fruchtbarkeitsstörungen und Leistungsschwäche. In der Pferdezucht spielt die Inzuchtdepression hier und da eine Rolle: beim Englischen Vollblut, beim Araber, bei vielen Exotenrassen, aber auch beim Warmblut durch Verwendung von Modehengsten. Das Problem der mangelnden Vitalität kommt auch im Kapitel über Fohlenkrankheiten (siehe Seite 67) zur Sprache.

Das normale Sexualleben der Stute

Eine Stute ovuliert statistisch gesehen alle 21 Tage. An dieser Stelle möchte ich ein weises Wort eines bekannten Pferdegynäkologen einfügen: »Das einzig verläßliche im Sexualleben der Stute ist ihre Unzuverlässigkeit«. Dies trifft auf alle Bereiche von der Empfängnis bis zum Absetzen des Fohlens zu. Die 21 Tage sind ein statistischer Mittelwert mit starken individuellen und jahreszeitlichen Schwankungen. Sobald das frische Grün sprießt und von der Nachbarweide ein fremdes Pferd wiehert, roßt die Stute – bisweilen im Abstand von nur wenigen Tagen. Früher hat man diese starke Aktivität, die auf dem Frühlingserwachen der Eierstöcke beruht, als krankhaft angesehen. Heute weiß man, daß neben einem Follikel (= Eibläschen), der ovuliert, noch einer oder mehrere andere ebenfalls aktiv werden; sie sorgen für Verwirrung im Zyklusgeschehen, sind aber andererseits nach eingetretener Befruchtung für die Bildung sogenannter akzessorischer Gelbkörper zuständig, die die Trächtigkeit stabilisieren. Gerne zeigen tragende Stuten auch in der Mitte der Trächtigkeit Rossesymptome, die Zweifel an der Trächtigkeit

Die Stute im Probierstand: Schweifheben, »Blitzen« und das Absetzen von Urin signalisieren Deckbereitschaft.

aufkommen lassen, obwohl alles seinen gewohnten Gang geht.
Auch die Rossedauer variiert sehr stark – von 1 bis 2 Tagen über den Langrosser mit 10 Tagen bis zur dauerrossenden nymphomanen Stute.
Die Stute zeigt die Rosse durch deutliche Verhaltensänderungen. Sie sucht (in der Herde) die Nähe des Hengstes, hebt den Schweif, setzt häufig kleine Mengen Urin ab. Besonders bedeutsam ist das sogenannte »Blitzen«. Dabei zieht die Stute die Schamlippen hoch, so das im unteren Schamwinkel die Klitoris sichtbar wird. Im Probierstand läßt sie sich vom Hengst beschnuppern und beknabbern; eine Stute, die sich hier willig zeigt, wird sich in der Regel auch ohne Probleme decken lassen.
Die Bedeckung oder Besamung sollte möglichst nahe um den Ovulationszeitpunkt erfolgen. Beim Natursprung bzw. bei Frischspermabesamung hat man bis zu 48 Stunden Zeit. Tiefgefriersperma dagegen sollte in einem Zeitraum von maximal 6 Stunden vor und nach der Ovulation verabreicht werden.

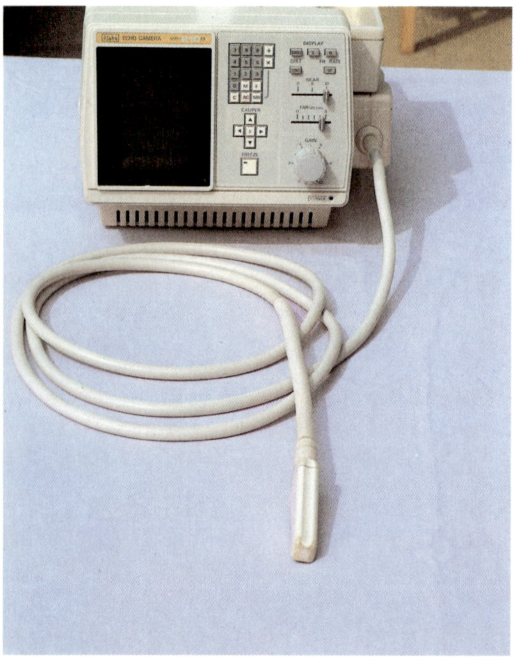

Ein Ultraschallgerät mit Tastkopf für gynäkologische Rektaluntersuchung bei Stuten.

Trächtigkeit
Die **Trächtigkeitsdauer** beträgt im statistischen Mittel 336 Tage. Die Abweichungen davon sind enorm. Es wird von Trächtigkeitsdauern von weit über einem Jahr berichtet. 95 % der Geburten erfolgen zwischen dem 320. und 355. Trächtigkeitstag. Bei bestimmten Ponyrassen in Robusthaltung muß man vermutlich die durchschnittliche Trächtigkeitsdauer um einige Tage bis Wochen höher ansetzen.
Die Trächtigkeit ist im mittleren Drittel am stabilsten. Im ersten Drittel treten teilweise gehäuft frühembryonale Fruchtresorptionen auf, während im letzten Drittel die Wahrscheinlichkeit eines Virusabortes oder einer mechanischen Schädigung der Frucht zunimmt. Sinngemäß kann die Stute dementsprechend bis zum Ende des zweiten Trächtigkeitsdrittels ihre Arbeit weitgehend uneingeschränkt verrichten. Auch die Fütterung wird erst im letzten Drittel der Trächtigkeit angepaßt.

Methoden der Trächtigkeitsuntersuchung
Die heutzutage am weitesten verbreitete Trächtigkeitsuntersuchung ist die rektale **Ultraschalluntersuchung;** sie erlaubt eine zuverlässige Diagnose ab dem 16. Tag nach der Bedeckung. Ohne Ultraschall kann ein geübter Tierarzt bereits ab dem 21. Tag eine Verdachtsdiagnose stellen. Diese Verdachtsdiagnose basiert aber nicht – wie beim Ultraschall – auf dem Nachweis einer Fruchtanlage, sondern auf dem Feststellen des Ausbleibens der Rosse. Gleiches macht sinngemäß der Probierhengst: wenn die Stute am 21. Tag nicht umroßt, ist sie vermutlich tragend.
Der **Progesterontest** wurde eine Zeit lang als Trächtigkeitstest gehandelt – er ist aber im Prinzip auch nur eine Art »Probierhengst im Labor«: Ein hoher Progesteronwert am 19. Tag nach der Bedeckung besagt, daß die Stute nicht rossig, also vermutlich tragend ist.
Andere hormonelle Tests basieren auf dem Nachweis des Trächtigkeitshormons **PMSG** (**P**regnant **M**are **S**erum **G**onadotropine). Es ist ab dem 50. Tag sicher nachweisbar. Der bekannte MIP-Test, der auf diesem Prinzip basierte, ist nicht mehr im Handel, aber der **Rapi-Tex PMSG** arbeitet nach einem ähnlichen Prinzip. Die Präzision dieser Tests ist nicht so gut wie die des Ultraschalls; sie

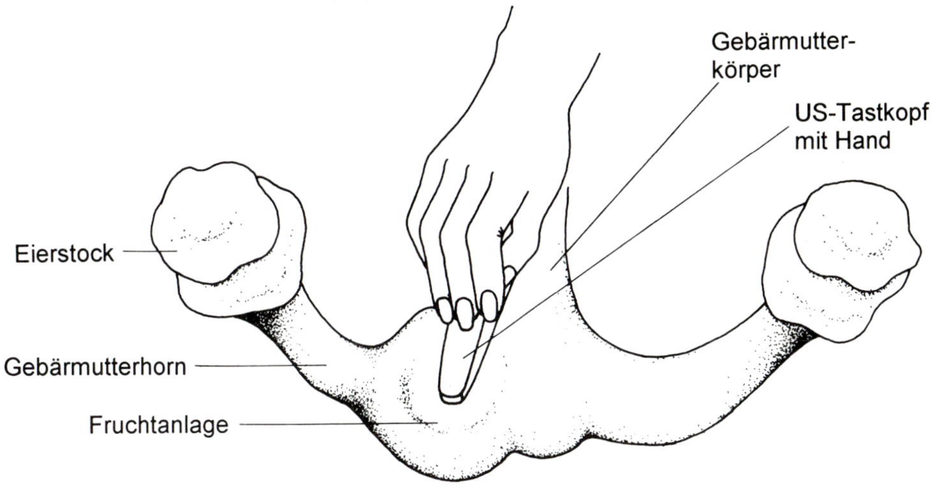

△ **Die Trächtigkeitsuntersuchung mittels Ultraschall ist unübertroffen präzise und noch risikoärmer als eine rein manuelle Rektaluntersuchung. Der Tastkopf des Ultraschallgerätes wird durch den Mastdarm eingeführt und von oben auf die Gebärmutter gehalten.**

Hier ist der Ultraschall unschlagbar: Kontrolle einer Zwillingsträchtigkeit. Die linke Fruchtblase ist in Rückbildung; die rechte Frucht entwickelt sich normal weiter. ▽

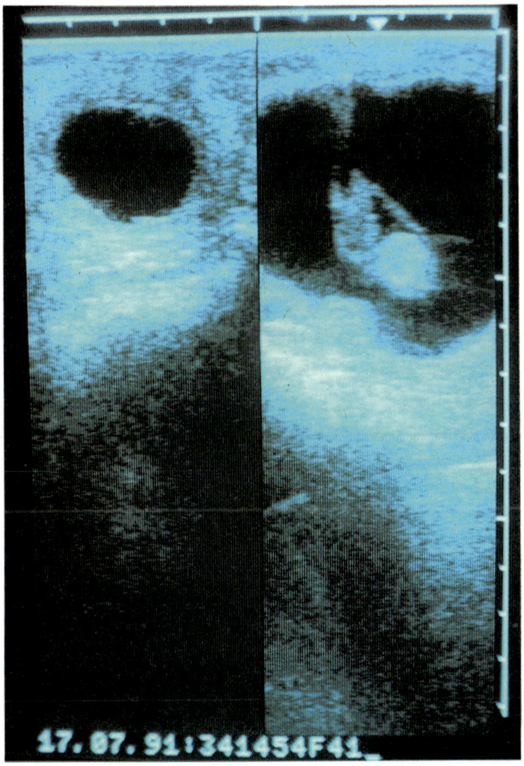

reagieren z. B. (falsch-)positiv, wenn die Frucht schon längst wieder resorbiert ist. In manchen Fällen, z. B. beim Zwergshetty, ist dieser Test allerdings der einzig durchführbare.
Sollte in der fortgeschrittenen Trächtigkeit (ab dem 200. Tag) keine rektale Untersuchung möglich sein, ist der **Östrogennachweis** im Urin eine Alternative mit ausreichender Präzision.

Untersuchung des weiblichen Genitale
Die Untersuchung erfolgt in erster Linie vaginal und rektal. Die **vaginale Untersuchung** gibt Aufschluß über Entzündungen der Scheide, Verletzungen des Muttermundes und auch über den Zyklusstand. Im Rahmen der vaginalen Untersuchung wird meist ein Cervix-(Muttermund)-Tupfer genommen, der Aufschluß über die bakterielle Besiedlung der Scheide und der Gebärmutter gibt. Dies ist sowohl für die Fruchtbarkeitsprognose von Bedeutung als auch für die Verhinderung von Deckinfektionen, die durch die Rute des Hengstes auf die nächste Stute übertragen werden können. In besonderen Fällen wird eine Schleim- oder Gewebeprobe aus der Gebärmutter entnommen. In den letzten Jahren hat die Ultraschalluntersuchung stetig an Bedeutung gewonnen. Sie erlaubt

die Erkennung von entzündlichen oder degenerativen Veränderungen an Gebärmutter und Eierstöcken; das Erkennen von Zwillingsträchtigkeiten oder Gebärmutterzysten ist mit Hilfe der Ultraschalldiagnostik zum frühestmöglichen Zeitpunkt einfach und sicher möglich.

Fruchtbarkeitsstörungen und gynäkologische Erkrankungen

Neben hormonellen Fehlsteuerungen gehören defekte Verschlußmechanismen zu den häufigsten Störfaktoren. Der Verschluß des weiblichen Genitale erfolgt durch drei Barrieren (siehe Grafik auf Seite 58): außen befinden sich die Schamlippen, in der Mitte der Scheide der sogenannte Hymenalring und am vorderen Ende der Scheide der Muttermund. Ist einer dieser drei Verschlüsse geschädigt, z. B. bei Muldendamm, Dammriß, Kloakenbildung, Muttermundverletzung, so sinkt die Fruchtbarkeitsaussicht rapide. Der mangelnde Scheidenverschluß ist in vielen Fällen durch einen einfachen chirurgischen Eingriff korrigierbar (Caslick-Operation).

Azyklie

Unter Azyklie versteht man das Ausbleiben jeglicher sexueller Zyklusfunktion. Während der Wintermonate ist dies eigentlich normal; im Sommer ist oft ein hartnäckiger Gelbkörper die Ursache, der wie ein hormoneller Bremsklotz wirkt. Eine Zyklusblockade durch einen Gelbkörper kann man durch Verabreichung von Prostaglandin zuverlässig beenden; man spricht dann von Rosseeinleitung.

Weitaus schwieriger ist die Behandlung nymphomaner, also liebestoller Stuten. Wenn sie wirklich nur liebestoll wären, könnte man vielleicht noch damit leben. Oft geht die Nymphomanie jedoch mit einem eigenartigen Verhalten dem Hengst, anderen Pferden, aber auch dem Menschen gegenüber einher – nach dem Motto: erst anmachen, dann verprügeln. Solche Stuten stellen manchmal eine echte Gefahr dar. Man kann versuchen, sie durch eine Hormonbehandlung hormonell »auf Eis zu legen«, was freilich nicht immer gelingt.

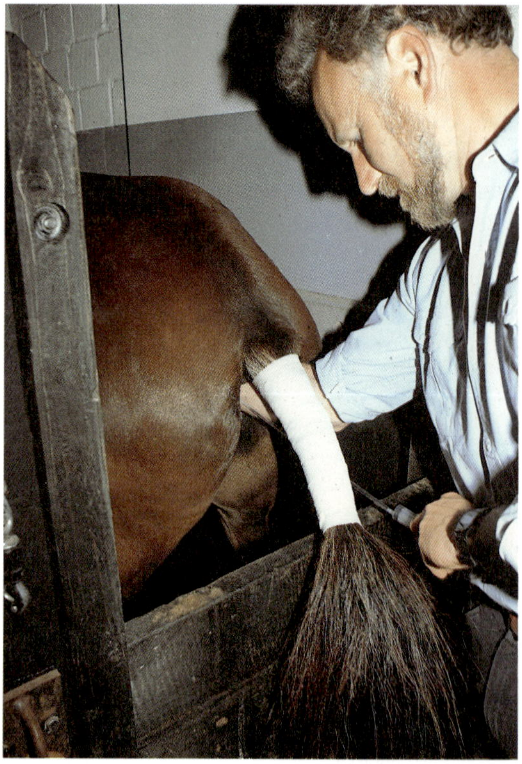

Die Untersuchung und Behandlung von Stuten kann gefahrlos für alle Beteiligten im Untersuchungsstand durchgeführt werden. Der Begriff »Zwangsstand« ist irreführend. In aller Regel verlaufen diese Verrichtungen ohne jeglichen Zwang.

Entzündung der Gebärmutterschleimhaut (Endometritis)

Eine weitere häufige Sterilitätsursache sind akute oder chronische Entzündungen der Gebärmutterschleimhaut (Endometritis) oder der gesamten Gebärmutter (Metritis). Oft signalisiert eitriger Ausfluß, daß etwas nicht stimmt; die genauere Untersuchung, speziell die Tupferprobe, gibt Aufschluß über die verursachenden Erreger. Die mit Abstand häufigsten Endometritis-Erreger sind β-hämolysierende Streptokokken; gut ist, daß sie meist empfindlich gegen einfaches Penicillin sind; schlecht, daß sie gerne wiederkommen. Man muß damit leben, daß ein gewisser Prozentsatz aller Stuten (etwa 20 %) zeitlebens Probleme mit diesen Erregern hat. Vermutlich haben diese Patienten ursächlich hormonelle Probleme, eine geschwächte

Immunabwehr oder einen unzureichenden Genitalverschluß (s. S. 62).
Die **Pyometra** (Gebärmuttervereiterung) stellt die extreme Form der Endometritis dar.
Eine andere spezifische Sterilitätsursache, die sowohl vom Hengst als auch von der Stute ausgehen kann, ist die **CEM** (**C**ontagious **E**quine **M**etritis). Da ihr Nachweis nur mit speziellen Tupfern gelingt, kann man über die Bedeutung dieser Erkrankung zur Zeit nur spekulieren. Die CEM ist sehr ansteckend. Viele Länder verlangen beim Im- und Export von Pferden einen Nachweis über CEM-Freiheit.
Selbst bei aufwendiger Sanierung sind nach einer Endometritis oder Pyometra die Fruchtbarkeitsaussichten extrem gering. Genitalkatarrhe oder Infekte werden nach einer Erregerbestimmung gezielt mit Antibiotika örtlich oder als Allgemeinbehandlung versorgt. Wichtig ist, daß dies lange genug und mit ausreichend großen Mengen Flüssigkeit gemacht wird. Bei schwereren Fällen ist ein Abhebern der Gebärmutter erforderlich (= Einbringen einer größeren Flüssigkeitsmenge mit anschließendem Ablaufenlassen).
Für die **Fruchtbarkeitsprognose** ist eine Fülle von Faktoren maßgeblich. Es hat sich bewährt, die Stuten vor der Bedeckung/Besamung in Fruchtbarkeitskategorien einzuteilen. Die gezeigte Klassifikation ist eine von vielen möglichen, die sehr praxisgerecht ist. Man kann der Form halber noch eine Stufe V anfügen, in der die Fruchtbarkeitschancen praktisch gleich Null sind.

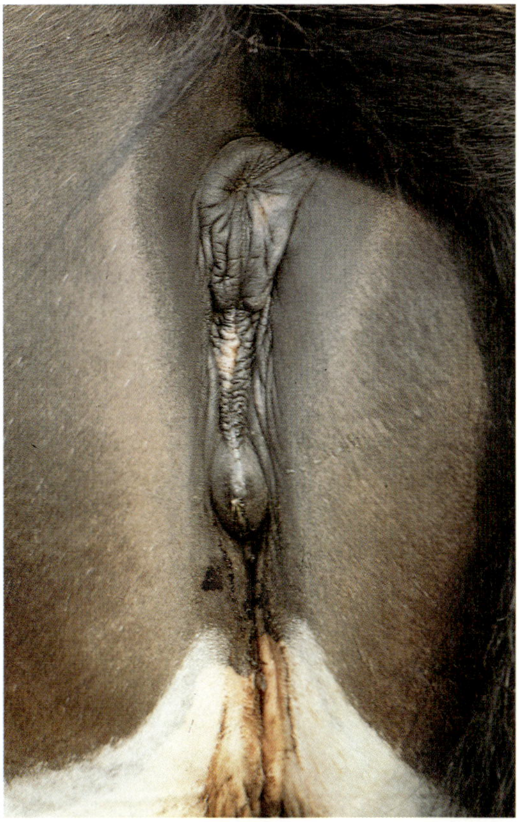

Die Sekretspuren unterhalb der Scheide verraten die chronische Gebärmutterentzündung. Sie stellt – erkannt oder nicht erkannt – die mit Abstand häufigste Sterilitätsursache bei der Stute dar.

Fruchtbarkeitsklassen für Stuten (nach MERKT)

Gruppe I	Tragende Stuten und Maidenstuten ohne klinische oder bakteriologische Bedenken	70–100 % Fruchtbarkeitsaussicht
Gruppe II	Stuten ohne klinische oder bakteriologische Bedenken, die 1 Jahr güst geblieben sind	50– 70 % Fruchtbarkeitsaussicht
Gruppe III	Stuten ohne klinische oder bakteriologische Bedenken, die mehr als 1 Jahr güst sind, sowie Stuten der Gruppe IV bzw. V nach Abheilung	25– 50 % Fruchtbarkeitsaussicht
Gruppe IV	Stuten, die klinisch Krankheitserscheinungen zeigen oder bakteriologisch bedenklich sind	0– 25 % Fruchtbarkeitsaussicht
(**Gruppe V**	Stuten, die wegen erheblicher klinischer Krankheitserscheinungen oder aus anderen Gründen keine Aussicht auf Wiederherstellung mehr bieten	fast 0 % Fruchtbarkeitsaussicht)

Geburt und Nachgeburtsphase

Die Mehrzahl aller Geburten verläuft beim Pferd rasch und komplikationslos. Fälle wie beim Rind, wo das halbe Dorf an Kuh und Kalb ziehen, gibt es nicht. Wenn beim Pferd Komplikationen während der Geburt auftreten, sind sie meist sehr ernst. In der Regel sind es Lage- oder Haltungsfehler des Fohlens, die eine rasche Austreibung verhindern. Die Stute preßt reflexartig, je enger es im Becken wird. Die Zeit zum Eingreifen ist denkbar kurz. Ein beherzter Geburtshelfer, der vielleicht Erfahrungen beim Rind hat, vermag eventuell die Situation in den Griff bekommen. Wenn einwandfrei feststeht, daß ein Bein nach hinten oder der Kopf zur Seite verschlagen ist, sollte man die Stute möglichst hinten hochstellen und schon hervorgetretene Fruchtteile *schonend* zurückdrücken. Danach erfolgt die Korrektur der fehlerhaften Lage oder Haltung durch den Tierarzt; erst im Anschluß daran darf mit leichtem Zug bei der Austreibung geholfen werden.

Hinweis: Geburtsstörungen beim Pferd sind fast immer dramatisch. Sie zählen zu den wenigen Situationen, in denen es auf Minuten und Sekunden ankommt.

Diese drastischen Schilderungen lassen die Vermutung aufkommen, daß es leichtsinnig wäre, eine gebärende Stute alleine zu lassen. Die Wahrscheinlichkeit, daß etwas schiefgeht, liegt jedoch im unteren Prozentbereich. Wenn allerdings etwas schiefgeht, endet die Geburt häufig in einem Fiasko: Meist ist das Fohlen tot, die Mutter schwer verletzt (z. B. Dammriß) oder für immer zuchtuntauglich. Vereinzelt kommen auch Todesfälle bei der Mutter vor, wenn z. B. eine fehlerhafte Lage stundenlang unentdeckt bleibt und die Mutterstute letztendlich an Kreislaufversagen stirbt. Die überwachte Geburt ist also schon etwas sicherer. Überwachen heißt aber nicht stören. Viele Stuten – insbesondere Stuten instinktstarker, naturnaher Rassen – fühlen sich durch die Anwesenheit des Menschen gestört. Eine Stute kann den Geburtstermin sogar bis zu einem gewissen Grade beeinflussen. Die Überwachung sollte also ganz diskret aus der Ferne erfolgen; erst wenn ein sicheres An-

Eine »fast normale« Geburt.
Wegen einer Allgemeinerkrankung wird bei dieser Stute die Geburt mittels einer Oxytocin-Injektion eingeleitet.

Unmittelbar nach der Injektion setzen die ersten Wehen ein.

Der Geburtsweg weitet sich. Die Stute ändert mehrfach ihre Lage.

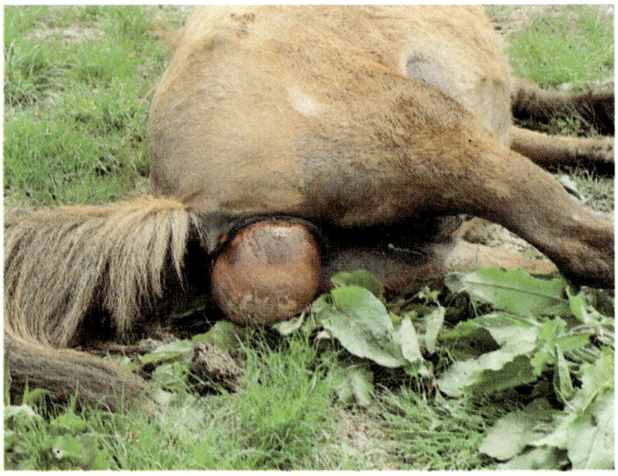

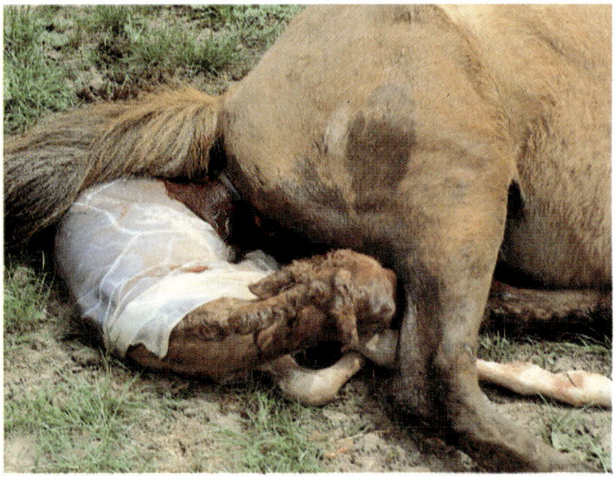

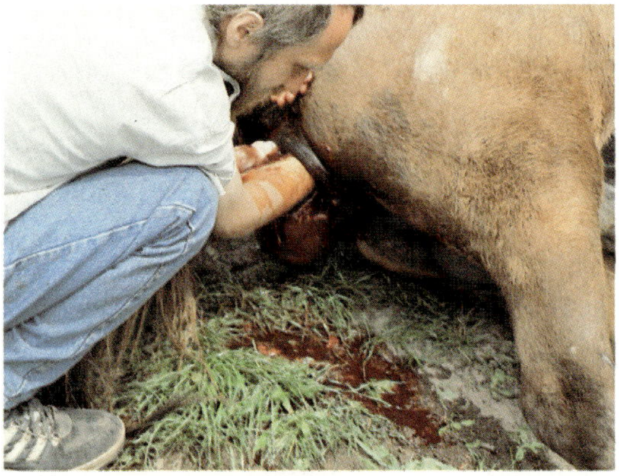

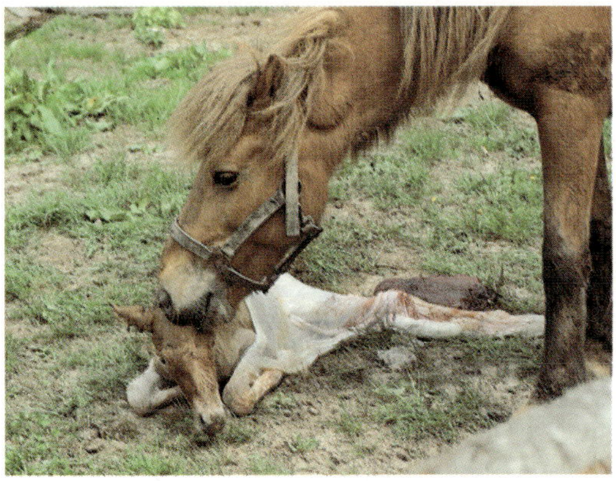

Die Fruchtblase – in diesem Fall ein Teil des Mutterkuchens (Plazenta) tritt nach einigen kräftigen Wehen aus der Scheide hervor.

Eine kleine Haltungsberichtigung der Vorderbeine ist erforderlich.

Alles bereit zur Austreibung.

Innerhalb weniger Sekunden rutscht das Fohlen mit einigen kräftigen Wehen aus dem Geburtsweg.

Kurze Verschnaufpause für Mutter und Kind.

Der äußerst wichtige erste Kontakt zwischen Stute und Fohlen.

zeichen für einen gestörten Geburtsablauf vorliegt, darf man eingreifen.
Angeblich verteilen sich die Geburten gleichmäßig über den Tag. Nach meinen Beobachtungen fohlen aber zumindest Weidestuten mit Vorliebe in den späten Nacht- und frühen Morgenstunden. Bei großen Herden ist eine Geburtsüberwachung kaum praktikabel, zumal bei der Bedeckung in der Herde meist nicht einmal das Deckdatum genau bekannt ist. Wer es einrichten kann, sollte dieses elementare Erlebnis trotzdem ruhig einmal mitverfolgen. Die Bilderserie zeigt eine Geburt von den ersten Wehen bis zum Ende der Austreibung – in diesem Fall mit einigen kleinen Besonderheiten
Während der kurzen, wenige Minuten dauernden Austreibungsphase kommen zunächst die beiden Vorderfüße, dann der Kopf aus dem Geburtsweg. Meist reißt dann schon die Eihaut von alleine auf. Tut sie es nicht, wird sie im Bereich des Kopfes geöffnet. Probleme bei der Öffnung der Eihaut sind das häufigste Argument *für* die lückenlose Geburtsüberwachung; jeder hat schon einmal von dem angeblich in der Eihaut erstickten Fohlen gehört. Es spricht aber einiges dafür, daß diese Fohlen nicht in der Eihaut erstickt sind, sondern vorher schon lebensschwach oder tot waren. Es handelt sich also prinzipiell um einen Abort, der auch bei Anwesenheit und rechtzeitiger Hilfestellung kaum zu vermeiden gewesen wäre.
Unmittelbar nach Ende der Austreibung nimmt die Stute durch eigentümlich brummende und quiekende Laute Kontakt mit dem Fohlen auf. Es wird beleckt und beknabbert. Dies ist die äußerst wichtige Prägungsphase, die möglichst wenig gestört werden darf. Ein gesundes Fohlen unternimmt wenige Minuten nach der Geburt die ersten Aufstehversuche; manches Fohlen steht sogar auf vier Beinen, ehe die Mutter sich erhebt. Sobald Mutter und Fohlen stehen, beginnt das Fohlen mit der Eutersuche. Auf das Instinkthafte reduziert bedeutet dies die Suche nach einem dunklen Dreieck, an dessen oberer Begrenzung die kostbare Biestmilch (Kolostrum) zu finden ist. Nach einigen Fehlversuchen zwischen den Vorderbeinen findet das Fohlen meist rasch den richtigen Weg zum Euter. Interessant ist, daß Fehlprägungen bei Geburten in der Box häufiger vorkommen; die Box hat vermutlich zu viele »dunkle Dreiecke«.

Die Nachgeburt sollte innerhalb der empfohlenen Zeit abgehen. Geschieht dies nicht, muß der Tierarzt eingreifen. Die komplette Nachgeburt wird erst dann entsorgt, wenn sich ein Fachmann von der Vollständigkeit überzeugt hat.

In der Zwischenzeit ist meist die **Nachgeburt** von alleine oder unter leichten Nachwehen herausgerutscht. Wenn sie länger als zwei Stunden hängt, muß man mit einer Nachgeburtsverhaltung rechnen. Nach spätestens sechs Stunden sollte ein erster Entfernungsversuch gemacht werden. Dazu spritzt man der Stute das wehenanregende Hormon Oxytocin; wenn auch der wiederholte Wehentropf keinen Erfolg zeigt, wird die Nachgeburt manuell entfernt. Das ist besonders wichtig wegen der hohen Reheanfälligkeit der Stute in Verbindung mit der Nachgeburtsverhaltung. Schon kleinste Reste der Nachgeburt führen binnen weniger Stunden zu einer starken bakteriellen Besiedlung der Gebärmutter; es bilden sich gefährliche Toxine (siehe Seite 48, 79), die zur lebensgefährlichen Geburtsrehe führen. Vor diesem Hintergrund sollte man im Zweifelsfall die Stute lieber einmal öfter untersuchen.

Die **Nabeldesinfektion** geschieht mit der altbewährten Jodtinktur, indem man einige Tropfen in die Nabelscheide träufelt. Das ist nicht schmerzhaft und beschleunigt die Austrocknung des Nabels (Mumifizierung) ganz enorm; die eingetrockneten Reste des Nabels fallen nach einigen Tagen ab. Bei Weidegeburten, die erst nach vielen Stunden entdeckt werden, ist es für die Nabeldesinfektion meist bereits zu spät. Außerdem besteht auf der Weide ein erheblich geringerer Infektionsdruck. Der Nabel als Eintrittspforte für Krankheitserreger spielt bei weidegeborenen Frühsommerfohlen kaum eine Rolle.

Stute und Fohlen werden in den ersten Stunden nach der Geburt im Zweifelsfall kontinuierlich beobachtet. Als erstes wird sichergestellt, daß das Fohlen ausreichend mit **Biestmilch** versorgt ist. Dies ist die erste, dickflüssig-klebrige gelbe Milch der Stute, die wichtige Abwehrstoffe (Antikörper, siehe Seite 107) enthält. Das Fohlen hat vor der Geburt keinerlei Abwehrstoffe im Blut, da die Plazenta die Übertragung der Antikörper aus dem Blut der Stute verhindert. Deshalb ist diese erste »Schluckimpfung« von so großer Bedeutung. Je früher und je umfangreicher die Biestmilchaufnahme ist, desto besser ist in den nächsten Tagen und Wochen die Infektionsabwehr. Nach etwa 12 bis 18 Stunden wird die Darmwand des Fohlens undurchlässig für die Abwehrstoffe, d. h. sie werden nicht mehr resorbiert. Außerdem nimmt der Gehalt an Abwehrstoffen in der Muttermilch von Stunde zu Stunde ab. Dies unterstreicht die Bedeutung der rechtzeitigen Biestmilchaufnahme. Im Zweifelsfall läßt sich durch einen Schnelltest feststellen, wie hoch der Antikörperspiegel im Fohlenblut liegt.

Bei zweifelhaften Werten kann je nach Lage Biestmilch mit der Nasenschlundsonde gegeben werden. Bei Milchmangel nimmt man Biestmilch einer anderen Stute; Züchter sollten für solche Fälle ein kleines Depot mit tiefgekühlter Biestmilch anlegen. Die herkömmliche Fohlenlähmeimpfung mit passiven Mischseren ist unter normalen Umständen überflüssig oder sogar schädlich, nicht schaden kann hingegen die Gabe eines Paramunitätsinducers, (siehe Seite 107). In die erste Beobachtungsphase nach der Geburt fällt auch der Abgang des ersten Kotes des Fohlens, des sogenannten **Darmpechs.** Schwierigkeiten gibt es fast ausnahmslos bei Hengstfohlen, bei denen sich die Darmpechknollen vor dem engen Beckeneingang stauen. Übertragene Fohlen neigen eher zur Darmpechverhaltung; sie tritt bei Warm- und Vollblütern eher auf als bei Ponys.

Auch der erste **Urinabsatz** sollte beobachtet werden. Der Urin sollte im Strahl aus der planmäßigen Öffnung, der Harnröhre, heraustreten. In seltenen Fällen (Urachusfistel) läuft er über den Bauchnabel ab. Dieser Zustand muß erforderlichenfalls nach einigen Tagen vom Tierarzt behoben werden.

Erkrankungen der neugeborenen Fohlen

Ein gesundes Fohlen hat in den ersten Lebenstagen eine Körpertemperatur von etwa 38,5 °C. Es sucht im Laufe eines Tages etwa 40mal das Euter auf, um jeweils etwa eine Minute lang zu saugen. Reichlicher Absatz von hellem, fast wäßrigem Urin ist ein Zeichen ausreichender Milchaufnahme. Reduzierte Milchaufnahme erkennt man am gespannten Euter der Stute; läuft gar die Milch von alleine ab, kann man sicher sein, daß das Fohlen nicht trinkt und deshalb krankheitsverdächtig ist. Fohlenerkrankungen sind ein Spezialgebiet, das hier nur angerissen werden kann.

Infektionskrankheiten

Die infektiösen Erkrankungen laufen immer nach dem gleichen Schema ab: der Infektionsdruck ist zu groß und die Immunabwehr zu schwach. Es sei dahingestellt, ob es sinnvoll ist, alle bakteriellen, viralen und Pilzinfektionen zu erwähnen, da es sich ohnehin meist um Mischinfektionen mehrerer Erreger oder um Superinfektionen (erst Virus, dann Bakterien) handelt. Die Begriffe »Frühlähme« oder »Spätlähme« sind deshalb nur als grobe Einteilung zu verstehen. Medizinisch sinnvoller ist es, von **Septikämie** (= Blutvergiftung) zu sprechen. Zahlreiche Erreger sind in der Lage, eine Blutvergiftung hervorzurufen. Das typische Lähmebild wird sich nur ausprägen, wenn der Erreger

die Gelenke erreicht; er kann aber ebensogut alle anderen Organe – vorzugsweise Darm, Lunge, Nieren oder Gehirn – befallen und dort jeweils die entsprechenden Symptome hervorrufen.
Den Infektionskrankheiten der Fohlen ist mit Antibiotika nur teilweise beizukommen. Vorbeuge durch ausreichende Biestmilchversorgung, Schaffung hygienischer Umweltbedingungen und vor allem Verlagerung des Geburtszeitpunktes in den biologisch sinnvollen Zeitraum, nämlich den Frühsommer, sind deshalb außerordentlich wichtig, um Erkrankungen der Fohlen vorzubeugen.
Teilweise kann man auch den ersten **Fohlendurchfall,** der die Fohlen während der Fohlenrosse der Mutter heimsucht, zu den Infektionskrankheiten zählen. Verursacht wird er durch den Zwergfadenwurm *(Strongyloides).* Das Fohlen nimmt die Larven des Parasiten in den ersten Lebenstagen beim Saugen auf. Neun Tage später wirken sie bei der Entstehung des Fohlendurchfalls mit. Es wird aber auch diskutiert, daß hormonelle Einflüsse über die Muttermilch, die beginnende Rauhfutteraufnahme und die nachlassende Antikörpermenge im Blut des Fohlens eine Rolle spielen.
Wie bei jeder anderen Infektion kann der Körper auch gegen Parasiten Antikörper bilden und somit im Laufe der Zeit eine Immunität aufbauen. Ein Beispiel dafür sind Wildtiere, die nie eine Wurmkur verabreicht bekommen und trotzdem überleben. Ob man diese harte Probe aber einem der Natur weitgehend entfremdeten, domestizierten Neugeborenen zumuten soll, sei dahingestellt. Viele Entwurmungspläne erscheinen im Hinblick auf Pferde etwas überdimensioniert. Bei den Fohlen sollte man jedoch auf Nummer sicher gehen und mit den handelsüblichen Wurmmitteln entwurmen.

Neugeborenengelbsucht (Icterus neonatorum)

Sie wird hervorgerufen durch eine Blutgruppenunverträglichkeit zwischen Stute und Hengst und tritt in der Regel erst zu Tage, wenn die Stute zum wiederholten Mal vom gleichen Hengst ein Fohlen bekommt. Die Erkrankung äußert sich in Apathie, Saugunlust, einer weithin sichtbaren Gelbverfärbung aller Schleimhäute und Absetzen von kaffeebraunem Urin. Die Behandlung erfolgt durch kompletten Blutaustausch, d. h. Transfusion mehrerer Liter Blut eines gesunden Spendertieres. Vorbeugend wäre die Aufnahme der Biestmilch zu verhindern, was aber aus immunologischen Gründen nicht wünschenswert ist. So bleibt als eigentliche vorbeugende Maßnahme nur die Überprüfung der Blutgruppenverträglichkeit von Hengst und Stute *vor* der Anpaarung. Die Erkrankungshäufigkeit ist gering (unter 1 %).

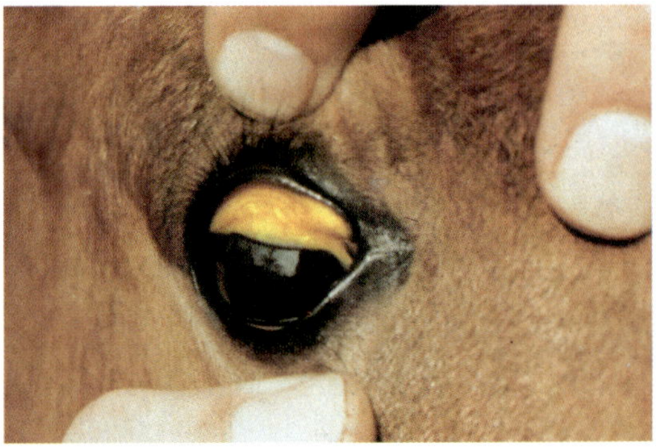

Ein ausgesprochen schwerer Fall einer Neugeborenengelbsucht. Hier hilft nur der unverzügliche, aber schonende Austausch des unverträglichen Blutes.

Harnblasenruptur

Die Harnblasenruptur (Harnblasenriß) wird bisweilen bei neugeborenen Fohlen beobachtet. Vermutlich handelt es sich aber selten um eine Ruptur, sondern um eine Art Mißbildung der Blase, die dazu führt, daß der Urin nach innen in die Bauchhöhle läuft.
Symptome: Apathie, aufgedunsener Bauch, fehlender Urinabsatz. Ein Bauchhöhlenpunktat, das auf Uringehalt geprüft wird, sichert die Diagnose. Eine operative Versorgung ist bei rechtzeitigem Erkennen möglich.

Fehlanpassungssyndrom

Das Fehlanpassungssyndrom ist eine Erkrankung des Zentralnervensystems, welches mit Epilepsieähnlichen Symptomen (Krampfen, Bellen) oder getrübtem Bewußtsein (stupides Umherwandern, Orientierungslosigkeit) einhergeht. Sie befällt überwiegend Vollblüter; die Behandlung ist rein symptomatisch. Wenn die Fohlen den kritischen Zeitraum überleben (einige Tage), bleiben keine Schäden zurück.

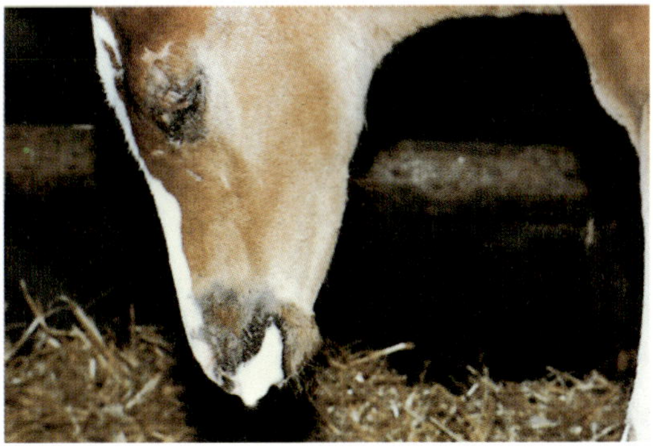

Sehr spektakuläre Symptome ruft das Fehlanpassungssyndrom der Fohlen hervor. Es tritt hauptsächlich bei hochblütigen Tieren auf.

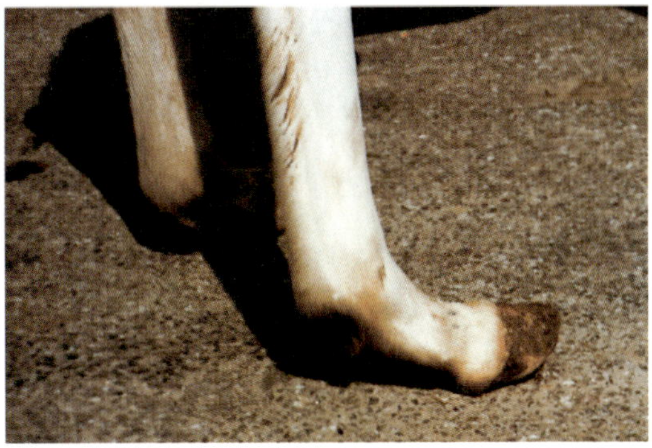

Die Beugesehnenschwäche kann einige Tage lang toleriert werden. Gibt sie sich nicht von alleine, muß der Orthopäde eingreifen.

Weißmuskelerkrankung

Die Weißmuskelerkrankung ist gekennzeichnet durch eine extreme Schwächung einzelner oder aller Muskeln aufgrund eines Zerfalls von Muskelfasern. Die Muskelenzyme steigen enorm an. Die Fohlen leiden an Bewegungsstörungen oder Schluckbeschwerden. Eine Behandlung mit Selen und Vitamin E bringt in leichten Fällen Erfolg.

Orthopädische Probleme

Die **Durchtrittigkeit.** Viele Vollblüter haben in den ersten Lebenstagen eine Beugesehnenschwäche, d. h. einfacher formuliert: zu lange Beugesehnen. Sie »fesseln durch«, d. h. der Fesselkopf berührt den Boden. Dies ist ein Handicap beim Aufstehen und Laufen, was sich aber in der Regel nach wenigen Tagen von alleine gibt. Ist dies nicht der Fall, hilft eine Unterstützung im Trachtenbereich durch ein aufgeklebtes Eisen (auch Kunststoff) weiter.

Gewissermaßen das Gegenteil ist der **Bockhuf.** Hier sind die Beugesehnen zu kurz; das Hufbein steht extrem steil; teilweise laufen die Fohlen auf der Vorderseite des Fesselkopfes (»Überköten«). Auch diese Erkrankung kann in den ersten Lebenstagen mit und ohne tierärztliche Hilfe verschwinden. Manchmal tritt sie aber auch erst im Alter von einigen Monaten auf. Dann muß mit einem orthopädischen Beschlag behandelt werden; auch eine operative Versorgung ist möglich.

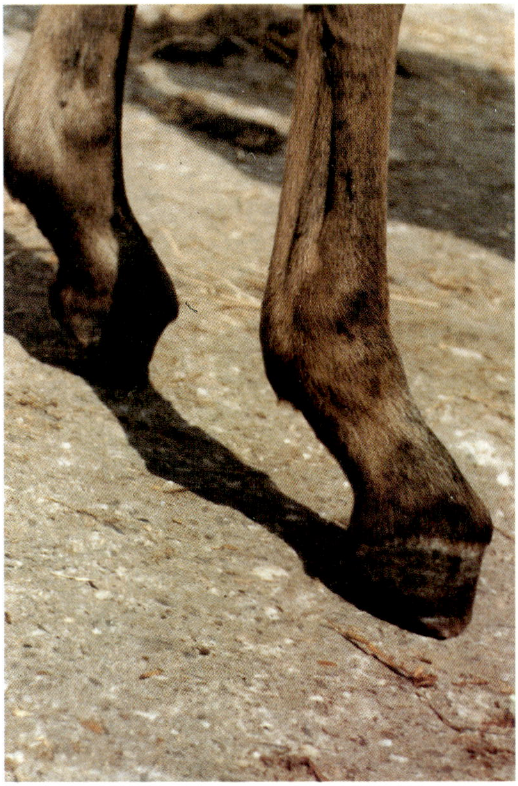

Der Bockhuf ist das Gegenteil der Durchtrittigkeit. Auch hier darf man nicht zu lange mit einer Behandlung (Spezialbeschlag oder chirurgische Behandlung) warten.

Erkrankungen des Bewegungsapparates

Für viele Sportpferde kommt das Ende ihrer Karriere überraschend früh. Meist sind Erkrankungen des Bewegungsapparates daran schuld, also Lahmheiten, Bewegungsstörungen oder Verspannungen. Je nach Berechnungsgrundlage wird ein Turnierpferd statistisch 9 bis 13 Jahre alt. Auffallend ist, daß kleine Pferde, z. B. Islandpferde, kaum orthopädische Probleme haben – und das, obwohl sie zumindest im Spitzensport gleichwertigen Belastungen ausgesetzt sind wie Großpferde. Man kann daraus schließen, daß ein Pony erheblich mehr orthopädische Reserven hat als ein Großpferd. Dafür gibt es zwei Erklärungen:

- Das Großpferd weicht in seinen Dimensionen erheblich weiter von der Naturform der Wildpferde ab (1,70 m Stockmaß und 650 kg Gewicht gegenüber 1,20 m Stockmaß und 250 kg Gewicht). Da Größe und Gewicht bei allen dynamischen Prozessen, also in der Bewegung, in der 2. oder gar 3. Potenz in die Belastungsformel einfließen, wird ersichtlich, in welchem Maße sich das Großpferd alleine durch seine im wahrsten Sinne des Wortes massige Erscheinung selbst belastet.
- Die Mehrzahl der Großpferde wird nach wie vor unter weitgehend naturfernen Bedingungen ge-

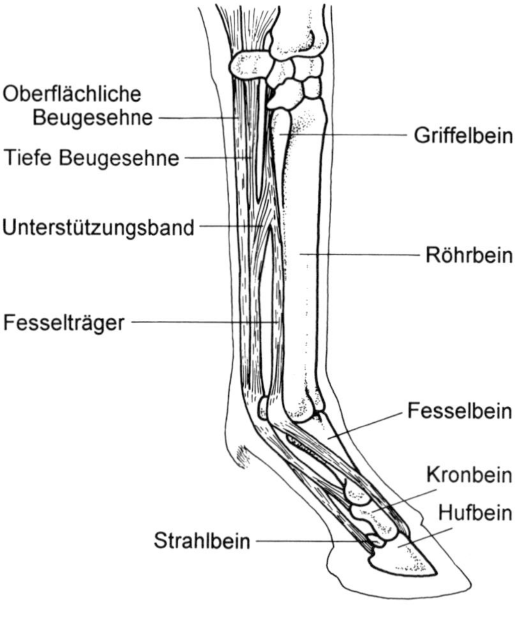

Die funktionell wichtigsten Knochen und Sehnen an der unteren Vordergliedmaße.

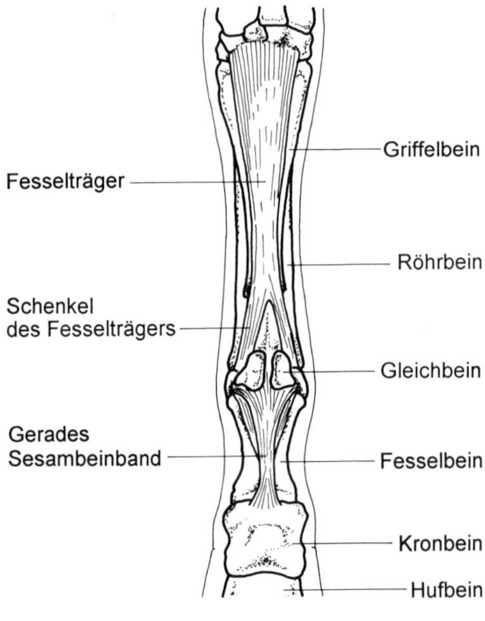

Das Vorderbein von hinten betrachtet. Zwischen den zwei Griffelbeinen (lateralem und medialem) verläuft der Fesselträger. Die beiden Gleichbeine dienen als Umlenkrollen für die Sehnen am Fesselbein.

halten. Dabei kommen die vielgeschmähten Schulpferde noch gut weg; sie gehen mehrmals pro Tag bis zu einigen Stunden (siehe Seite 10). Arm dran ist dagegen das Privatpferd im Reitstall, das im statistischen Mittel täglich nur eine knappe halbe Stunde bewegt wird. Im Vergleich zum natürlichen Bewegungsmuster des Pferdes mit einem Dutzend Ruhe-, Freß- und Bewegungsphasen pro Tag kommt dies einem Kaltstart gleich.

Damit wird verständlich, daß unter diesen Bedingungen keine funktionelle Anpassung des Binde- und Stützgewebes erfolgen kann. Funktionelle Anpassung bedeutet, daß ein Organ, z. B. der Knochen, sich im Laufe der Zeit so entwickelt, daß er der Belastung gewachsen ist (z. B. durch Auf- und Umbau der Knochenbälkchen, die seine Stabilität ausmachen). Vergleichbares gibt es auch in der Humanmedizin: lange Bettlägerigkeit führt zum Muskelschwund und zum Verlust von Mineralstoffen aus dem Knochen. Das gleiche gilt für Sehnen und Bänder: Nur das kontinuierliche, gemäßigte Training kann die Basis für spätere Belastbarkeit legen; von einem solchermaßen sinnvoll vorbereiteten Pferd kann man dann auch eine kurzfristige Höchstleistung erwarten.

Gesündigt wird auch bei der Verteilung der Gangarten. In der Natur bewegt sich ein Pferd überwiegend im Schrittempo von einem Grasbüschel zum nächsten. Galoppiert wird einmal am Tag – wenn ein Raubtier kommt. Der Trab fungiert lediglich als Zwischengangart oder als Imponiergangart bei Rangordnungskämpfen. Diese Verteilung findet sich in unserer Dressurreiterei nicht wieder. Wir haben den Trab als liebstes Kind reiterlich und züchterisch zum Maß aller Dinge gemacht.

Ein weiterer Punkt, der vor allem das Großpferd anfälliger für orthopädische Probleme werden läßt, ist unsere Zuchtbeurteilung. Obwohl es immer wieder bestritten wird: Auf der Hengstkörung sieht man lieber den erwachsen wirkenden, abgerundeten Typ Pferd und vergißt, daß ein Zweieinhalbjähriger noch ein Jungtier ist und sein muß. So wird indirekt auf Frohwüchsigkeit selektiert, während am anderen Ende der Skala der Zuchteinsatz alter, gesunder und Härte vererbender Elterntiere nicht genügend gewürdigt wird. Fazit: ein großer Teil der orthopädischen Pflegefälle ist keineswegs schicksalhaft über uns hereingebrochen, sondern hausgemacht.

Ein paar anatomische Grundkenntnisse sind wünschenswert. Die nebenstehenden Abbildungen zeigen die funktionell wichtigen Knochen und Muskeln. Eine banal klingende, aber zu häufigen

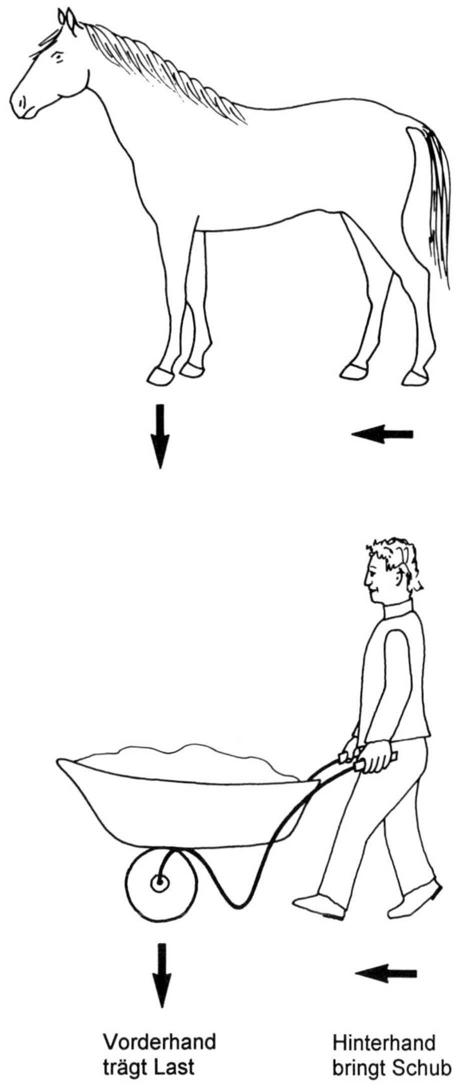

Wenn alle Reiter das Bild der Schubkarre vor Augen hätten, gäbe es sicherlich weniger Überlastungsschäden im Bereich der Vorhand.

Mißverständnissen Anlaß gebende Erläuterung: die Begriffe »rechts« und »links« beziehen sich immer auf die Körperachse des Pferdes, also »in Fahrtrichtung«. Ein weiteres Begriffspaar: »lateral« bedeutet zur Seite des Körpers gewandt; »medial« bedeutet zur Körpermitte hin gewandt. Beispiel: An jedem Röhrbein befinden sich zwei Griffelbeine; das laterale liegt an der Außenseite des Röhrbeines, das mediale an der Innenseite. Das kleine Latinum soll hier beendet werden mit dem Begriffspaar »proximal – distal«: dies sind relative Richtungsbezeichnungen; proximal bedeutet körpernah, distal körperfern. Das Schultergelenk ist proximal, die Zehengelenke sind distal. Im Vergleich zum Ellbogen ist das Handwurzelgelenk distal; im Vergleich zum Hufgelenk wäre es proximal.

Das Bild einer Schubkarre trifft für die Belastungsverhältnisse beim Pferd sehr gut zu: Das **Gewicht** lastet auf dem Rad, sprich der Vorhand des Pferdes. Der **Schub** kommt aus der Hinterhand. So ist schon eine gewisse Verteilung der Krankheitshäufigkeit zu erahnen: im Bereich der **Vorhand** dominieren Erkrankungen, die durch Störungen bei der Gewichtsbewältigung entstehen; sie sind vorwiegend im unteren (distalen) Gliedmaßenbereich angesiedelt (Huflederhautentzündung, Hufrollenerkrankung, Schale, Hufgelenksentzündung, Gleichbeinlahmheit); im Bereich der **Hinterhand** treten dagegen häufiger Erkrankungen der proximalen Gliedmaßenabschnitte (Sprunggelenk, Knie- und Hüftgelenk) auf, da hier der Schub produziert und umgesetzt wird.

Lahmheit

Es ist keine akademische Spitzfindigkeit, wenn man zwischen Stützbeinlahmheit und Hangbeinlahmheit unterscheidet. Die **Stützbeinlahmheit** ist gekennzeichnet durch eine Schmerzreaktion, also Lahmen, beim Auffußen oder Abstützen der Gliedmaße. Ein typisches Beispiel ist die Hufgelenksentzündung. In dem Augenblick, in dem das erkrankte Bein auffußt, tritt der Schmerz auf; das Pferd lahmt. Für die Vorhand bedeutet dies: das Pferd versucht, sein ganzes Gewicht auf dem gesunden Bein abzufangen. Dies äußert sich in einem mehr oder weniger starken Nicken des Kopfes; man sagt »Das Pferd fällt auf das gesunde Bein«. Wenn also der Kopf beim Auffußen des linken Beines nach unten geht, kommt der Schmerz aus dem rechten Bein.

Bei der Hinterhand ist das Erkennen einer Stützbeinlahmheit schwieriger. Das Pferd versucht, die schmerzhafte Gliedmaße zu entlasten; dies kann es teilweise, indem es schon im Beckenbereich die Gliedmaße hochzieht; von hinten betrachtet wirkt es im Becken schief: kranke Seite hoch, gesunde Seite tief. Aufschlußreicher ist bei der Hinterhand die Betrachtung der Schrittlänge. Das Pferd wird immer versuchen, die schmerzhafte Gliedmaße kürzer zu belasten; es »tritt kürzer«. Ganz vornehm ist die Diagnose durch Beurteilung der Lautstärke: Das kranke Bein setzt vorsichtiger auf; daraus resultiert – gleichmäßiger Beschlag vorausgesetzt – ein leiseres Fußungsgeräusch. Eine gute Übung und gleichzeitig eine Selbstkontrolle, wenn man seine Diagnose sozusagen mit verbundenen Augen überprüfen kann.

Die **Hangbeinlahmheit** ist nicht durch Schmerzhaftigkeit beim Auffußen oder Abstützen gekennzeichnet, sondern durch Lähmung oder Schmerzhaftigkeit beim Vorführen der Gliedmaße, also in der Schwebephase. Ein typisches Beispiel ist die Lähmung des Radialisnervs. Dieser Nerv versorgt die gesamte untere Vordergliedmaße. Wird er ausgeschaltet, hängt das Bein schlaff nach unten; es wird hinterhergeschleift, weil ein aktives Vorführen nicht möglich ist. Die Radialislähmung ist nicht primär schmerzhaft. Das Bein fühlt sich für das Pferd vermutlich so an wie für uns die Lippe bei einer örtlichen Betäubung beim Zahnarzt: nicht schmerzhaft, aber unangenehm taub.

Lahmheitsuntersuchung

Das wichtigste an der Lahmheitsuntersuchung ist eine systematische Vorgehensweise. Ein Pferd verrät in der Regel nicht, wo der Schuh drückt; man muß es intensiv befragen. Bewährt hat sich der Untersuchungsgang von unten nach oben. Auch wenn alle Experten einig sind, daß die Lahmheit aus der Schulter kommt: Lahmheitsdiagnostik ist immer in erster Linie Ausschlußdiagnostik, d. h. man untersucht Punkt für Punkt und fängt mit dem Huf an. Betrachten, Betasten und Beklopfen sind

Durch die Hufuntersuchungszange wird Druck auf den Huf ausgeübt. Die Schmerzreaktion erlaubt Rückschlüsse auf den Sitz einer Erkrankung im Huf.

die ersten Schritte. Eine verstärkte Pulsation der Mittelfußarterie deutet auf eine Erkrankung im unteren (distalen) Gliedmaßenbereich hin. Danach wird der Huf mit der Hufuntersuchungszange abgedrückt – zuerst auf der gesunden Seite, um die allgemeine Reizschwelle des Pferdes zu erforschen, dann auf der kranken Seite. Eine starke Reaktion auf den Druck der Zange deutet auf Schmerzhaftigkeit im Bereich des Hufes, vorzugsweise der Sohle, hin, wie z. B. Hufgeschwür, Huflederhautentzündung, Hufbeinbruch.

Danach tastet man sich im wahrsten Sinne des Wortes nach oben vor. Gleichbeine, Griffelbeine, Beugesehnen und Fesselträger (siehe Zeichnung S. 70) werden auf der gesunden und kranken Seite untersucht und verglichen. Je weiter man nach oben kommt – dies gilt speziell für die Vordergliedmaßen –, desto schwieriger wird die Befunderhebung. Ist man schließlich bei der Schulter angelangt, ohne einen eindeutigen Befund zu erhalten, darf man aufwendigere Untersuchungstechniken zu Hilfe nehmen.

Wie präzise muß eine Lahmheitsdiagnose sein?

Nicht nur im Bereich der Orthopädie, aber ganz besonders hier stellt sich die Frage nach der Notwendigkeit, eine Diagnose möglichst präzise zu stellen. Selbstverständlich ist es das Ziel einer jeden Untersuchung, eine möglichst genaue Diagnose zu stellen. Eine Diagnose ist aber niemals Selbstzweck, sondern dient einzig als Grundlage für die Behandlung. Ein Beispiel: Bei einem 22jährigen Reitwallach ist es in der Regel unerheblich, ob das Röhrbein im oberen oder mittleren Drittel gebrochen ist, da eine Behandlung in der Regel schon aus Gründen der Wirtschaftlichkeit nicht durchgeführt wird. Geht es aber darum, die Ursache einer chronischen Beugesehnenreizung bei einem jungen Pferd zu ermitteln, so ist es schon interessant zu wissen, ob und welches Griffelbein wo gebrochen ist.

Der weitere Gang der Lahmheitsuntersuchung
Die **Beugeprobe** beruht auf folgendem Prinzip: ein Gelenk wird bis zur »Schmerzgrenze« gebeugt bzw. gestreckt. In dieser Position verharrt man eine gewisse, immer gleichbleibende Zeit. Danach muß das Pferd unverzüglich antraben. Der Vergleich zwischen gesunder und kranker Gliedmaße läßt dann Rückschlüsse zu: Bei einer einseitigen Arthrose wird das Pferd nach der Beugeprobe deutlich lahmen. Da Arthrosen am aufgewärmten Pferd teilweise verschwinden, sollten die Beugeproben vor den Belastungsproben (z. B. Longieren) durchgeführt werden.
An dieser Stelle muß erwähnt werden, daß jede etwas aufwendigere Lahmheitsuntersuchung an einen bestimmten äußeren Rahmen gebunden ist.

Voraussetzungen für die Lahmheitsdiagnostik sind:
- eine mindestens 25 m lange ebene, befestigte Vorführstrecke (Asphalt oder Beton),
- ein Pferd, das mitmacht. Fohlen, die nicht halfterführig oder gar ganz roh sind, kann man nicht nach allen Kriterien untersuchen; das gleiche gilt für widersetzliche Pferde oder junge Gangpferde, die die Vielzahl ihrer Gänge noch nicht richtig sortieren können.
- ein zuverlässiger Führer, der die entsprechenden Kommandos präzise umsetzt.

Der Wert der Beugeproben ist nicht unumstritten. Zunächst einmal hat jedes Pferd das Recht, bis zu einem gewissen Grad auf eine Schmerzprovokation zu reagieren. Es ist also Sache des Untersuchers, eine Beugeprobe fair durchzuführen und unter Berücksichtigung des Alters und Typs des Pferdes zu interpretieren. Eine Zeitlang wurde den Beugeproben jegliche Aussagekraft abgesprochen. Auch das ist aber meiner Meinung nach nicht richtig. Es gibt sicherlich Untersuchungen, die objektiver und wissenschaftlich exakter auszuwerten sind; als Orientierungshilfe ist die Beugeprobe für eine Diagnose vor Ort jedoch in vielen Fällen eine sinnvolle Ergänzung.

Wann wird geröntgt?
Viele telefonisch angekündigte Lahmheitsuntersuchungen beginnen mit den Worten: »Mein Pferd muß geröntgt werden«. Dadurch gerät der Tierarzt

Beugeprobe an der Vordergliedmaße. Auch dies ist eine Schmerzprovokation. Beurteilt wird, ob und wie stark das Pferd nach einer rund einminütigen, starken Beugung der Gelenke reagiert (oben).

Beugeprobe an der Hintergliedmaße, auch als »Spatprobe« bezeichnet. Beugeproben eignen sich dazu, versteckte, chronische Gelenksentzündungen (Arthrosen) zu erkennen (unten).

in eine mißliche Situation: In vielen Fällen kann er aufgrund seiner Erfahrung oder des vollkommen ausreichenden Symptombildes mit großer Sicherheit sagen, daß eine Röntgenaufnahme überflüssig ist. Wenn z. B. beim Eröffnen eines Hufgeschwürs der Eiter herausspritzt, kann man davon ausgehen, daß hier die Ursache für die Lahmheit lag. Es wäre unsinnig, dann mit Hilfe einer Röntgenaufnahme nachzuweisen, daß kein Hufbeinbruch vorliegt. Die Mehrzahl der Röntgenaufnahmen wird übrigens nicht vom Tierarzt empfohlen oder gar angeordnet, sondern vom Halter verlangt. Oft sind hier diplomatische Fähigkeiten oder besser noch gegenseitiges Vertrauen erforderlich.

Eine Röntgenaufnahme birgt im übrigen auch Gefahren: Es werden Zufallsbefunde entdeckt, die vom eigentlichen Geschehen ablenken oder auch zu einer spontanen Wertminderung des Tieres Anlaß geben (z. B. Hufrollenaufnahmen), obwohl das Pferd in dieser Hinsicht überhaupt keine Beschwerden hat.

Zur Durchführung:

Die meisten Pferdepraktiker verfügen über mobile Röntgengeräte. Diese sind naturgemäß nicht so leistungsfähig wie stationäre Geräte in der Klinik. Ambulantes Röntgen ist aufwendig, deshalb sollte man sich bezüglich des Umfanges ein Limit setzen: Am Vorderbein sind Aufnahmen vom Handwurzelgelenk an abwärts qualitativ gut anzufertigen; am Hinterbein stellt das Sprunggelenk die obere Grenze dar. Das heißt nicht, daß nicht auch höhere Gelenke und Knochen gut dargestellt werden können; eine richtig gute, aussagekräftige Aufnahme vom Kniegelenk gelingt aber ambulant – dazu noch am stehenden Pferd – nur in Ausnahmefällen. Für die Sofortdiagnostik (z. B. Lokalisation von Frakturen im Hinblick auf Therapieversuch oder Tötung) sind die ambulanten Geräte jedoch durchaus geeignet.

Zum Röntgen benötigt man einen genügend großen, vollkommen ebenen Platz, auf dem das fahrbare Stativ nicht holpert, und eine sichere Stromversorgung (220 V/16 A). Schwangere Frauen dürfen nicht assistieren. Die Strahlenbelastung ist bei modernen Geräten und hochverstärkenden Folien um ein Vielfaches geringer als in vergangenen Jahrzehnten: Im normalen Röntgenbetrieb liegt die Strahlenbelastung in der Größenordnung der natürlichen Erdstrahlung.

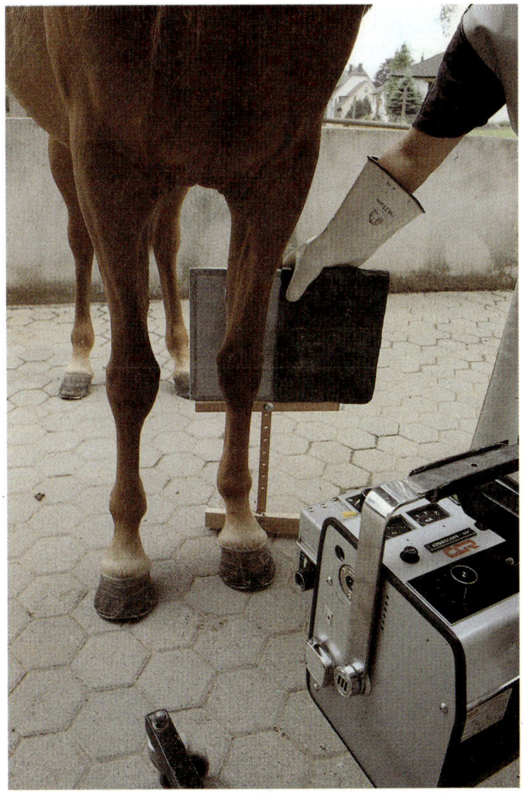

Ein ebener Boden und ein haushaltsüblicher Stromanschluß sind Voraussetzung für ambulante Röntgenaufnahmen.

Weitere diagnostische Methoden

Ebenso wichtig wie die Röntgenaufnahme sind die **diagnostischen Anästhesien.** Ihnen liegt folgender Gedanke zugrunde: Ein schmerzhafter Teil der Gliedmaße wird durch eine Leitungsanästhesie schmerzfrei gemacht. Erfolgt die Injektion eines Lokalanästhetikums z. B. in die beiden Hauptnerven in der Fesselbeuge, so wird dadurch die Huflederhaut, der Hufrollenbereich und der Ballen gefühllos und taub. Wenn die Schmerzen in diesem Bereich lokalisiert waren, so werden sie nach der diagnostischen Anästhesie verschwinden. Liegt die Ursache oberhalb des Anästhesiepunktes, so bleiben sie jedoch bestehen. Dann muß man die Anästhesie um eine Etage höher spritzen (oberhalb der Fessel). Die diagnostische Anästhesie läßt sich im Prinzip immer weiter nach oben fortsetzen;

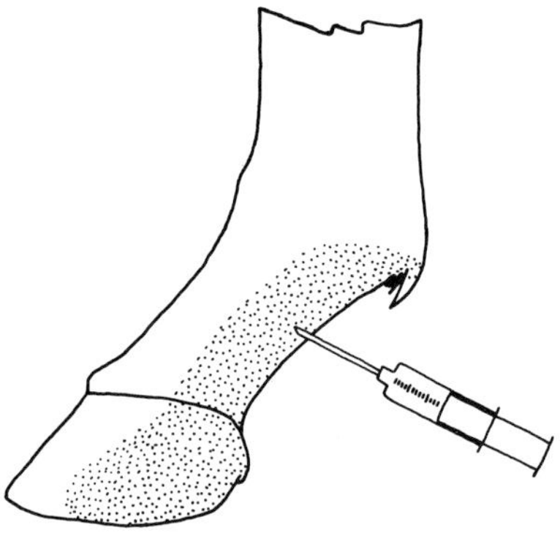

Die diagnostische Anästhesie erlaubt die Eingrenzung eines schmerzhaften Prozesses: Bessert sich die Lahmheit nach der Injektion eines Lokalanästhetikums (Leistungsanästhesie), so liegt die Lahmheitsursache vermutlich unterhalb der Injektionsstelle (»distal«).

allerdings wird die Aussagekraft nach oben hin geringer, da dann die Hangbeinlahmheit mit ins Spiel kommt. Außerdem führt eine seit langem bestehende Stützbeinlahmheit zu Umbildungen an der Bemuskelung und zur Veränderung des Bewegungsmusters; diese Faktoren lassen sich selbstverständlich durch eine diagnostische Anästhesie nicht beheben.

Das **Arthroskop** erlaubt einen direkten Einblick ins Gelenk. Teilweise lassen sich sogar kleine Eingriffe unter arthroskopischer Kontrolle durchführen (Gelenkmaus, Knorpeldefekte).

Der **Ultraschall** spielt in der Beurteilung von Weichteilveränderungen eine zunehmende Rolle. Während z. B. Sehnenveränderungen im Röntgenbild nicht sichtbar werden, können sie mit dem Ultraschall bildlich dargestellt und beurteilt werden.

Die **Thermographie** beruht auf dem Prinzip der unterschiedlichen Wärmestrahlung von gesundem und krankem Gewebe. Entzündungen produzieren Wärme; dies wird in der Thermographie photographisch dargestellt und für Diagnosezwecke genutzt.

Andere Methoden wie das EGA-System, die Computertomographie und die Szintigraphie spielen in der Routinediagnostik beim Pferd bislang noch keine Rolle.

Der Dritte im Bunde: der Hufschmied

Bei allen orthopädischen Fragestellungen sollte der Hufschmied in irgendeiner Form mit in die Therapie einbezogen werden. Ein Schmied, der seinen Beruf gewissenhaft ausübt, ist ein hochqualifizierter Handwerker. Leider wird seine Arbeit oft viel zu wenig anerkannt. Da nicht jeder Reiter in der Lage ist, die Qualität eines Hufbeschlags zu beurteilen, sollte man mit abfälligen Urteilen zurückhaltend sein. Wenn man dem Schmied dagegen bei der Arbeit zuschaut, kann man viel lernen.

Der Schmied ist bei der Zubereitung des Hufes genötigt, zwei elementare Grundprinzipien zu berücksichtigen:

- Der Fuß soll »plan«, d. h. ohne seitliche Kippbewegung, auffußen. Die seitliche Kippbewegung würde Gelenke und Bänder strapazieren.
- Die Zehenachsen sollen im Idealfall ungebrochen, d. h. ohne Knick sein. Unter Zehenachse versteht man die geometrische Mittellinie der Zehenknochen. Auch eine zu starke Brechung der Zehenachse beansprucht Gelenke und Bänder und führt zu frühzeitigem Verschleiß.

Bei der Suche nach dem planen Fußen und der geraden Zehenachse wird der Schmied oft einen Kompromiß zugunsten des planen Fußens eingehen.

Ein weiteres Beispiel für Kompromißerfordernisse im Hufbeschlag ist der Beschlag eines einhauenden Pferdes mit einer Beugesehnenschwäche. Das Einhauen gebietet eher kurze Schenkelenden des Hufeisens, die Beugesehne verlangt eher ausgeprägte Schenkelenden.

Die Qualität des Hufbeschlages wird leider zu oft an seiner Haltbarkeit gemessen. Es spricht sicherlich für den Schmied, wenn seine Arbeit die Viermonatsgrenze überdauert, vom medizinischen Standpunkt aus sind solche Langzeitversuche jedoch zweifelhaft. Das Hufhorn wächst im Zehenbereich etwa 8 mm im Monat. Deshalb sollte spätestens nach 8 Wochen das Eisen abgenommen werden. Ob das gleiche Eisen ein zweites oder drittes Mal Verwendung findet, hängt vom Verschleiß ab. Ein Distanzpferd im vollen Training braucht spätestens alle vier Wochen einen neuen Beschlag; ein Pferd, das nur zwischen Box und Halle pen-

delt, hat praktisch keinen Eisenverschleiß. Nach unten ist die Beschlagshäufigkeit durch das Hornwachstum begrenzt. Die neuen Nagellöcher sollten schon etwas Abstand zu den alten haben. Auch die Qualität des Hufhorns setzt einem allzu häufigen Beschlagswechsel Grenzen. Bei schlechter Hufhornqualität hat sich die Gabe von Biotin, essentiellen Fettsäuren (auf deutsch: einfaches Sonnenblumenöl), Zink und Methionin bewährt.
Noch ein Wort zum Barfußlaufen: Jeder Schmied wird bestätigen, daß der beste Beschlag der Barfuß ist. Das Eisen ist ein notwendiges Übel. Leider hat die Diskussion um das Barfußgehen mittlerweile weltanschaulichen Charakter bekommen. Meine Meinung dazu: Herzlichen Glückwunsch demjenigen, der ein Pferd hat, das barfuß die von ihm geforderte Leistung erbringen kann. Wenn man aber mit dünngelaufener Sohle am Rande einer Huflederhautentzündung reitet, wird aus dem Zurück-zur-Natur schnell Tierquälerei, denn unsere Pferde sind nicht auf Hufhornqualität gezüchtet. Ein Distanzpferd wird kaum ohne Beschlag auskommen; ebensowenig ein Langstrecken-Wanderreitpferd oder ein Kutschpferd im professionellen Einsatz. Von den regelmäßig im Gelände gerittenen Pferden sind vermutlich höchstens 20 % in der Lage, langfristig ohne Eisen zu laufen.

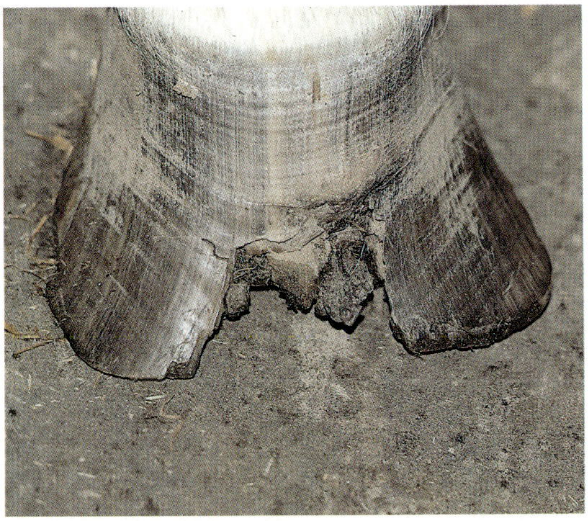

Zurück zur Natur: falsch verstanden.

Lahmheiten der Vorhand

Huflederhautentzündung

Sie kann traumatischen Ursprungs (Überbeanspruchung, insbesondere Prellung der Huflederhaut auf hartem Boden oder Schotterboden), infektiös oder toxisch bedingt sein. Das Pferd tritt vorsichtig, unwillig auf (es »fühlt«). Die Mittelfußarterie pulsiert verstärkt, der Huf fühlt sich warm an. Die Reaktion auf die Zange ist nicht immer deutlich; Klopfen löst dagegen fast immer eine Abwehrreaktion aus. Die Beugeprobe verläuft negativ, die tiefe diagnostische Anästhesie läßt die Lahmheit schlagartig verschwinden. Die Diagnose der Huflederhautentzündung ist relativ einfach. Die Behandlung besteht in der Gabe entzündungshemmender Schmerzmittel (z. B. Phenylbutazon); sobald deren Wirkung eingetreten ist, wird das Pferd im weichen Boden vorsichtig bewegt. Die Huflederhautentzündung heilt in einigen Tagen, manchmal aber auch erst nach Monaten aus. Im Verdachtsfall, insbesondere bei unbefriedigend ansprechender Therapie, muß ein Hufbeinbruch oder eine Hufgelenksentzündung in Erwägung gezogen werden.

Hufgeschwür

Das Hufgeschwür ist eine Sonderform der Huflederhautentzündung. Eitererreger sind von unten, durch Verletzung (Nageltritt) oder auf dem Blutweg in die Huflederhaut eingedrungen und verursachen eine sehr schmerzhafte Vereiterung, da der Eiter zunächst nicht abfließen kann. Die Symptome ähneln denen der akuten Huflederhautentzündung, sie sind in der Regel aber stärker und nur an einem Huf vorhanden; die Reaktion auf die Zange ist sehr stark und erlaubt manchmal sogar eine genauere Lokalisation des Geschwürs. Bevorzugte Stellen sind die Eckstreben des Hufes und alle Zonen nahe der weißen Linie. Bäder mit warmer Seifenlösung beschleunigen die Reifung des Geschwürs, das nach einigen Tagen eröffnet wird. Antibiotika nehmen zwar den Schmerz, verschleiern aber die Symptome. Lieber sollte man die sehr schmerzhafte Phase mit einem Schmerzmittel überbrücken. Das Hufgeschwür ist eine der häufigsten akuten Lahmheitsursachen mit meist gutartigem Verlauf. Bisweilen tritt Eiter am Kronrand aus, was den Heilungsverlauf verzögert.

Nageltritt

Er ist wiederum in seinen Symptomen dem Hufgeschwür ähnlich; tritt jedoch immer ganz plötzlich auf; wenn man den Nagel findet, wird er vorsichtig entfernt, wobei man sich unbedingt Richtung und Tiefe des Stichkanals merken muß, um beides dem Tierarzt mitzuteilen. Der Stichkanal wird vom Tierarzt erweitert, und ein Antibiotikum eingebracht; danach kommt der Huf unter Verband. Bei sehr tiefen Stichen besteht die Gefahr, daß der Nagel den Hufknochen angegriffen hat. Dies verzögert die Heilung ganz enorm, sie kann dann bis zu einem Jahr dauern. Die Mehrzahl der Nageltritte sind übrigens keine echten Nageltritte, sondern werden von den Aufzügen eines abgetretenen, verrutschten Hufeisens verursacht.

Hufrehe

Das ist die heimtückischste Variante der Huflederhautentzündung. Sie wird durch Toxine hervorgerufen, die die Kapillardurchblutung in der Huflederhaut stören. Meist sind die Vordergliedmaßen am stärksten betroffen, seltener die Hintergliedmaßen. Wegen der starken Schmerzen schiebt das Pferd die Hintergliedmaße weit unter den Bauch, um so die Vorhand zu entlasten (»Rehestellung«). Neben den üblichen Symptomen der Huflederhautentzündung (Pulsation der Mittelfußarterie, Reaktion auf die Zange, Klopfschmerz) kommt nach einigen Tagen ein weiteres Symptom hinzu, das zunächst nur im Röntgenbild zu erkennen ist: die Hufbeinsenkung. Beim gesunden Huf ist das Hufbein so in der Hornkapsel aufgehängt, daß die vordere Seite des Hufbeins parallel zur Hornwand verläuft. Beim akuten Reheanfall löst sich diese Aufhängung. Die Spitze des Hufbeines wandert – bedingt durch den Zug der tiefen Beugesehne – nach unten. In schweren Fällen durchbricht die Hufbeinspitze die Sohle (= »Durchbruch«; nicht zu verwechseln mit dem Hufbeinbruch). Dies bedeutet höchste Alarmstufe, denn je nach Typ ist ein solches Pferd verloren oder dauernd unbrauchbar: ein Esel oder ein Shetlandpony

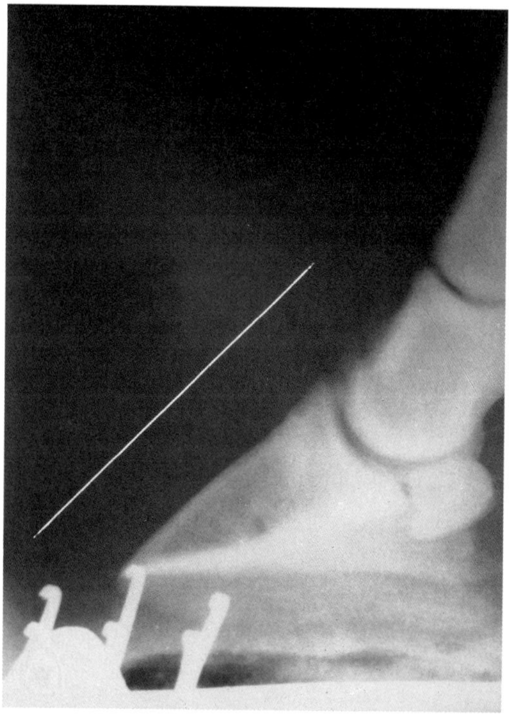

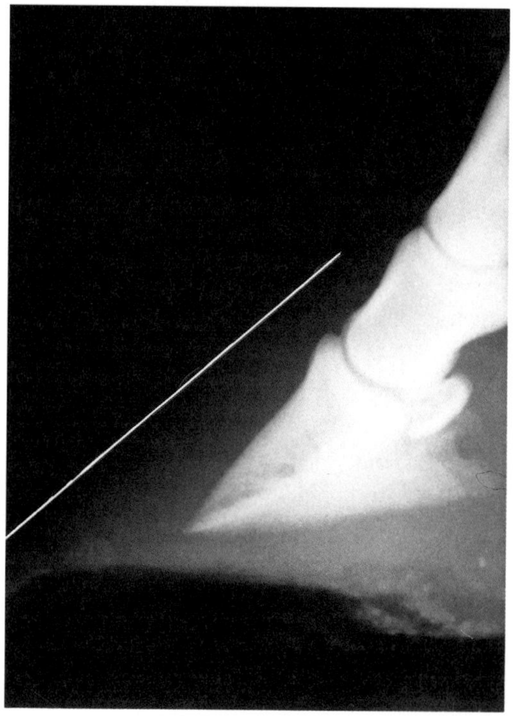

Die gefürchtete Hufbeinsenkung bei Hufrehe: Im oberen Bild ist die vordere Hufkontur (dargestellt durch den weißen Strich) parallel zum Hufbein. Im unteren Bild ist das Hufbein gesenkt; die Parallelität ist verloren.

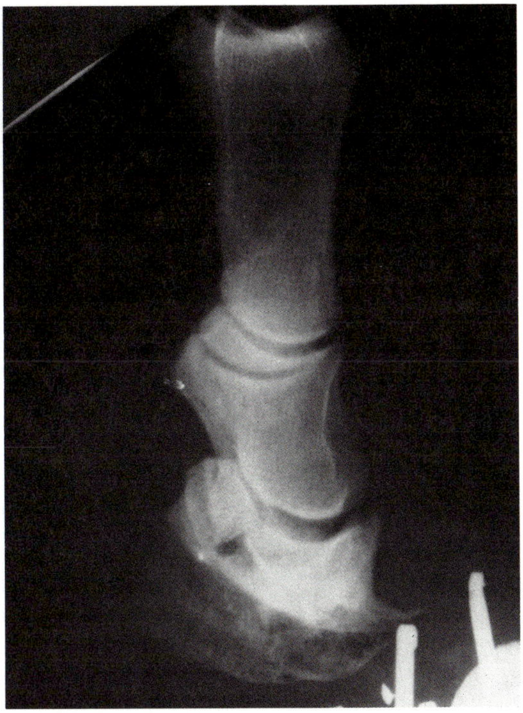

Ein höchstgradiger Rehehuf im Röntgenbild. Das Hufbein ist vollständig deformiert.

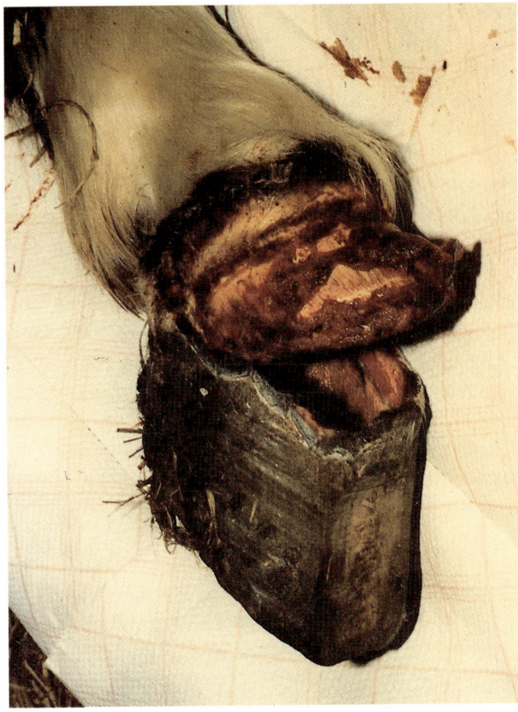

Das Ende einer Freßorgie: das Ausschuhen. In der Praxis bedeutet dies den sicheren Tod des Pferdes.

kann einen Durchbruch verkraften; ein Kaltblüter ist dagegen auch mit aufwendigster Therapie oft nicht mehr zu retten. Die nächste Gefahr lauert im sogenannten »Ausschuhen«: das Pferd stößt die Hornkapsel ab. Über Heilungen wird zwar berichtet; in der Praxis bedeutet es jedoch den sicheren Tod.

In der Reheanfälligkeit bestehen deutliche Unterschiede. Ponys sind anfälliger, sprechen aber auch besser auf Therapien an als Großpferde. Bei vielen Ponys wird eine Hufrehe gar nicht bemerkt; erst der Schmied erkennt nach einigen Wochen an der verbreiterten und blutgetränkten weißen Linie, daß hier eine Hufrehe abgelaufen ist.

Die Behandlung hat sich in den letzten Jahren gründlich geändert. In der ersten Phase gibt man Schmerzmittel und blutdrucksenkende Mittel, die gleichzeitig zu einer leichten Sedierung führen. Auch ein Aderlaß ist wieder aktuell. Der früher übliche Rehebeschlag ist umstritten. Er basiert auf der Überlegung, daß man Druck (vom abgesenkten Hufbein) durch Gegendruck (vom Spezialbeschlag) kompensieren könne. Die neuere Theorie klingt sympathischer: durch Hochstellen des Hufes im Trachtenbereich (durch spezielle Hufschuhe, Anwickeln von Gipsbinden, Ankleben von Klötzchen oder komplettes Eingipsen der Zehe) nimmt man den Zug von der Beugesehne; dies verhindert die Hufbeinsenkung und die damit verbundenen Schmerzen. Parallel dazu erfolgt eine intensive internistische Therapie, um die Toxine aus dem Körper zu eliminieren. Da meist eine qualitative und quantitative Überfütterung vorliegt, gehört ein strenger Diätplan mit dazu.

Bei Ponys zählt Hufrehe zu den häufigsten Todesursachen. Ein Pony auf der Weide verfetten zu lassen, ist kein Kavaliersdelikt, sondern Tierquälerei. Merkwürdigerweise regt sich der Tierschutzverein nur über unterernährte Tiere auf – obwohl kaum ein Pferd an Unterernährung stirbt.

Schale

Die Schale tritt an allen Zehengelenken auf (Huf-, Kron-, Fesselgelenksschale). Es handelt sich um Wucherungen von Knochensubstanz, hervorgerufen durch unnatürliche Beanspruchungen und begünstigt durch Fehlfütterung in der Jugend, insbesondere im Mineralstoffbereich. Das Ausmaß der Schale, das sich im Röntgenbild präsentiert, steht nicht immer in Relation zu den Beschwerden. Das untenstehende Röntgenbild zeigt höchstgradige Schale aller Zehengelenke, ohne daß das Pferd deutliche Lahmheit zeigte.
Eine ursächliche Behandlung ist nicht möglich. Ein Polsterbeschlag, Schmerzmittel und Ruhepausen können den Verlauf günstig beeinflussen. Eine Cortisonbehandlung führt zu weitgehender Beschwerdefreiheit, beschleunigt aber im Endeffekt den Krankheitsprozeß.

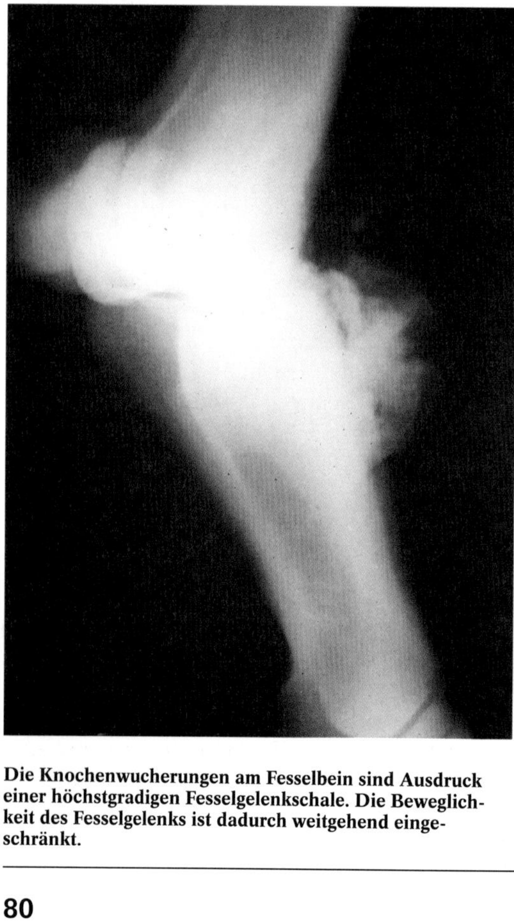

Die Knochenwucherungen am Fesselbein sind Ausdruck einer höchstgradigen Fesselgelenkschale. Die Beweglichkeit des Fesselgelenks ist dadurch weitgehend eingeschränkt.

Hufbeinfraktur

Sie ist der diagnostische Alptraum des Tierarztes, da sie oft nicht eindeutig von den verschiedenen Formen der Huflederhautentzündung unterschieden werden kann. Eine sichere Diagnose erlaubt hier nur das Röntgenbild – vorausgesetzt, man erwischt den Frakturspalt im richtigen Strahlengang. Manchmal ist nur der Vorbericht (eingeklemmter und gewaltsam befreiter Huf) verdächtig. Durch Ausschalten des Hufmechanismus, d. h. der Beweglichkeit des Hufes im hinteren Bereich, wird dem Hufbein die nötige Ruhe verschafft. Ist nur ein Hufbeinast gebrochen, so ist die Prognose gut; verläuft die Fraktur dagegen genau durch die Gelenksfläche, kann eine Lahmheit zurückbleiben. Sie ist an der Hintergliedmaße weniger kritisch als an der Vordergliedmaße. Die Heilungsdauer beträgt etwa 6 Monate.

Hufgelenksentzündung

Sie wird in den letzten Jahren häufiger diagnostiziert. Ursache sind unphysiologische Beanspruchungen, aber auch Störungen in der Produktion von Gelenksflüssigkeit und Störungen am Gelenkknorpel. Seit einigen Jahren wird mit gutem Erfolg ein Gelenkflüssigkeit-Ersatz in das erkrankte Gelenk injiziert, der sich darüber hinaus positiv auf die Neubildung von Gelenkflüssigkeit und die Regeneration des Gelenkknorpels auswirkt.

Hufrollenerkrankung (Podotrochlose)

Sie ist *das* orthopädische Problem der Warmblutpferde. Wenngleich sich die Wogen im Vergleich zu früheren Jahren etwas geglättet haben, so stellt die Hufrollenerkrankung doch nach wie vor die häufigste Abgangsursache, zumindest aber Wertminderung bei Turnierpferden dar.
Unter der Hufrolle versteht man eine funktionelle Einheit aus Hufbein-Strahlbein-Gelenk, Strahlbein und tiefer Beugesehne. Das Strahlbein fungiert gleichsam als Umlenkrolle für die tiefe Beugesehne. In dieser Funktion ist es ständigen Druck- und Zugspannungen ausgesetzt. Durch im einzelnen noch nicht geklärte Ursachen ändert das **Strahlbein** seine Struktur; es findet eine Auslagerung von Knochensubstanz und ein Umbau der Gefäßkanäle statt, die diesen winzigen, aber so enorm wichtigen Knochen versorgen.

Die Hufrollenerkrankung äußert sich zunächst in einem klammen Gang und häufigem Stolpern. Da das Auftreten der ersten Symptome zeitlich mit der ersten stärkeren Inanspruchnahme des Pferdes erfolgt, schließt man aus diesem zeitlichen Zusammenhang meist auf einen ursächlichen. Dies ist meiner Meinung nach falsch, denn die Podotrochlose wird *nicht* durch Beanspruchung *verursacht,* sie *zeigt* sich lediglich bei Beanspruchung.

Nach einer neueren Untersuchung an etwa 500 Pferden sind Tiere mit einem Stockmaß unter 1,50 praktisch so gut wie nicht vom Hufrollenproblem betroffen. Die Tatsache, daß diese Erkrankung z. B. beim Isländer auch im härtesten Turniereinsatz nicht auftritt, ist der beste Beweis dafür, daß das Warmblutpferd sich in orthopädischen Belangen im Grenzbereich bewegt. Eine züchterische Betrachtung dieser Frage wäre daher äußerst wertvoll.

Die **diagnostische Anästhesie** ist bei der Diagnose der Hufrollenerkrankung von großer Bedeutung: Oft beobachtet man danach ein sogenanntes »Umspringen« der Lahmheit. Das bedeutet, daß der schmerzhafte Prozeß an beiden Beinen vorliegt; das Pferd lahmt immer auf dem Bein, an welchem die Erkrankung stärker ausgeprägt ist. Nach der diagnostischen Anästhesie ist auf dieser Seite der Schmerz verschwunden, und der bislang verdeckte Schmerz der anderen Gliedmaße tritt zutage.

Neben den erwähnten Beschwerden ist das Röntgenbild des Strahlbeines bei der Diagnose der Hufrollenerkrankung von großer Bedeutung. Dabei darf man aber nicht unterschlagen, daß es zahlreiche Pferde gibt, die trotz gravierender Veränderungen am Strahlbein keine Beschwerden zeigen und auch langfristig belastbar sind.

Eine Zeitlang hat man der Röntgenaufnahme – und nur ihr – die Diagnose anvertraut. Das führte dazu, daß Pferde mit bester Veranlagung nach dem Röntgen nur noch Schlachtwert hatten. Heute hat sich die Diskussion etwas beruhigt; man kann mit der Podotrochlose bis zu einem gewissen Grade leben.

Die Therapie ist unbefriedigend. Die früher praktizierte Warfarinbehandlung (Verflüssigung des Blutes durch gerinnungshemmende Mittel) ist heute Geschichte. Eine neue chirurgische Methode, nämlich die Durchtrennung des Fesselbein-Strahlbeinbandes, wird in letzter Zeit mit gutem Erfolg praktiziert. Sie stellt sicher keine Patentlösung dar, bietet aber doch einen Hoffnungsschimmer.

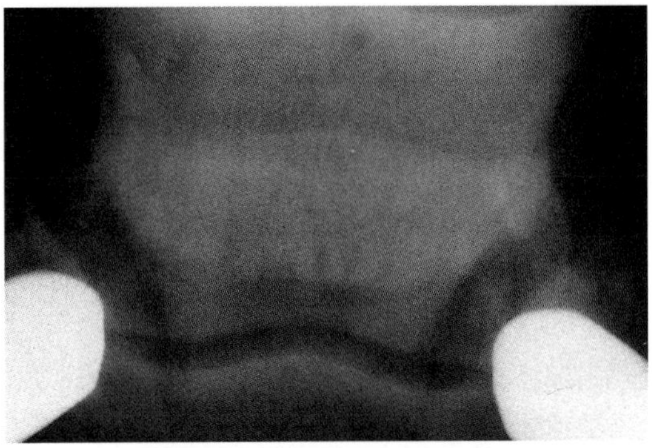

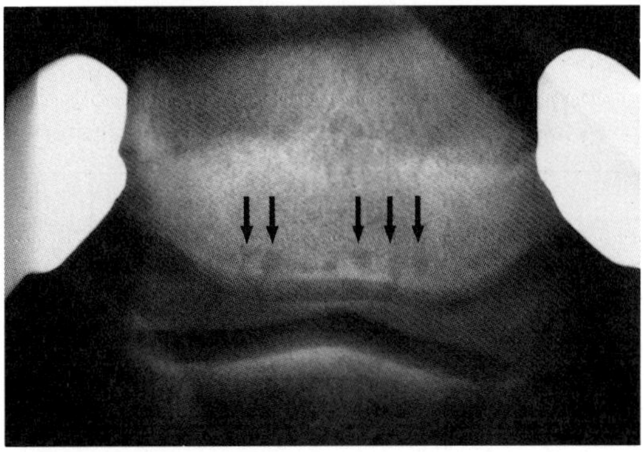

Röntgenbild eines gesunden Strahlbeines. Die untere Strahlbeinkontur ist glatt (oben).

Röntgenbild eines hufrollenkranken Pferdes. Durch Knochenab- und -umbau erweitern sich die Gefäßkanäle; dies ist im unteren Röntgenbild sichtbar (Pfeile).

Ein geeigneter Beschlag (viel Zehenrichtung; versuchsweise zehenoffenes oder nach hinten versetztes Eisen) erleichtert das Abfußen. Schmerzmittel sind erlaubt, um eine vorsichtige Nutzung zu ermöglichen; im Sport dürfen die Pferde dann selbstverständlich nicht gehen. Ob der Nervenschnitt, eine früher öfter verwendete Methode, heute noch zeitgemäß ist, ist fraglich. Ein bekannter Pferdedoktor bezeichnete den Nervenschnitt einmal als »chirurgisches Doping«, und genau das ist es.

Hufknorpelverknöcherung
Sie entsteht vorwiegend bei schweren Pferden und nur an den Vordergliedmaßen. Ursachen sind Zugspannungen am Hufknorpel durch Überbeanspruchung und anatomische Fehler wie z. B. boden- und zehenenger Gang. Durch die Verknöcherung wird der Hufmechanismus blockiert, und es kommt zu Quetschungen der Huflederhaut im Trachtenbereich und Lahmheit; diese ist auf hartem Boden wegen der stärkeren Erschütterung ausgeprägter als auf weichem Boden. Die Diagnose erfolgt durch Röntgen, in fortgeschrittenen Fällen sind die Verknöcherungen auch tastbar. Ein Spezialbeschlag und das Anlegen von Hufrinnen schaffen Erleichterung.

Horndefekte
Horndefekte entstehen entweder durch Gewalteinwirkung (selten), durch mangelhafte Hornqualität oder durch Narbenhorn. Ihre Form ist mannigfaltig. Selbstverständlich steht die Sanierung der Ursache im Vordergrund. Meist geht man zu zaghaft vor. Oft müssen große Hornpartien abgetragen werden, um Reibungszonen eines Hornspaltes zu neutralisieren. Auch eine komplette Fixierung von Hornteilen mittels Klebern, Nieten oder speziellem Beschlag wird praktiziert. Es bringt nichts, lose Hornteile zu erhalten; sie dienen bestenfalls als Angriffsfläche und Hebel für weitere Zusammenhangstrennungen. Beim Narbenhorn ist die Ursache meist nicht abzustellen.

Ein tiefgreifender Hornspalt, der den Huf regelrecht in zwei Hälften teilt. Das Horn muß bis in die Störzone abgetragen werden, damit das nachwachsende Horn nicht im Wachstum behindert wird.

Informationen über Maßnahmen zur Verbesserung der Hornqualität siehe Seite 77.
Hufpflegemittel und äußerliche Hornwachstumsstimulantien werden zu Dutzenden angeboten. Ihre Wirksamkeit liegt nach meinen Erfahrungen in der Größenordnung von Haarwuchsmitteln. Das übermäßige Fetten der Hufe kommt eher einem gewissen Pflegetrieb als medizinischer Notwendigkeit entgegen.

Strahlfäule
Diese Krankheit kann in ihrer Hartnäckigkeit den Pferdehalter zur Verzweiflung bringen. Sie beruht auf anatomischen Ursachen (enger Huf mit tiefen Strahlfurchen), aber mehr noch auf haltungsbedingten Auslösern wie einer hohen Ammoniakkonzentration in der Einstreu, die das Horn angreift. Die Strahlfäule schädigt das Horn bis in die empfindliche Huflederhaut, so daß oft langwierige Lahmheiten daraus resultieren. Eine Anreicherung von Entzündungserregern im Boden scheint ebenfalls eine Rolle zu spielen; das gehäufte Auftreten von Strahlfäule und von Hufgeschwüren deutet auf eine gewisse »Pferdemüdigkeit« des Bodens hin. Die Behandlung besteht in orthopädischer Zubereitung der Hufe (Erweitern), rigorosem Abtragen fauliger Hornteile und optimaler Hygiene. Oft muß vorübergehend ein Hufverband angelegt werden.

Hufkrebs
Der Hufkrebs ist im medizinischen Sinne kein echter Krebs, sondern eine Wucherung von Hufhorn – vorzugsweise bei schweren, kaltblutverdächtigen Pferden – im Bereich der Sohle. Es scheint Übergangsformen zwischen der Strahlfäule und dem Hufkrebs zu geben. Beim Hufkrebs ist das Horn jedoch so weit zerstört, daß die Huflederhaut freiliegt und sich hervorwölbt (»Huflederhautvorfall«). Der Huflederhautvorfall läßt sich nur mit Hilfe eines Druckverbandes beheben. Die Heilung verläuft langsam; die Wirkung desinfizierender und zusammenziehend-ätzender örtlicher Medikamente ist umstritten, ihr Einsatz nichtsdestoweniger erforderlich.

Gleichbeinlahmheit
Sie ist das Gegenstück zur Hufrollenerkrankung – nur eine Etage höher. Die Gleichbeine fungieren auch als Umlenkrollen für den Fesselträger. Dadurch sind sie enormen Zug- und Druckspannungen ausgesetzt. Eine schleichend beginnende, auf hartem Boden stärker werdende Lahmheit ist das erste Anzeichen. Das Pferd versucht durch Steilstellen der Fessel den Druck von den Gleichbeinen zu nehmen; es kötet z. T. sogar über. Im Röntgenbild erkennt man Umbauprozesse der Knochenstruktur und kleine Knochenwucherungen. Wird die Diagnose rechtzeitig gestellt, kann durch mehrmonatige Ruhe, einen geeigneten Beschlag (viel Zehenrichtung) und eventuell durch Reiztherapie (Brennen, scharfe Einreibung) eine gewisse Belastbarkeit wiederhergestellt werden. Für schwere Belastungen sind anfällige Pferde nicht geeignet.

Gleichbeinfraktur
Sie tritt in erster Linie bei Pferden auf, die »beruflich« sehr schnell unterwegs sind, also bei Galopp- und Trabrennpferden. Sie soll hier nur erwähnt werden, weil bei rechtzeitiger Diagnose in bestimmten Fällen eine echte chirurgische Versorgung (Osteosynthese; Verschraubung der Bruchstücke) möglich ist. Ursachen sind Stürze (»Nußknackereffekt«), scharfes Durchparieren oder Wegrutschen bei glitschigem Geläuf. Die hochgradige Lahmheit und örtliche Schmerzhaftigkeit geben Anlaß zur Röntgenaufnahme, die den Verdacht bestätigt. Bei ungünstiger Anordnung der Bruchstücke kann auch ein konservativer Behandlungsversuch mit Eingipsen gemacht werden.

Verletzungen in der Fesselbeuge
Sie zählen zu den häufigsten Verletzungen beim Pferd. Meist werden sie durch Draht hervorgerufen, aber auch Seile können stark einschnüren und so zu Quetschungen führen, die dann aufplatzen und die gleichen Probleme wie Drahtverletzungen bereiten. Verletzungen in der Fesselbeuge werden – besonders bei Weidehaltung – meist nicht sofort bemerkt. Ihre Prognose hängt vom Ausmaß ab: Während eine oberflächliche Hautverletzung meist nur eine Narbe hinterläßt, kann eine vollständige Durchtrennung aller Sehnen – eventuell noch mit Schäden am Knochen – zur dauernden Unbrauchbarkeit des Pferdes führen.
Die chirurgische Versorgung ist aufwendig, das Operationsgebiet unübersichtlich und die Kom-

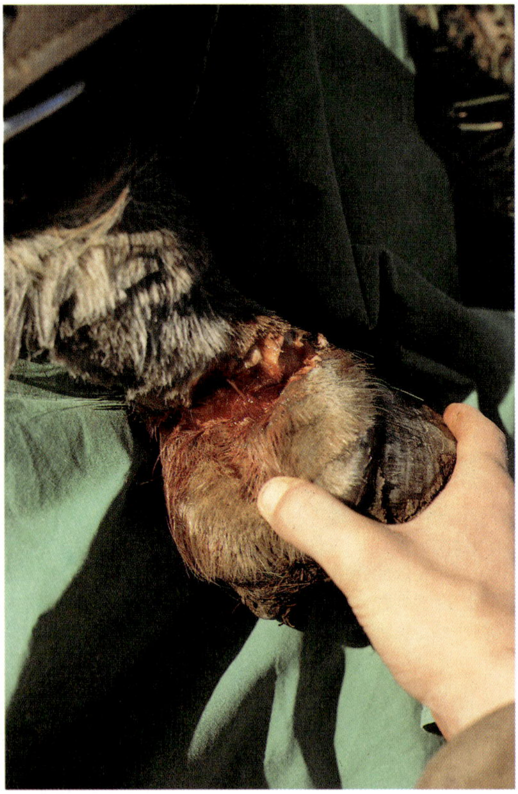

Die häufigste Lokalisation von Drahtverletzungen: die Fesselbeuge. Tiefe Verletzungen führen oft zu Dauerschäden.

plikationsrate hoch. Es gelingt selten, eine sofortige Heilung mittels Wundnaht herbeizuführen; meist infiziert sich die Wunde trotz aufwendiger Hygiene und Antibiotikabehandlung, weil die Fesselbeuge in puncto Hygiene eine der delikatesten Stellen des gesamten Pferdekörpers ist. Die sekundäre Wundheilung, d.h. die Abstoßung verletzten und verunreinigten Gewebes, Vereiterung und anschließende Heilung aus der Tiefe heraus, nimmt sehr viel Zeit und Pflege in Anspruch. Gerade im Bereich der Fesselbeuge besteht die große Gefahr der Bildung von wildem Fleisch. Während einerseits der Luftzutritt die hygienische Situation verbessert, braucht die Wunde unbedingt den sanften Gegendruck. Die Zellen, die den Defekt ausfüllen sollen, arbeiten – wie könnte es beim Pferd anders sein – mehr, als biologisch sinnvoll ist. Nur ein konsequenter Verband kann ihnen signalisieren: bis hierhin und nicht weiter. Der Verband dient darüber hinaus als Schutz und Medikamententräger. Wer die Ratschläge zum konsequenten Verbinden ignoriert, muß wissen, daß in der Fesselbeuge ohne weiteres fußballgroße Wucherungen entstehen können, deren Entfernung dann dem geübten Chirurgen vorbehalten bleibt.

Griffelbeinfraktur

Sie ist die vermutlich häufigste und gleichzeitig harmloseste Fraktur am Pferdeskelett. Trifft sie im unteren Abschnitt des Griffelbeines auf (siehe Grafik Seite 70), so heilt sie oft von alleine und hinterläßt nur einen erbsengroßen Kallus. Solche Fälle werden nur operiert, wenn dieser Kallus eine ständige Reizung für Beugesehnen und Fesselträger darstellt.

Anders verhält es sich bei Frakturen im oberen Teil des Griffelbeines. Hier muß in aller Regel operiert werden. Die recht großen und funktionell wichtigen Teile werden mittels Osteosynthese (Verschraubung) befestigt. Der Heilungsprozeß nimmt einige Monate in Anspruch.

Sehnenentzündung (Tendinitis), Sehnenscheidenentzündung (Tendovaginitis)

Die Strecksehne, die an der Vorderseite der Gliedmaße verläuft, ist wenig anfällig für Überbeanspruchung. Hin und wieder führen Verletzungen, z.B. durch Draht, zu Entzündungen oder Durchtrennungen. Bei sachgerechter Versorgung ist die Prognose gut.

Anders liegen die Verhältnisse auf der Rückseite der Gliedmaße, weil diese Sehnen das ganze Gewicht des Pferdes abfangen müssen. Die oberflächliche und tiefe Beugesehne sowie der Fesselträger, der direkt hinter dem Röhrbein zwischen den beiden Griffelbeinen verläuft, bilden funktionell weitgehend eine Einheit. Bei Überbeanspruchung kommt es zur Entzündung einer oder mehrerer Sehnen; meist ist die Sehnenscheide mitbetroffen. Die Symptome sind, je nach Ausprägung, gering- bis hochgradige Stützbeinlahmheit, örtliche Schwellung und Schmerzhaftigkeit. Punktiert man eine frische Sehnen(scheiden)entzündung, so erhält man reichlich blutige Entzündungsflüssigkeit.

Zur Erstversorgung darf man getrost Schmerzmittel und entzündungshemmendes Cortison einset-

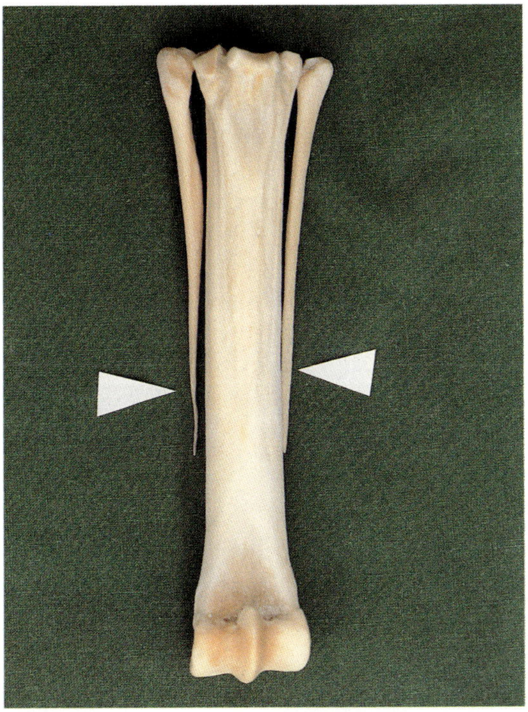

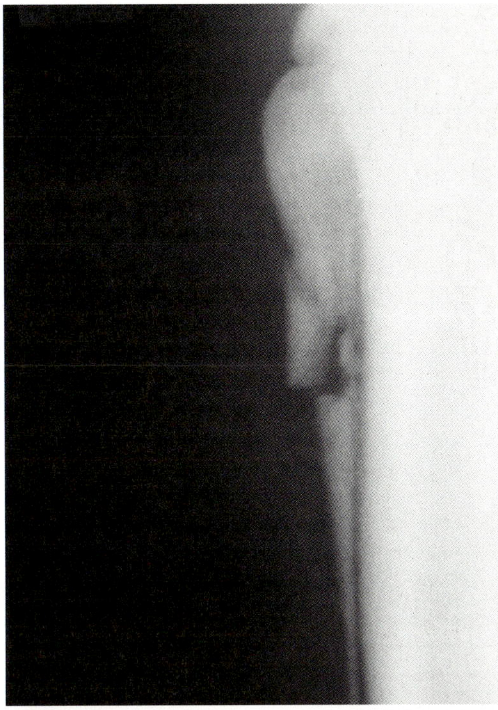

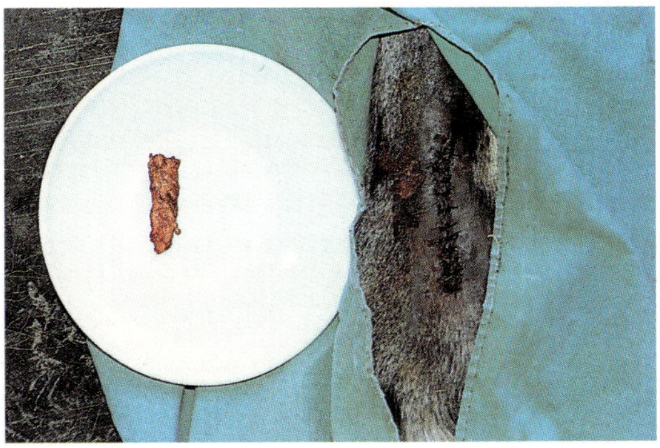

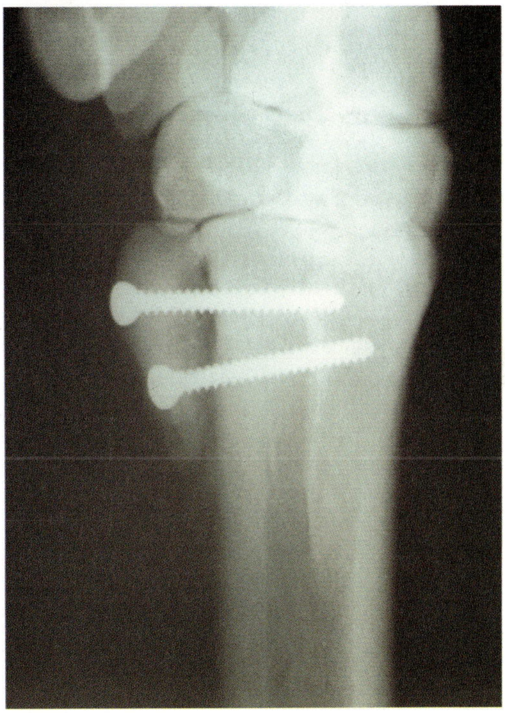

In der Mitte das Röhrbein, rechts und links das laterale und mediale Griffelbein. Griffelbeine brechen mit Vorliebe im unteren, dünnen Bereich (oben links).

Wegen einer fortdauernden Sehnenreizung mußte dieses Griffelbeinstück entfernt werden (unten links).

Ein Trümmerbruch im oberen Bereich des Griffelbeines ... (oben rechts)
... und die korrekte chirurgische Versorgung (Schrauben) (unten rechts).

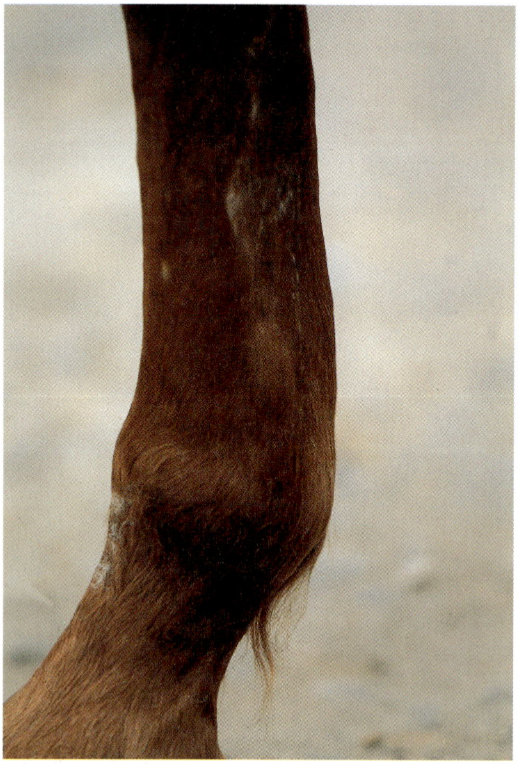

zen. Hier begegnen wir wieder dem Prinzip der überschießenden Reaktion, mit welcher sich das Pferd selber Steine in den Weg legt. Die Anwendung von Antiphlogistika, d.h. entzündungshemmenden Mitteln einschließlich Cortison, führt zu einer raschen Beschwerdefreiheit. Das darf aber nicht darüber hinwegtäuschen, daß der Patient nach wie vor ernsthaft erkrankt ist. Die Antiphlogistika sind nur deshalb in Verruf gekommen, weil man sie als »Heilmittel« verstanden hat. Heilen kann in diesem Fall aber nur die Natur, besser gesagt die Zeit. Das Antiphlogistikum – örtlich in die Sehnenscheide injiziert oder als Allgemeinbehandlung – verkürzt den Heilungsverlauf nach dem oben beschriebenen Prinzip.
In der ersten Heilphase wird ein aufwendiger Polsterverband angelegt. Später kann zur Entlastung der Sehne der Huf vorübergehend hinten etwas höhergestellt werden – je nach Art der Entzündung mittels verdickter Schenkel oder Egg-Bar (»Eiereisen«).

Akute Sehnenentzündung. Die Sehne ist – besonders in dem nach hinten vorgewölbten Bereich – heiß und extrem schmerzempfindlich (»Bogen«) (links).

Bei der chronischen Sehnenentzündung ist die Schmerzhaftigkeit geringer. Die Sehne verkürzt sich etwas, was zur Vorbiegigkeit im Handwurzelgelenk führt (rechts).

Gallen

Sie stellen im Prinzip ein rein kosmetisches Problem dar. Es existiert eine unbegründete Angst, daß eine Galle »hart« werden könnte. Wenngleich man dies nicht gänzlich ausschließen kann, so gibt es doch kein zuverlässiges Mittel, das die Entstehung von Gallen und deren Verhärtung nachweislich und zuverlässig verhindern könnte. Viele harte Leistungspferde haben zeitlebens Gallen gehabt; mir ist kein Fall bekannt, daß ein Pferd ausschließlich wegen Gallen unbrauchbar geworden wäre.

Die wirksamste Prophylaxe gegen Gallen ist die Arbeit eines aufmerksamen Schmiedes. Wenn alle Möglichkeiten der Unterstützung, der Stoßbrechung und Entlastung der Gliedmaßen durch den Beschlag ausgeschöpft werden, kann auch ein galleanfälliges Pferd lange seine jugendliche Frische bewahren.

Handwurzel(Karpal-)gelenk

Dieses Gelenk ist eigentlich wenig anfällig für Störungen. Bisweilen führen Verletzungen zur teilweisen Versteifung. Bei Stürzen kann das Erbsenbein zwischen Röhrbein und Unterarm in die Zange genommen werden und brechen. Je nach Verlauf der Bruchlinie und der Größe der Bruchstücke ist die Prognose günstig bis schlecht. Aufschluß gibt die Röntgenaufnahme. Die konservative Behandlung besteht in absoluter Boxenruhe.

Epiphysitis

Alle Röhrenknochen haben an ihren Enden einen Bezirk, in dem das Längenwachstum des Knochens bis zur endgültigen Reife abläuft. Der Zeitpunkt der Knochenreife ist für die einzelnen Röhrenknochen unterschiedlich. Ein Knochen gilt erst dann als belastbar, wenn diese Wachstumszone, die **Epiphysenfuge,** vollständig verknöchert ist.

Die untere Epiphyse des Unterarms (distale Radiusepiphyse) kann näherungsweise Auskunft geben über den Reifegrad des Skelettsystems. Im Röntgenbild ist der Epiphysenfugenschluß nachweisbar. Er erfolgt bei der distalen Radiusepiphyse zwischen dem 24. und 32. Lebensmonat. Wer lange Freude an seinem Pferd haben will, sollte sich mit der Belastung des Pferdes aber zur Sicherheit noch einige Monate gedulden, denn schließlich handelt es sich bei diesem Knochen um einen willkürlich herausgegriffenen Reifeindikator. Das Fesselbein ist bereits mit 9 Monaten verknöchert; der Oberarm mit etwa 3 Jahren; das Becken ist erst mit 5 Jahren vollständig verknöchert. Auch ist zu bedenken, daß die Darstellung der Verkalkung im Röntgenbild nicht unbedingt gleichzusetzen ist mit anatomischer Reife; dies ist mit Sicherheit erst einige Monate später abgeschlossen.

Bei raschwüchsigen Rassen, intensiver Fütterung und unsachgemäßem Training kommt es zu Entzündungen im Bereich der Epiphyse (Epiphysitis). Sie äußert sich beim heranwachsenden Tier durch eine allgemeine Bewegungsunlust oder Lahmheit. Oft sind eine oder mehrere Epiphysen stark angeschwollen und schmerzhaft.

Die Behandlung besteht in drastischer Reduzierung des Konzentratfutters (aber bitte nicht bei der Mineralstoffversorgung sparen!) und vorübergehender Einschränkung der Bewegung in einem kleinen, ebenen Paddock). Beim Training von Jungpferden ist zu beachten, daß ein paar Runden zuviel an der Longe und im Zirkel Knochen, Sehnen und Bänder mehr belasten als einige Kilometer vorsichtiges Geradeausreiten.

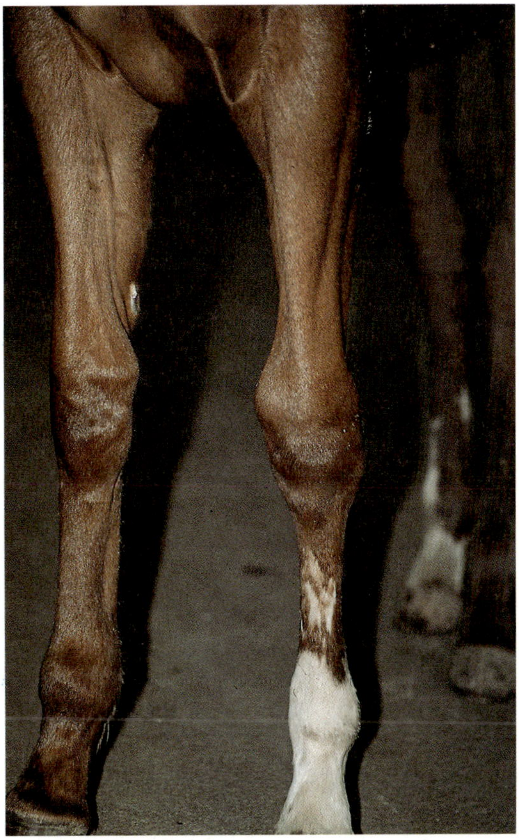

Ein fragwürdiges Schönheitsideal führt zu diesem Krankheitsbild: die Epiphysitis – Resultat einer Veranlagung zur Frohwüchsigkeit und gutgemeinter, aber übertriebener Fütterung. Rechtzeitig erkannt können die Ursachen abgestellt werden; dann hält sich der Schaden in Grenzen.

Ellbogengelenk
Es tritt eigentlich nur in Verbindung mit Brüchen des Ellbogenhöckers (Olekranon) in Erscheinung. Ursache ist meist ein Schlag von einem anderen Pferd. Verläuft die Bruchlinie außerhalb des Ellbogengelenks, ist die Prognose gut, wenn die Gelenkfläche mitbetroffen ist, ist sie ungünstiger. Ein Bruch der Speiche (Radiusfraktur) ist – wie bei allen anderen großen Knochen – in günstigen Fällen theoretisch mittels Osteosynthese (Verschraubung) zu behandeln; die hohe Komplikationsrate und der enorme Aufwand werden auf absehbare Zeit die Osteosynthese der großen Röhrenknochen des Pferdes nicht zur Routine werden lassen.

»Schulterlahmheit«
Sie gehört in Anführungszeichen, weil es sie eigentlich nicht gibt. Es ist ein Sammelbegriff für alle Lahmheitsursachen, die nachweislich nicht aus den unteren Gliedmaßenabschnitten kommen und folglich ihre Ursache im Bereich der Schulter haben müssen. Es kann sich um Kapselrisse, Schleimbeutel- oder Muskelentzündungen handeln. Schulterlahmheiten sind schwer zu diagnostizieren und noch schwerer zu behandeln – die Behandlung besteht zumeist in Abwarten, der Verabreichung von Schmerzmitteln oder Bewegungstherapie.

Radialislähmung
Wegen ihrer besonderen Bedeutung wird diese Krankheit hier nochmals angesprochen. Sie ist durch ein Trauma bedingt – früher war es eine Berufskrankheit der Wagenpferde, die über die Deichsel sprangen. Dabei wird der Radialisnerv, der im Oberarmbereich recht ungeschützt unter der Haut liegt, gequetscht oder unter Umständen vollständig durchtrennt. Die Radialislähmung ist relativ gut zu diagnostizieren. Bei einer vollständigen Durchtrennung des Nerves ist eine Heilung ausgeschlossen; eine Quetschung kann jedoch ausheilen. Behandlungsversuche bestehen in der Gabe entzündungshemmender Medikamente, Vitamin B und Reiztherapie. Das Pferd leidet unter der Radialislähmung nicht, weil sie nicht schmerzhaft ist. Lediglich Folgeerkrankungen – beispielsweise Überbelastung der anderen Gliedmaße – machen ihm das Leben schwer.

Lahmheiten der Hinterhand

Die Erkrankungen der Zehe, die für die Vorhand beschrieben wurden, sind theoretisch auch an der Hinterhand denkbar. In der Praxis spielen an der Hinterhand aber nur die verschiedenen Formen der Huflederhautentzündung, das Hufgeschwür, der Nageltritt, die Hufbeinfraktur, die Horndefekte und die Erkrankungen der Beugesehnen eine Rolle. Dafür kommen im Bereich der Hintergliedmaße einige andere bedeutende Erkrankungen hinzu, von denen die bekannteste der Spat sein dürfte.

Spat
Es handelt sich dabei um eine Arthrose des gesamten Sprunggelenks oder einzelner Abschnitte mit Knochenauflagerungen außen am Gelenk sowie Knochenumstrukturierungen und Versteifungen innerhalb der einzelnen Knochen und Gelenke.
Den ersten Verdacht schöpft der Reiter, wenn das ansonsten willige Pferd beim Hufeauskratzen unwillig wird oder ohne erkennbaren Grund beim Schmied protestiert. Ihm fällt die plötzliche und ungewohnt starke Beugung schwer.
Die Beugeprobe – sie wird aus diesem Grund auch pauschal als »Spatprobe« bezeichnet – fällt stark positiv aus; oft benötigt das Pferd eine halbe Minute, um das Bein überhaupt wieder abzusetzen; von sauberem Antraben kann keine Rede sein. Bei einem so deutlichen Befund erübrigen sich eigentlich alle weiteren Untersuchungen. Die Röntgenaufnahme wird den Befund dann nur bestätigen.
Teilweise problematisch ist die Interpretation von Röntgenaufnahmen im Rahmen einer Ankaufsuntersuchung. Hier gilt sinngemäß das, was im Abschnitt über das Röntgen und über die Podotrochlose bereits gesagt wurde: Manchmal sind im Röntgenbild ausgeprägte Veränderungen sichtbar, die (noch) keine Beschwerden hervorrufen; andererseits liegen oft hochgradige Beschwerden vor, ohne daß im Röntgenbild das große Chaos sichtbar wäre. In diesem Fall sollte man mit der Diagnosestellung abwarten; schließlich kann den Beschwerden auch eine akute Entzündung des Sprunggelenks zugrundeliegen, die vollständig ausheilen kann.

Beim alten Pferd schleichen sich nach und nach Arthrosen in eine Vielzahl von Gelenken. Hier ist es nicht mehr sinnvoll, von Spat zu sprechen. Diese altersbedingten Arthrosen sind eher gutartig: Das Pferd hat bessere und schlechtere Tage; es »läuft sich ein«. Später ist mit gut verträglichen Antiphlogistika die Nutzung noch zu verlängern.

Anders ist die Situation beim jungen Pferd. Hier muß man von einer echten Erkrankung ausgehen, die – ähnlich der Hufrollenerkrankung – auch eine gewisse Anlage dazu voraussetzt. Es gibt verschiedene chirurgische Behandlungsmethoden, die im Prinzip alle darauf abzielen, eine Versteifung der kleinen Sprunggelenksabschnitte zu beschleunigen – Versteifung bedeutet nämlich dann weitgehende Beschwerdefreiheit. Eine Vielzahl verschiedener Spatbeschläge wird eingesetzt; ihnen ist allen gemeinsam, daß die Eisen verdickte Schenkelenden und eine gute Zehenrichtung haben.

Phlegmone (Einschuß)

Es handelt sich hier um eine erhebliche Anschwellung des unteren Gliedmaßenabschnittes, die sehr schmerzhaft ist und oft von Fieber und Allgemeinstörungen begleitet wird. Es kann sich um die Folge einer Wunde – oft kaum sichtbar – oder um eine Vereiterung des Bindegewebes von innen heraus handeln. Der Laie geht bisweilen etwas großzügig mit dem Begriff »Phlegmone« um; nicht jede Verdickung einer Sehne rechtfertigt diese Einstufung.

Die Behandlung sollte konsequent und mit dem Ziel eines *raschen* Verschwindens der entzündlichen Erscheinungen erfolgen. Geschieht dies nicht, neigt eine Phlegmone zum Rezidiv, zumindest aber zur chronischen Hautverdickung (Elephantiasis) mit ständigem Hautpilz- und Bakterienbefall. Eine eitrige, fiebrige Phlegmone darf ohne weiteres mit hohen Dosen Antibiotika versorgt werden.

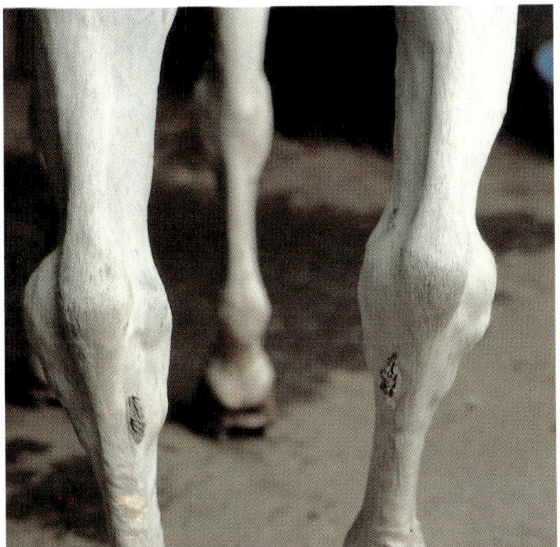

△ Sprunggelenke mit hochgradigen Spatverknöcherungen und Sprunggelenksgallen. Solche Pferde sollten nur sehr schonend, aber regelmäßig bewegt werden.

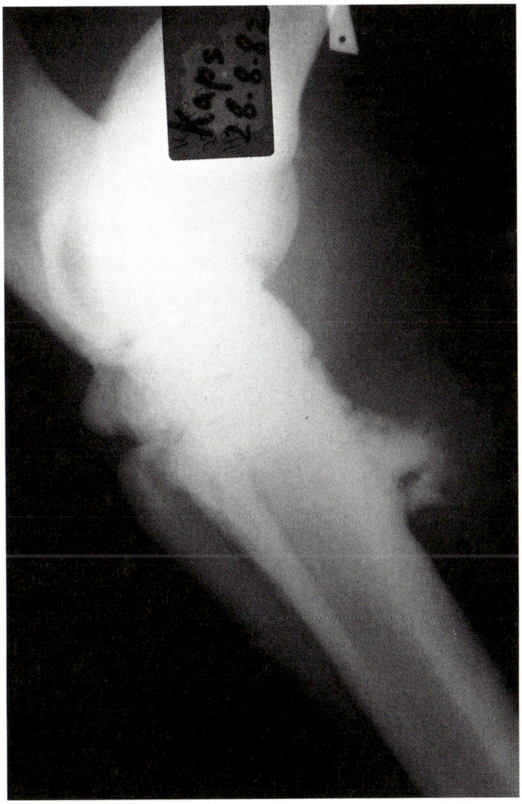

Umfangreiche Verknöcherungen am Sprunggelenk (Knochenspat). Das Sprunggelenk ist vollständig versteift. ▷

Kniegelenksentzündung (Gonitis)
Früher war das eine Berufskrankheit der Zugpferde. Heute wird sie meist durch Überbeanspruchung (Zerrung) hervorgerufen. Das Kniegelenk wird in Beugehaltung angehoben; es ist umfangsvermehrt und schmerzhaft. Teilweise treten Allgemeinstörungen mit Fieber und eitriger Entzündung der Gelenkhaut auf. Die Behandlung erfolgt durch Schonung sowie Verabreichung von Antibiotika und Antiphlogistika einschließlich örtlicher Cortisoninjektionen.
Neben dieser akuten Form gibt es auch eine chronisch-degenerative Form, die in mancher Hinsicht (Knochenzubildung, Beugeprobe) der Spaterkrankung ähnelt und schlecht therapierbar ist.

Kniescheibenluxation
Sie tritt überwiegend bei Ponys im Jugendalter auf. Während der Bewegung hakt die Kniescheibe über dem medialen Rollkamm des Oberschenkels fest und blockiert dadurch jede weitere Bewegung der Gliedmaße. In vielen Fällen springt die Kniescheibe nach einiger Zeit spontan in ihre richtige Position zurück; dann ist der Spuk vollständig verschwunden – bis zum nächstenmal. Eine Hilfestellung besteht in dem Versuch, die Kniescheibe nach außen zu ziehen, während ein Helfer das Pferd langsam rückwärts treten läßt. Bisweilen ist es erforderlich, die Muskulatur medikamentös zu erschlaffen. Als ultima ratio bietet sich die Durchtrennung des medialen Kniescheibenbandes an. In

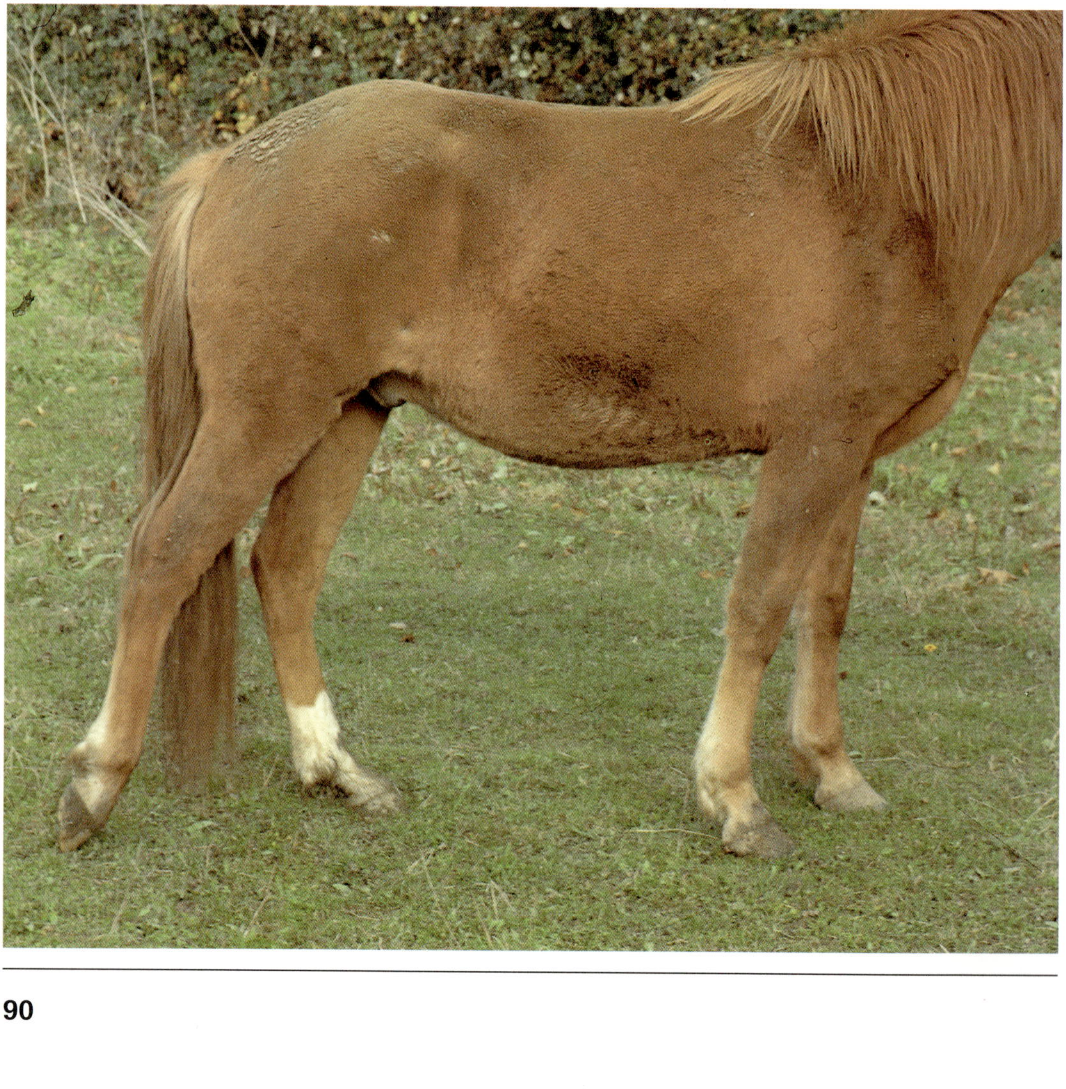

der Mehrzahl der Fälle erübrigt sich beim Pony diese Operation, da mit zunehmendem Training das Bindegewebe soweit gefestigt wird, daß diese – ursprünglich auf eine Bindegewebsschwäche zurückzuführende – Erkrankung von allein verschwindet. Anabolika und Aufbaupräparate können die Heilung unterstützen.

Piephacke
Für die Piephacke gilt sinngemäß das gleiche wie für Gallen. Sie sind unschön, aber in den seltensten Fällen leistungsbeeinträchtigend.

Beckenfrakturen
Beckenfrakturen sind in Entstehung und Ausprägung sehr vielgestaltig. Die Behandlung besteht eigentlich nur in Ruhigstellen und Abwarten. Gerade im jugendlichen Alter treten bei Pferden oft Beckenfrakturen mit erheblichen Lageveränderungen der Beckenknochen auf. Sie heilen erstaunlich oft ohne Komplikation ab, wobei zumeist eine mehr oder weniger starke Schiefstellung des Beckens zurückbleibt. Das Pferd kann diese Asymmetrie gut kompensieren; im Hinblick auf eine Ankaufsuntersuchung kann nur der Nachweis der Beschwerdefreiheit nach langer und intensiver Belastung verwertet werden.

◁ Bei der Kniescheibenluxation zieht das Pferd die betroffene Hintergliedmaße über den Boden. Meist löst sich die Luxation nach einigen Schritten; das Pferd geht (bis zum nächsten Mal) normal.

Rückenprobleme

Auch beim Pferd sind Rückenprobleme zu einem regelrechten Modebegriff geworden. Tatsache ist, daß die Mehrzahl der Rückenprobleme nicht organisch bedingt, sondern eigentlich Reiter- und Ausbildungsprobleme sind. Der Weg von der psychischen Verspannung bis zum brettharten Rücken ist sehr kurz. Banale Ursachen wie ein schlecht sitzender Sattel oder ein verkrampfter Reiter sind relativ einfach zu erkennen; ersteres ist auch einfach abzustellen. Bei Stuten werden oft gynäkologische Ursachen angeführt; in der Tat sind viele Stuten in der Rosse schwierig oder gar nicht zu reiten.
Als »Kissing spines« bezeichnet man eine schmerzhafte Entzündung mit Knochenzubildung zwischen den Dornfortsätzen der Wirbelsäule. Die Diagnose wird im Röntgenbild gestellt; eine chirurgische Behandlung ist möglich, aber sehr aufwendig.

Kreuzverschlag
Das wohl bekannteste und häufigste Rückenproblem stellt der Kreuzverschlag dar. Ursächlich eher eine Stoffwechselerkrankung, soll sie doch hier abgehandelt werden, da die Hauptsymptomatik in einer akuten Bewegungsstörung bzw. vollständigen Steifheit des Rückens und der übrigen Muskulatur besteht. Ursache ist ein explosionsartiger Zerfall von Muskelzellen, der durch Überfütterung während der Arbeitsruhe und anschließendem »Kaltstart« hervorgerufen wird. Daneben scheint es aber auch Pferde zu geben, die trotz idealer Fütterungs- und Haltungsbedingungen immer wieder zu Kreuzverschlägen neigen. Der Begriff »Feiertagskrankheit« trifft auf diese Pferde also nicht unbedingt zu.
Neben der absoluten Steifheit, die urplötzlich, meist in den ersten Minuten der Bewegung, auftritt, sind zwei internistische Beobachtungen für die endgültige Diagnose von Bedeutung: der Urin färbt sich in schweren Fällen braun-schwarz, bedingt durch den Muskelfarbstoff der zerstörten Muskelzellen. Ein spezielles Enzym, das ausschließlich im Muskel vorkommt, die Creatinkinase (CK), steigt rapide an: bei leichten bis mittleren Fällen um das Zehnfache, bei schweren um das Hundert- bis Tausendfache. Leichte Fälle, die

diagnostisch Schwierigkeiten bereiten (Abgrenzung zur Kolik oder Huflederhautentzündung) sind durch die Enzymbestimmung einwandfrei zu erkennen.
Wärme (Eindecken) und sofortige Ruhigstellung sind die Maßnahmen, die der Besitzer als erstes einleitet. Die Behandlung besteht in sofortiger Gabe von Cortison und Analgetika. In schweren Fällen muß ein Säureüberschuß im Blut korrigiert (gepuffert) werden.
Die Rekonvaleszenz dauert einige Tage bis mehrere Wochen. Schwerste Fälle verlaufen tödlich. Wichtig ist, daß der Reiter die ersten Alarmsignale erkennt und die Arbeit sofort abbricht; bei Ausritten wird das Pferd auf schonendstem Weg nach Hause gebracht.

Ein ausgeprägter Senkrücken kann – gerade im fortgeschrittenen Alter – Probleme bereiten. Dennoch ist die Mehrzahl der Rückenprobleme beim Pferd nicht anatomisch-organisch bedingt, sondern rührt von Verspannungszuständen (Reitweise, Sattel etc.) her.

Der Einsatz von Schmerzmitteln in der Orthopädie

Die Schulmedizin sieht sich oft dem Vorwurf ausgesetzt, an »Symptomen herumzudoktern«. Der Vorwurf ist nur zum Teil berechtigt. Wie wir an vielen Beispielen bereits gesehen haben, neigt das Pferd dazu, sich durch Überschußreaktionen selbst den Weg zu einem biologisch sinnvollen Heilungsverlauf zu versperren. Die Ursachen hierfür sind nicht geklärt; man muß damit leben. Wenn man jedoch die Möglichkeit hat, durch geeignete Medikamente die Überschußreaktion zu unterdrücken, wenn ferner Wirkung und Nebenwirkung einer solchen Maßnahme in einer vertretbaren Relation stehen, so gibt es keinen plausiblen Grund, dies nicht zu tun.
Schmerzmedikamente haben verschiedene Ansatzpunkte. Der einfachste Ansatz besteht darin, den Schmerz örtlich auszuschalten. Dies geschieht durch eine örtliche Betäubung in Form einer Leitungs- oder Infiltrationsanästhesie. Dieses Prinzip findet Platz in der Erstversorgung von Rehepati-

enten, bei der diagnostischen Anästhesie oder bei kleinen chirurgischen Eingriffen.
Die nächste Stufe der Schmerzbekämpfung ist die Unterdrückung der Bildung von Entzündungsstoffen, die im Nervensystem als Botenstoffe wirken. Eine Entzündung ist in der Regel schmerzhaft; wenn man die Entzündung behandelt – und sei es in Form einer Unterdrückung –, so ist dies schon keine rein symptomatische Behandlung mehr, sondern hat auch schon etwas ursächlichen Charakter. Einige der hierzu verwendeten Substanzen wirken vor Ort (z. B. Cortison), andere vor Ort *und* am Schmerzzentrum des Gehirns (z. B. Phenylbutazon, Metamizol (Novalgin), Finadyne.
Die höchste Stufe der Schmerzbekämpfung ist die alleinige Beeinflussung des Schmerzzentrums im Gehirn, z. B. mit Morphinpräparaten. Sie haben keinerlei Wirkung am Entstehungsort des Schmerzes, sondern verhindern nur dessen Wahrnehmung.
Schmerzprozesse sind Kreislaufprozesse. Das Schmerzempfinden schaukelt sich hoch. Wenn die Bildung von Schmerz-Überträgersubstanzen einmal angelaufen ist, bedarf es einer relativ hohen Dosierung, um diesen Kreislauf zu unterbrechen. Eine unterschwellige Gabe von Schmerzmitteln bewirkt außer Nebenwirkungen *überhaupt nichts*. Bei der Erstversorgung von Schmerzpatienten gilt – gleich ob es sich um Koliker oder orthopädische Fälle handelt: nicht knausern. Wenn der erforderliche Wirkspiegel erreicht ist, kann man mit kleinen Gaben weitermachen, da dann auch geringe Mengen geeignet sind, ein Wiederanlaufen des Teufelskreislaufes der Schmerzentstehung zu verhindern.
Alle heute auf dem Markt befindlichen Schmerzmittel haben ein vertretbares Verhältnis von Haupt- und Nebenwirkungen. Ein Mißbrauch in psychischer Abhängigkeit scheidet naturgemäß aus. Es wäre deshalb scheinheilig, einem Pferd ein sinnvolles und dringend benötigtes Schmerzmittel aus Angst vor Nebenwirkungen vorzuenthalten. Selbst wenn in der Langzeitanwendung nennenswerte Nebenwirkungen auftreten, hat das Tier ein Anrecht auf weitestgehende Schmerzfreiheit. Andernfalls wird Tierschutz zur Worthülse. Über Schmerzmittel schimpfen merkwürdigerweise nur Menschen, die nicht auf sie angewiesen sind. Wohlgemerkt: Hier soll nicht für den kritiklosen Einsatz von Schmerzmitteln zum Übertünchen von Symptomen plädiert werden, denn das wäre mehr als fragwürdig. Ich möchte aber die weitgehend unbegründete Angst vor Schmerzmitteln etwas abbauen. Der Tierarzt gibt sie nicht zum Zeitvertreib, sondern um dem Tier zu helfen. Viele Pferde führen mit vertretbaren, gut ausgewählten Schmerzmitteln jahrelang ein beschwerdefreies Leben.

Hauterkrankungen

Auf den ersten Blick scheint die Haut kaum mehr als die äußere Begrenzung des Körpers zu sein. In Wirklichkeit handelt es sich jedoch um ein sehr komplexes Körperorgan – übrigens das größte und schwerste Organ des Körpers überhaupt – mit mannigfaltigen Funktionen im Bereich des Stoffwechsels, der Temperaturregulation, der Abwehr von Krankheitserregern und der Ausscheidung (Sekretion). Medizinisch ist auch die Fähigkeit der Haut zur Resorption von Medikamenten, aber auch von Giftstoffen, von Bedeutung. Die Stoffwechselfunktion ist an folgendem Vergleich zu ermessen: Während Leber oder Niere selbst bei Schädigungen bis zu 80 % ihre Funktion immer noch einigermaßen aufrechterhalten können, sind Hautschäden, z. B. Verbrennungen, schon bei einer betroffenen Fläche von 25 % lebensbedrohlich.

Die Haut besteht aus drei Schichten: Oberhaut, Lederhaut und Unterhaut. Die **Oberhaut** setzt sich aus hornhaltigen, abgestorbenen Zellen zusammen. Sie ist über eine Zellbildungsschicht mit der darunterliegenden **Lederhaut** verzahnt. In der Lederhaut befinden sich Gefäße, Nerven und Drüsen zur Schweiß- und Sekretabsonderung. In manchen Körperregionen wie Hals, Brust und Flanke steht die Schweißabsonderung im Vordergrund, an anderen Stellen wie Scham und Penis die Talgabsonderung.

Die Schweißbildung und die Veränderung der Hautdurchblutung stellen die wesentlichen *schnellwirkenden* Temperaturregulationsmechanismen dar. Über die Haut werden beim Pferd – je nach Veranlagung – in Abhängigkeit von Witterung und Belastung bis zu 15 Liter Schweiß in der Stunde abgesondert. Die Verdunstung des Schweißes entzieht dem Körper Wärme. Das vielfach praktizierte Eindecken eines verschwitzten Pferdes entspricht daher eher einem gewissen Pflegetrieb als biologischer Notwendigkeit. Lediglich Zugluft (siehe Seite 23) kann beim verschwitzten Pferd zu örtlicher Unterkühlung führen; in die allgemeine Temperaturregulation sollte man aber ansonsten so wenig wie möglich eingreifen.

Das Schwitzen entzieht dem Körper wertvolle Elektrolyte, insbesondere Kalium. Hochgradiger Schweißverlust führt zur Austrocknung (Dehydratation). Im Extremfall kann der Körper so viel Flüssigkeit und Elektrolyte verlieren, daß die körpereigenen Regelmechanismen nicht mehr funktionieren und Elektrolytlösungen per Infusion zugeführt werden müssen.

Jeder Reiter sollte bei seinem gesunden Pferd die **Hautelastizität** prüfen, damit man im Ernstfall eine Vergleichsmöglichkeit hat, denn verringerte Hautelastizität ist ein wichtiges Anzeichen für Dehydratation.

In Kreislauf-Krisensituationen sondert das Pferd manchmal auch »kalten« Schweiß ab. Dieser dient nicht der Temperaturregulation, sondern ist als Zeichen eines schweren Schocks zu bewerten. In diesem Fall muß der Körper selbstverständlich vor weiterer Auskühlung bewahrt werden.

Die Aussagekraft des Fellzustandes ist für das geübte Auge geradezu sprichwörtlich. Das Fell ist ein Spiegel der Gesundheit des Pferdes. Alte und kranke Pferde haben glanzloses, struppiges Fell. Während das gesunde Tier sich durch die Bildung von Unterhautfettgewebe vor Kälte schützt, verschafft sich das geschwächte Tier nur eine Art Notisolation in Form von langen, zotteligen Haaren.

Nordlandpferde bilden in der Regel viel Unterhautfettgewebe und viel Haar. Da die Neutraltemperatur bei Pferden niedriger liegt als bei anderen Säugetieren, leiden nordische Ponys unter unseren

Sommertemperaturen mehr als südliche Vollblüter unter unserem Winter. Hengste haben im Alter weniger Haarprobleme als Wallache. Offensichtlich spielen Sexualhormone auch in diesem Stoffwechselbereich eine Rolle.

Das Pferd ist den natürlichen klimatischen Bedingungen, aber auch den Umweltbelastungen um ein Vielfaches stärker ausgesetzt als der Mensch. Vielleicht liegt darin die schwer erklärliche Zunahme undefinierbarer Hautprobleme beim Pferd begründet. Da bei Einzelhaltung von Pferden keine gegenseitige soziale Fellpflege möglich ist, muß der Mensch sie im Putzen imitieren.

Neben dem einfachen Betrachten und Betasten der Haut spielt natürlich die Untersuchung von Hautgeschabseln eine wichtige Rolle. Bei tiefgreifenden Prozessen wird vom Tierarzt ein kleines Hautstück ausgestanzt (Hautbiopsie) und mikroskopisch untersucht. Selbstverständlich sind fast alle im Blut veränderten Stoffwechselparameter auch für Veränderungen an der Haut mitverantwortlich.

Übermäßige Behaarung (Hypertrichosis) bei einem älteren Wallach.

Nesselfieber (Urticaria)

Beim Nesselfieber handelt es sich um eine akute allergische Hautreaktion, die mit der Bildung zahlreicher Quaddeln einhergeht. Es tritt vorzugsweise im Spätsommer nach dem Fressen von Schadpflanzen auf; aber auch andere Prozesse, die zur Bildung von Giftstoffen führen, kommen als Ursache in Betracht.

Das Nesselfieber ist meist nicht bedrohlich; nur wenn sich die allergische Reaktion auf die Luftwege ausdehnt, ist rasches Eingreifen erforderlich. In den juckenden Quaddeln setzen sich aber gerne sekundär Bakterien und Pilze fest, die dann den Heilungsverlauf komplizieren. Aus diesem Grund sollte man auch leichtere Fälle behandeln. Das Nesselfieber ist ein ideales Einsatzgebiet für ein Kurzzeitcortison.

Sommerekzem

Das Sommerekzem kann schnell zum Alptraum eines Nordlandpony-Besitzers werden. Warmblüter und Vollblüter sind sehr selten betroffen. Das Sommerekzem wird durch eine innere Veranlagung begünstigt und durch äußere Einflüsse ausgelöst.

Der häufigste Auslöser ist die *Culicoides*-Mücke, auf deren Stich die Pferde sehr stark allergisch reagieren. Der Juckreiz führt zu starkem Scheuern – teilweise bis aufs Blut. In leichten Fällen sind Mähne und Schweif betroffen, in schweren Fällen die gesamte Haut.

Es ist zur Zeit noch nicht möglich, die Ekzemveranlagung zu ermitteln. Oft tritt es erst nach Jahren auf. Gerade beim Islandpferd stellt es eine deutliche Wertminderung dar. Da das Ekzem in Island auch bei vorhandener Veranlagung viel seltener auftritt, kann das Risiko beim Import nicht abgeschätzt werden.

Nesselfieber: hier ein wenig bedrohlicher Fall.

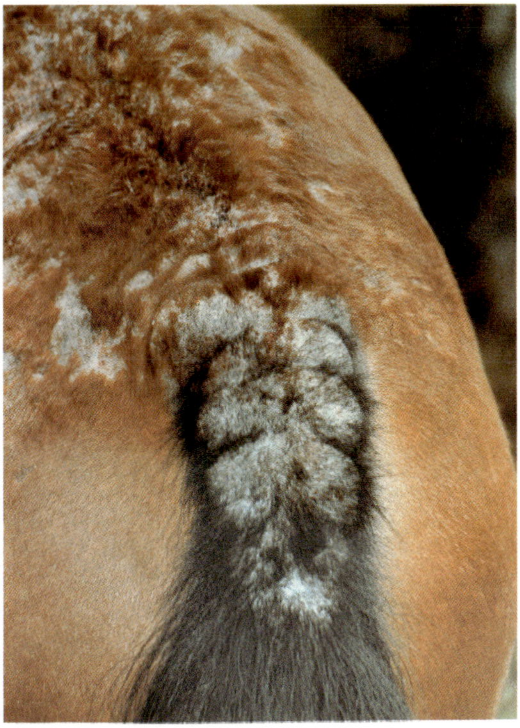

Typisches Sommerekzem am Schweif eines Isländers.

Während man früher bei der Behandlung des Sommerekzems recht schnell mit Langzeit-Cortisonpräparaten (z. B. Volon) zu Werke ging, gibt es heute eine Reihe von Medikamenten und Pflegemitteln mit geringeren Nebenwirkungen (z. B. Penochron, Hydrocortiderm-N, Somerol, A-E-Emulsion). Jeder Besitzer eines Ekzempferdes hat sein »Geheimmittel«, mit dem er im speziellen Fall sein Pferd weitgehend beschwerdefrei halten kann. Hier muß jeder genau beobachten (Flugzeit der Insekten, Lage der Wiese) und die Pferde gegebenenfalls rechtzeitig aufstallen.
Die Verabreichung von Langzeit-Cortison sollte die ultima ratio sein. Alle hygienischen Maßnahmen (klares Wasser, Entfilzen) und insektenabwehrende Mittel unterstützen die Behandlung.

Insektenstiche

Sie sind in der Regel harmlos und bedürfen keiner Behandlung. Befinden sie sich an delikaten Stellen (Augenlid, Sattellage), helfen Methoden und Präparate, die auch beim Menschen angewandt werden.

Pilzinfektionen

Primäre Pilzinfektionen der Haut (Mykosen, Dermatomykosen) sind selten. Pilze sind Trittbrettfahrer und können sich meist nur in vorgeschädigtem Gewebe ansiedeln (Infektionen, Druckstellen, langwährende Antibiotika-Behandlung). Der Pilznachweis gelingt meist im Hautgeschabsel; damit ist aber meist die Ursache noch nicht erkannt, geschweige denn beseitigt. Auch die Behandlung von Hautpilzerkrankungen erfordert viel Phantasie und das Austesten des jeweils am besten wirksamen Medikamentes. Oft heilen Pilzinfektionen erst nach einer radikalen Haltungs- und Fütterungsumstellung. Die hier abgebildete Mykose heilte nach Monaten ohne Behandlung und ohne erkennbaren Grund von alleine ab.

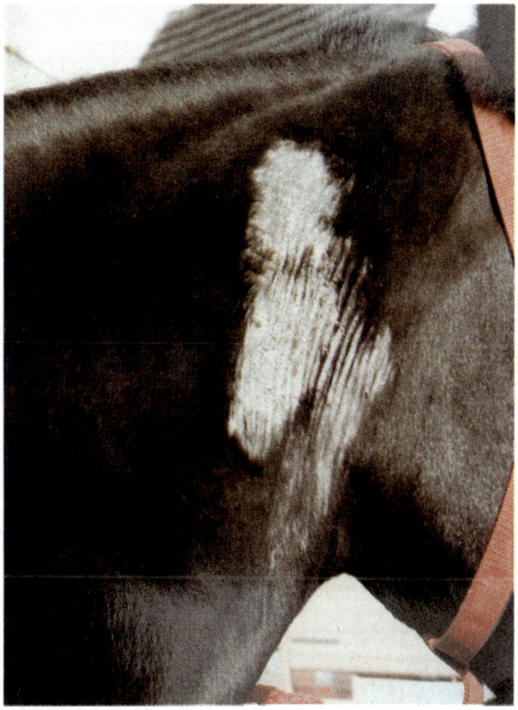

Eine seltene primäre Hautpilzerkrankung (Mykose). Hautpilze sorgen rasch für Aufregung im Reitstall, wobei die Ansteckungsgefahr meist überschätzt wird. Anstatt die Haltungsbedingungen zu verbessern, behandelt man die betreffenden Tiere samt Besitzer wie Aussätzige.

Bakterielle Infektionen

Normalerweise schützt ein leicht saures Milieu die Haut vor Infektionserregern. Unter ungünstigen Bedingungen (Krankheit, mechanische Schädigung, wochenlange Durchnässung) können – analog zum Pilzbefall – auch Bakterien eine Entzündung der Haut hervorrufen. Bei einem schweren Befall mit Staphylokokken oder Streptokokken spricht man von einer »Pyodermie«. Auch hier handelt es sich um eine multifaktorielle Erkrankung. Das bedeutet, man muß zuerst versuchen, die Ursache zu finden, und erst dann Antibiotika verabreichen. Eitrige Talgdrüsenentzündungen in der Sattellage können schweren Satteldruck nach sich ziehen.

Satteldruck

Kaum eine Erkrankung zieht so lange Stehzeiten – oder besser Weideurlaub – nach sich wie der Satteldruck. Eine kleine Unaufmerksamkeit kann eine monatelange Zwangspause zur Folge haben. Ein mechanischer Satteldruck wird zunächst durch Polsterungsmaßnahmen entlastet. Dabei überprüft der Sattler, ob der Sattel optimal liegt. Danach testet man mit verschiedenen Unterlagen (Woilach, Moosgummi, Western-Pad o. ä.), ob der Prozeß zum Stillstand kommt. Ist dies nicht der Fall, hilft nur monatelanger Verzicht auf das Reiten. In dieser Zeit wird die Druckstelle je nach Ausmaß desinfizierend (z. B. Betaisodona) oder hornhautlösend (z. B. Salicylöl) behandelt. Ist eine Druckstelle bereits in der Tiefe verkalkt, so hilft nur noch die chirurgische Entfernung. Die dabei entstehende Narbe ist aber anschließend wieder ein Gefahrenherd für neuerlichen Druck.

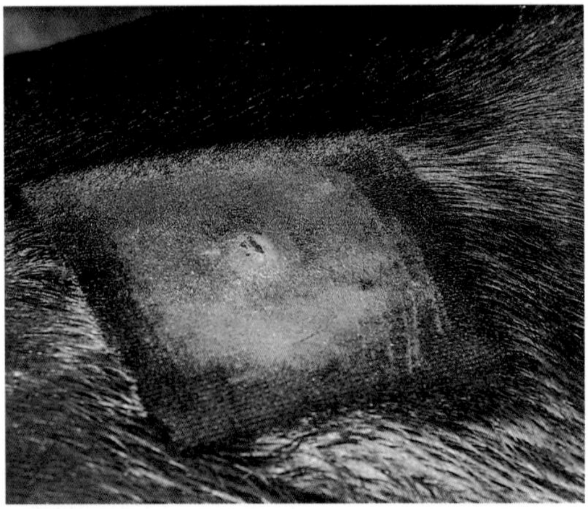

Nicht immer ist nachlässige Sattelung Ursache eines Satteldruckes. In diesem Fall erforderte eine verstopfte Talgdrüse mit Verkalkung eine langwierige und letztlich doch chirurgische Behandlung. Hier ist das Umfeld bereits für die Operation vorbereitet.

Mauke

Hierbei handelt es sich um ein Ekzem in der Fesselbeuge. Es tritt vorzugsweise bei Pferden mit viel Kötenhaar, also z. B. beim Kaltblut, auf. Im Schutze des langen Kötenhaares gedeihen Milben, Bakterien und Pilze ganz hervorragend; sie bilden einen schmierig-schorfigen Belag, der letztlich so schmerzhaft werden kann, daß das Pferd lahm geht. Sauberkeit und permanente Haar- und Hautpflege sind die wichtigsten vorbeugenden Maßnahmen; zur Langzeitbehandlung empfehlen sich schwefelhaltige Präparate. Auch Pilzmittel oder Antiparasitika werden versuchsweise eingesetzt (z. B. Defungit, 3%iges Wasserstoffsuperoxid).

Hautparasiten

Die klassische Pferderäude (*Sarcoptes*-Räude) kommt bei uns nicht mehr vor. Sie ist anzeigepflichtig. Selten sieht man Herbstgrasmilben- oder *Demodex*-Milben-Befall.

Der häufigste parasitäre Dauergast des Pferdes ist der **Haarling.** Er ist vorzugsweise in den späten Wintermonaten bei langhaarigen Pferden zu beobachten. Haarlinge sind mit dem bloßen Auge zu erkennen. Oft verschwinden sie bei verbesserten Haltungsbedingungen und beginnendem Sommerfell von allein.

Gleiches gilt für die seltener zu beobachtende **Pferdelaus.** Alle genannten Parasiten sind gut mit den handelsüblichen Antiparasitika zu behandeln. Zur Zeit sind einige langbewährte Antiparasitika wegen ihres Rückstandsverhaltens erneut auf dem Prüfstand oder werden aus dem Verkehr gezogen. Leider unterscheidet der Gesetzgeber nicht zwischen der problematischen Bestandsbehandlung z. B. bei Milchkühen und der sicherlich vergleichsweise harmlosen Einzelbehandlung eines befallenen Pferdes.

Da das Pferd prinzipiell als schlachtbares, also für den Verzehr durch Menschen taugliches Tier ein-

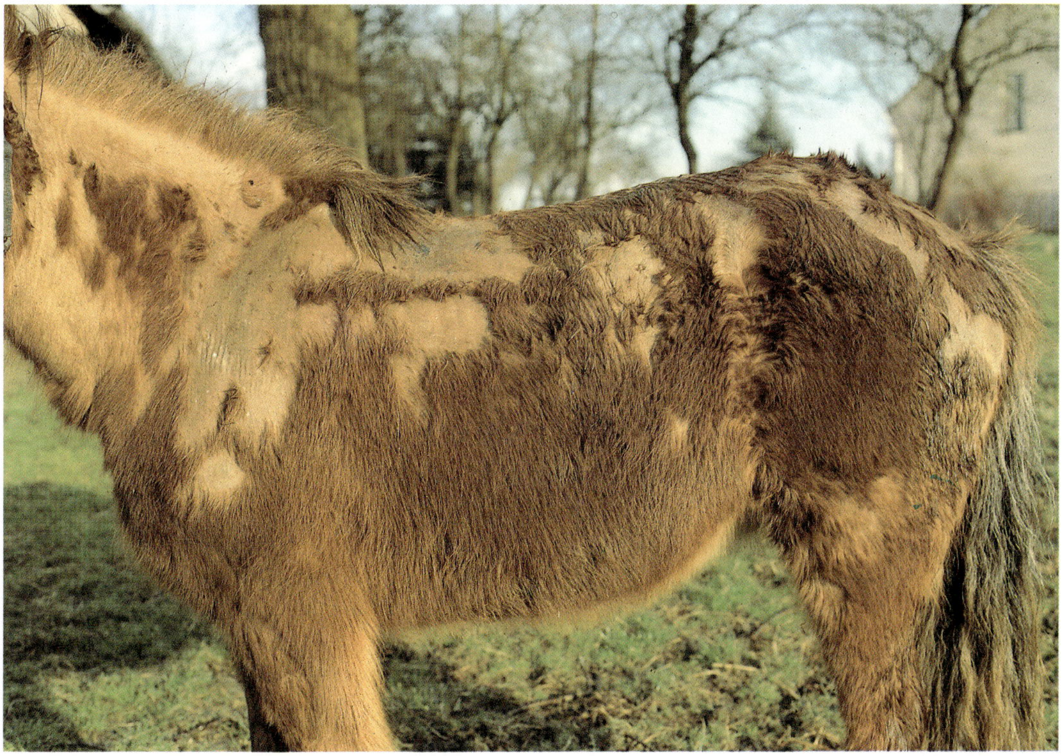

Haarlinge sind die häufigsten Hautparasiten des Pferdes. Sie befallen vorzugsweise langhaarige Pferde gegen Ende des Winters.

gestuft ist, werden mehr und mehr gut wirksame und gut verträgliche Medikamente vom Markt genommen oder gar nicht erst für Pferde zugelassen.
An warmen Sommerabenden stören oft lästige Insekten den Ausritt. Dagegen gibt es eine Vielzahl nicht verschreibungspflichtiger Abwehrmittel auf dem Markt sowie etliche Hausmittel. Auch hier muß die individuell beste Wirkung oder Kombination ausgetüftelt werden.

Tumore (Papillom, Fibrom, Melanom)

Das Pferd wird ausgesprochen selten von bösartigen Tumoren heimgesucht. Diese Tatsache beschäftigt sogar das Interesse der Krebsforscher in der Humanmedizin. Die genannten Tumore verhalten sich gutartig.

Größere Tumore werden, sofern sie funktionell oder ästhetisch stören, chirurgisch entfernt. Beim Papillom reicht es oft, wenn man einige größere Tumore entfernt, die kleineren bilden sich dann von alleine zurück. Auch das Melanom des alternden Schimmels verhält sich meist gutartig, solange man es in Ruhe läßt. Von einer chirurgischen Behandlung des Melanoms ist abzuraten.

Equines Sarkoid

Das Equine Sarkoid nimmt unter den Hauttumoren eine Sonderstellung ein. Sein Name verrät einiges: die Endsilbe – oid bedeutet »ähnlich«; der Tumor ist also einem Sarkom, einem bösartigen Tumor, ähnlich. Einige Kriterien der Bösartigkeit sind auch erfüllt: Ein Sarkoid neigt zum Rezidiv; es kommt nach chirurgischer Entfernung schneller wieder als die Wundheilung abläuft. Auch mikroskopisch ähnelt es in seinem Wachstum eher einem bösartigen Tumor. Gutartig an ihm ist jedoch, daß es keinerlei Neigung zur Bildung von Tochtergeschwülsten aufweist. Das Equine Sar-

◁ **Das Melanom tritt fast nur bei älteren Schimmeln auf. Es verhält sich lange Zeit friedlich, um letztendlich doch explosionsartig zu wachsen.**

Das Equine Sarkoid ist der häufigste Hauttumor. Er hat teils gutartigen, teils bösartigen Charakter. Auf jeden Fall ist er ein lästiger Tumor. ▽

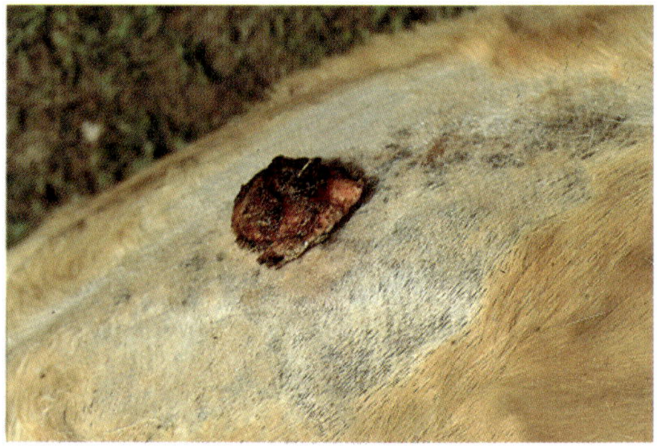

koid tritt vorzugsweise an Stellen auf, an denen man es überhaupt nicht brauchen kann, wie Sattel- und Gurtlage oder Bauchnabelbereich.

Die chirurgische Entfernung befriedigt nicht. Da es sich bei dem Equinen Sarkoid um einen virusbedingten Tumor handelt, gehen neuere Therapieansätze in Richtung einer Stärkung des Abwehrsystems durch Paramunitätsinducer. Das BVP-Virus (= **B**ovines **V**irus-**P**apillom-Virus) ruft nämlich von sich aus beim Pferd keine Immunantwort hervor, da es sich eigentlich um ein an das Rind angepaßtes Virus handelt.

Die Behandlung besteht also aus chirurgischen plus chemotherapeutischen Maßnahmen sowie Steigerung der lokalen Tumorabwehr. Das Equine Sarkoid ist mit einem Anteil von über zwei Dritteln aller Hauttumoren die bedeutendste Erkrankung dieser Art. Beim Ankauf von Pferden mit verdächtigen Veränderungen ist dies zu berücksichtigen.

Sinnesorgane und Nervensystem

Das Pferd verfügt über die gleichen Sinnesorgane wie alle anderen Säugetiere auch. Der **Geruchs- und Geschmackssinn** ist beim Pferd mit Sicherheit sehr hoch entwickelt. Das Pferd kann mit Hilfe des Flehmens, also durch Hochstülpen der Oberlippe, das sogenannte Jacobsonsche Organ aktivieren, welches minimale Geruchsreize analysiert. Dies spielt vor allem im Fortpflanzungsgeschehen, aber auch teilweise bei der Nahrungsaufnahme eine wichtige Rolle.

Der **Tastsinn** ist in einigen Körperregionen sehr gut entwickelt. Insbesondere im Lippenbereich verfügt das Pferd über äußerst präzise Sensoren. Selbst ein ausgehungertes Pferd wird kleinste Partikel wie Nägel oder Drahtstücke aus dem Futter aussortieren.

Das **Schmerzempfinden** ist sehr unterschiedlich verteilt. Während das Pferd im Kopfbereich, insbesondere an Ohren und Augen, sehr schmerzempfindlich ist, scheint ein kräftiger Schlag auf den Hals, die Hinterhandmuskulatur oder den Rücken, wie sie z. B. bei Rangordnungskämpfen vorkommen, kaum schmerzhaft zu sein. Dies ist im Umgang mit dem Pferd zu berücksichtigen.

Neben den unterschiedlich sensiblen Körperregionen bestehen auch starke Unterschiede in der individuellen Schmerzwahrnehmung; dies gilt insbesondere für die verschiedenen Rassen. Während einem Warmblutpferd der Schmerz buchstäblich ins Gesicht geschrieben steht, zeigt ein Pony auch bei vergleichbar schmerzhaften Prozessen kaum Schmerzreaktionen. Diese unterschiedliche Reaktionsbereitschaft muß bei der Interpretation von Befunden unbedingt berücksichtigt werden.

Das **Temperaturempfinden** des Pferdes ist schwer einzuschätzen. Tatsache ist, daß das Pferd von allen Haustieren dasjenige mit der größten Temperaturtoleranz ist. Sein Wohlbefindensbereich liegt zwischen –30 °C und +30 °C. Es dürfte die Temperaturunterschiede wohl spüren, aber nicht darunter leiden.

Der **Gleichgewichtssinn** ist beim Pferd hochentwickelt; schließlich muß ein Fluchttier aus allen Lagen blitzschnell die Flucht antreten können. Es scheint aber – ähnlich wie beim Menschen – eher feinmotorisch und eher grobmotorisch begabte Pferde zu geben.

Die bisher erwähnten Sinne und Sinnesorgane spielen für den Zoologen eine Rolle; für die tierärztliche Praxis sind sie von untergeordneter Bedeutung. Häufig wird man aber mit Erkrankungen des Auges konfrontiert, hin und wieder mit Erkrankungen des Ohres.

Es ist nicht zum Lachen: das Pferd prüft hier ganz gründlich einen (verführerischen?) Duftstoff – es flehmt.

Auge

Das Sehvermögen des Pferdes unterscheidet sich grundsätzlich von dem des Menschen. Das Pferd kann in der Dämmerung besser sehen dank eines Sehpigments, das als »Restlichtverstärker« arbeitet. Das räumliche Sehen, das insbesondere für das Abschätzen von Entfernungen wichtig ist, ist schlecht entwickelt, da die beiden Augen nur eine geringe Überlappung in ihrem Sehfeld haben. Kleine, huschende Bewegungen werden sofort wahrgenommen; die Sehschärfe läßt vermutlich zu wünschen übrig. Wo ein Mensch einen guten Bekannten auf 40 m Entfernung identifiziert, schaut das Pferd bei 10 m immer noch ungläubig.

Verletzungen des Auges, insbesondere der Hornhaut, durch Dornen, Stacheldraht o. ä. kommen beim Pferd häufig vor. Es ist oft nicht möglich, das Ausmaß der Verletzung exakt zu beurteilen, da das Auge sofort zuschwillt. Dann ist eine genaue Untersuchung nur nach Sedierung oder Narkose durchführbar. In manchen Fällen ist es sinnvoller, zunächst die Schwellung zu behandeln und am nächsten Tag das Auge gründlich zu inspizieren. Die Statistik rechtfertigt dieses Vorgehen, denn die Mehrzahl der Totalverluste des Augenlichtes ist auch bei sofortiger exakter Diagnose nicht zu verhindern.

Die Fotos zeigen die Atrophie eines Augapfels aufgrund einer Stacheldrahtverletzung. Nach der Operation geht es dem Tier wieder gut. Ein einäugiges Pferd kann durchaus geritten werden. Das eingeschränkte Sehvermögen muß durch erhöhtes Vertrauen zum Reiter ausgeglichen werden.

Oberflächliche Hornhautverletzungen sehen in der ersten Phase schrecklich aus. Meist heilen sie rasch ab; bisweilen bleibt jedoch ein leichter Schleier auf der Hornhaut zurück, der aber meist die Sehkraft kaum beeinträchtigt.

Periodische Augenentzündung (Mondblindheit)

Diese Augenerkrankung zählt zu den Gewährsmängeln (siehe Seite 115). Sie ist rechtlich definiert als eine entzündliche Veränderung an den inneren Organen des Auges, die auf inneren Ursachen beruht. Damit sind Verletzungen als Ursache ausgeschlossen. Der Krankheitsverlauf beginnt mit einer Entzündung von Iris, Linse oder Netzhaut. Diese Entzündung verläuft schubweise und

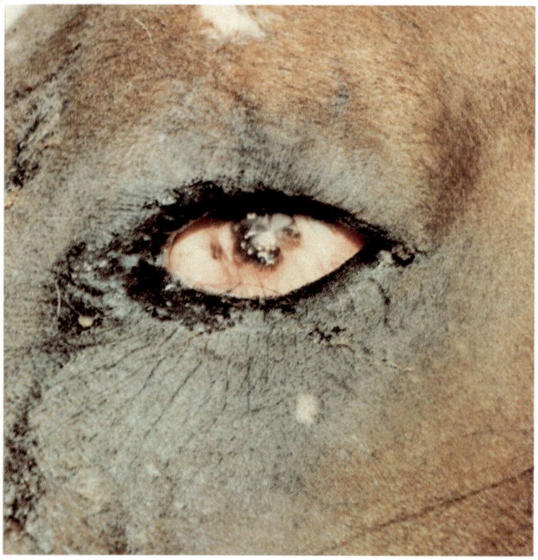

Stacheldrahtverletzung des Auges mit vollständiger Schrumpfung des Augapfels.

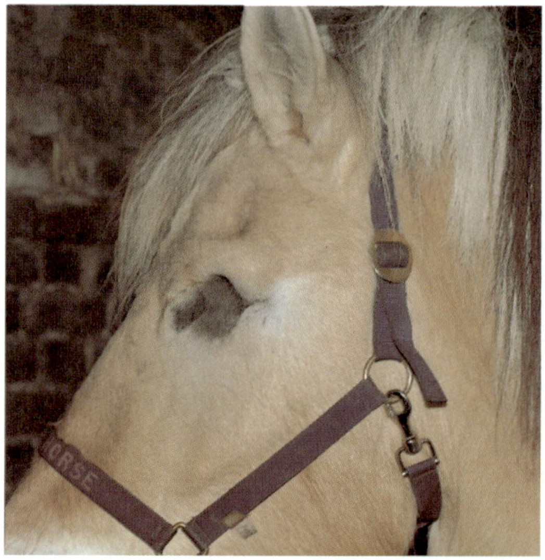

Ein Anblick, an den man sich bald gewöhnt: Nach der Entfernung des Augapfels heilt die Wunde rasch ab.

führt nach einiger Zeit zu Verwachsungen im Auginneren.
Ursächlich spielen Autoimmunerkrankungen eine Rolle, d. h. der Körper reagiert allergisch auf seine eigenen Zellen und Produkte. Therapeutisch ist die Periodische Augenentzündung nicht oder nur schwer zu beeinflussen. In schweren Fällen schrumpft der Augapfel und muß entfernt werden.
Mit der Diagnose »Periodische Augenentzündung« sollte man zurückhaltend sein. Viele so eingestufte Erkrankungen entpuppen sich bei genauem Hinsehen oder nach einiger Zeit doch als verletzungsbedingt. Auch die Periodische Augenentzündung ist ein typisches Beispiel fataler Überreaktion. Eine rasche, großzügige Erstversorgung der Entzündung kann die Folgen im Rahmen halten. Seit kurzem wird die Periodische Augenentzündung auch mit Erfolg chirurgisch behandelt. Dabei bleibt zwar nicht das volle Sehvermögen, wohl aber die Hell-Dunkel-Wahrnehmung erhalten.

Bindehautentzündung
Sie ist die wohl häufigste Erkrankung am Pferdeauge. Sie kann durch Reizung, Infektionen oder Allergien hervorgerufen werden. Sie ist vergleichsweise harmlos und eine entzündungshemmende Behandlung bringt meist raschen Erfolg, der aber nicht immer lange anhält. Mit einer häufig wiederkehrenden Bindehautentzündung kann man zur Not leben. Abzuklären wäre, ob nicht ursächlich eine Verstopfung des **Tränennasenkanals** vorliegt. Sie schließt sich gerne an Erkrankungen der Atemwege an und verhindert den Abfluß der Tränenflüssigkeit durch die Nase. Daraus resultiert ein ständig triefendes Auge, das für Entzündungen besonders empfänglich ist. Eine einfach durchzuführende Spülung des Tränennasenkanals beseitigt die Verstopfung.

Verletzungen des Augenlides
Lidverletzungen durch Draht oder Schlageinwirkungen sind ebenfalls häufig. Sie sollten schnellstmöglich versorgt werden, denn dann bestehen gute Chancen auf eine primäre Wundheilung, während andernfalls mit Narbenbildungen am Lidrand gerechnet werden muß; dadurch wird der Lidschluß gestört und Bindehautentzündungen begünstigt.

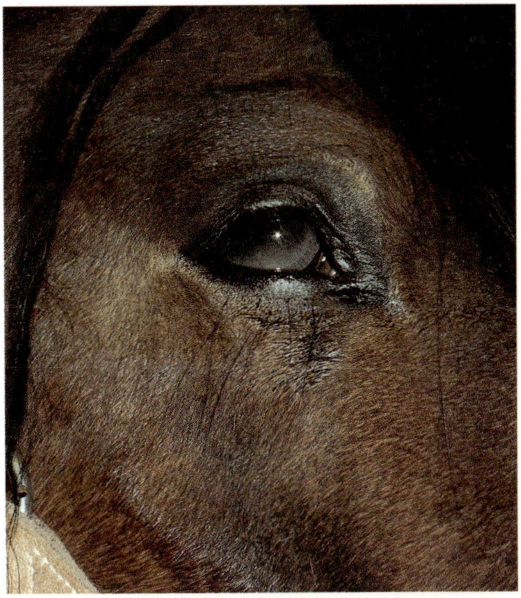

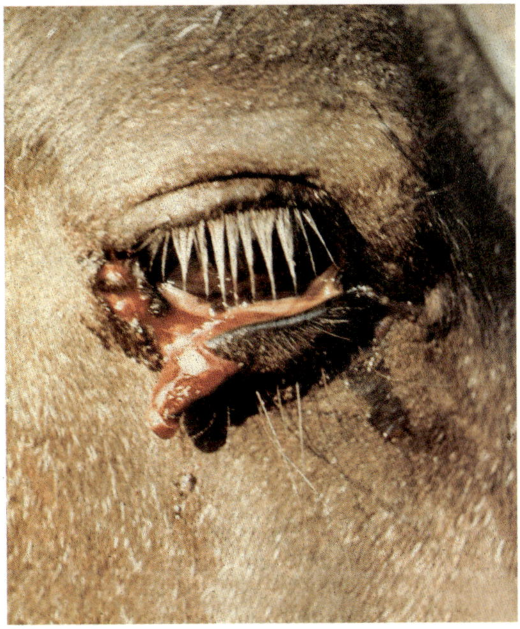

Die Periodische Augenentzündung (P.A.), heute auch als CRU (≙ chronisch rezidivierende Uveitis) bezeichnet. Der akute Anfall beginnt mit krampfhaft geschlossenem Augenlid, Tränenfluß und milchiger Trübung des Auges (oben).

Augenlidverletzung – wiederum durch Stacheldraht. Sofortige chirurgische Versorgung mit feinem Werkzeug verhindert lästige Narben am Lidrand (unten).

Ohr

Das Ohr ist beim Pferd wenig krankheitsanfällig. Bisweilen verursachen Fremdkörper im Ohr schwere Entzündungen und Vereiterungen. Das Pferd schlägt mit dem Kopf und reagiert bei Berührung des Ohres vollkommen panisch. Eine genaue Untersuchung und Behandlung ist meist nur nach vorheriger Sedierung möglich.

Nervensystem

Das Nervensystem des Pferdes ist organisch recht robust. Es gibt nur wenige Erkrankungen in diesem Bereich, die in der Praxis eine Rolle spielen; diese verlaufen dafür aber um so dramatischer. Infektionen sind die Herpesinfektion und die Tollwut (siehe Seite 109). Auch die Bornasche Erkrankung (siehe Seite 110) ist eine Virusinfektion, die bisweilen Bestandteil des Gewährsmangels »Dummkoller« ist.

Ataxien

Wichtig sind die **Ataxie-Erkrankungen.** Die **Spinale Ataxie** ist in ihrer Entstehung nach wie vor nicht vollständig geklärt. Sicher ist nur, daß ein einengender Prozeß der Halswirbelsäule – meist zwischen dem 3. und 5. Halswirbel – auf das Rückenmark drückt und entsprechend seiner Ausprägung Beschwerden hervorruft, die von leichten Koordinationsstörungen bis zu Stürzen reichen. Es besteht vermutlich eine erbliche Veranlagung. Heilungsversuche sind bislang nicht erfolgreich verlaufen.

Die **Kleinhirn-Ataxie** führt zu Koordinationsstörungen bis zum Hinstürzen. Da im Kleinhirn die Gleichgewichtskoordination abläuft, ist ein Ausfall des Steh- und Laufvermögens zu beobachten. Die Tiere – meist wird die Erkrankung im frühen Fohlenalter beobachtet – stolpern und überschlagen sich. Auch hier wird eine erbliche Disposition diskutiert, da die Erkrankung in bestimmten Zuchten gehäuft auftritt. Eine Behandlung ist nicht möglich; bei gesicherter Diagnose sollte das Fohlen getötet werden, da auch bei großem Pflegeaufwand niemals ein artgerechtes Leben des Tieres möglich sein wird.

Verhaltensstörungen

Es ist im Grunde genommen nicht richtig, von Verhaltensstörungen beim Pferd im Sinne einer Erkrankung zu sprechen. Verhaltensgestört ist bestenfalls der Mensch, der ein motorisch und sozial extrem veranlagtes Tier in eine Box sperrt. So tritt denn auch die Mehrzahl der von uns als Verhaltensstörungen bezeichneten Äußerungen des Pferdes bei motorisch und intellektuell unterforderten Tieren, bei Boxen- oder Einzelhaltung auf. Die Tatsache, daß diese Verhaltensweisen bei späterer Besserung der Haltung dann doch beibehalten werden, ist nicht als Gegenbeweis zu werten.

Das **Koppen** (Gewährsmangel, siehe Seite 115) ist gekennzeichnet durch das Abschlucken von Luft, was mit einem unästhetischen Geräusch einhergeht. Über seine klinischen Folgen bestehen unterschiedliche Meinungen; neuere Untersuchungen belegen, daß das Koppen als Kolikursache vermutlich überschätzt wird. Auch wird diskutiert, ob Pferde das Koppen von anderen Pferden durch Nachahmung lernen können. Das gehäufte Auftreten von Koppern in einem Stall (und damit unter gleichen Haltungsbedingungen) beweist dies nicht; es könnte auch Ausdruck dessen sein, daß

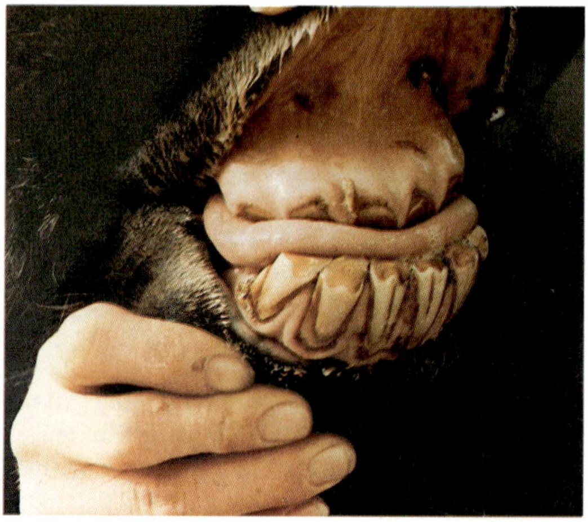

Der Aufsetzkopper ruiniert im Laufe der Zeit seine Schneidezähne – ebenso wie der Barrenwetzer. Der Barrenwetzer schabt mit den Schneidezähnen an den Gitterstäben der Box – aus freudiger Erwartung, Futterneid oder Langeweile.

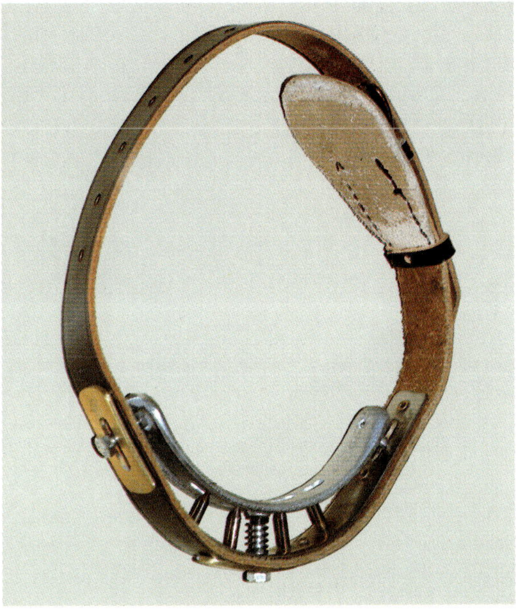

◁ **Ein Kopperriemen – handwerklich exzellent gefertigt,**

aber gemein und tierquälerisch in der Wirkung: Beim Abschlucken der Luft bohren sich die Stacheln in die Haut über dem Kehlkopf. ▽

mehrere Pferde unter den Haltungsbedingungen in gleicher Weise leiden und sich abreagieren.

Beim **Aufsetzkoppen** beißt das Pferd fest in einen Gegenstand, z.B. die Futterkrippe oder eine Trennwand, während es die Luft abschluckt. Dadurch entstehen im Laufe der Zeit deutliche Veränderungen an den Schneidezähnen.

Das **Weben,** eine pendelnde Bewegung von Kopf und Vorderkörper, ist eine andere Form des Abreagierens motorischer Aktivität. Es wird von Extremfällen berichtet, die sich beim Weben bis zum vollständigen Ruin der Gliedmaßen und Abmagerung verausgabt haben.

Mir sind mehrheitlich Fälle bekannt, in denen das Pferd durch ein ständiges Hin- und Herpendeln mit dem Kopf und Vorderkörper die Vordergliedmaße eher physiologisch belastet – ähnlich wie beim Vorwärtsschreiten, nur eben auf der Stelle. In Umkehrung der bisherigen Hypothesen könnte man behaupten, daß aus bewegungsphysiologischer Sicht einem eingesperrten Pferd nichts besseres passieren kann, als daß es die fehlende kontinuierliche Schrittbewegung in Form des Webens imitiert.

Praktische Überlegungen in Sachen Nervensystem

Bisweilen muß ein Pferd vorübergehend ruhiggestellt werden. Vom **Sedieren** sollte nur Gebrauch gemacht werden, wenn vertrauensbildende Maßnahmen infolge Zeitmangel nicht erfolgversprechend sind. Bei Psychopharmaka gilt eine Grundregel: wenn ihr Einsatz unumgänglich ist, dann sollte man nicht kleckern, sondern klotzen. Ein für den Schmied oberflächlich sediertes Pferd wird eher richtig aufdrehen als klein beigeben. Für solche Fälle ist es wichtig, daß man die individuelle Reaktion des Tieres auf ein bestimmtes Medikament erkennt und berücksichtigt. Die intravenöse Injektion bewirkt einen schnellen Wirkungseintritt innerhalb weniger Minuten. Es erfordert vom Tierarzt viel Fingerspitzengefühl, die Medikamente und die Dosierung so zu wählen, daß das Stehvermögen – für Beschlag oder Transport – erhalten bleibt, das Pferd sich aber trotzdem willig behandeln, beschlagen oder verladen läßt.

In den meisten Stallapotheken befindet sich ein Tranquilizer, z.B. Vetranquil Granulat. Abgesehen von der arzneimittelrechtlichen Grauzone, die dadurch oft betreten wird, beobachtet man immer wieder, daß die Pferde auf höhere und noch höhere Gaben immer paradoxer reagieren und letztendlich vollkommen unberechenbar werden. Wenn mit vertretbaren Dosierungen die gewünschte Wirkung erzielt wird, ist dieses Vorgehen sicher sinnvoll. Wichtig ist, daß man sediert, *ehe* die Streßsituation beginnt. Ist die Widersetzlichkeit einmal da, wirken Beruhigungsmittel meist paradox.

Die **Nasenbremse** ist einer der wichtigsten Ausrüstungsgegenstände der Stallapotheke und des tierärztlichen Kofferraums. Früher hat man ihre Wirkung als Ablenkungsschmerz interpretiert. Dies ist falsch. Bei der Nasenbremse liegt eine nachweisbar eindeutige Akupunkturwirkung vor, die das Pferd tatsächlich sediert. Auf einen Schmerzreiz – und sei er noch so stark – wird ein Pferd immer mit exzessiver Abwehr oder Flucht reagieren. Anders bei der Nasenbremse: sie führt zur Freisetzung von sogenannten **Endorphinen,** das sind Substanzen, die der Körper zur Bekämpfung von Schmerzen selbst herstellt. Damit funktioniert die Nasenbremse nach dem Prinzip der Schmerzakupunktur. Sie hat auch einen verstärkenden Effekt auf eine medikamentöse Sedierung.

Es geschieht nicht selten, daß die Verbindung von leichter Sedierung und Nasenbremse ein Pferd zum spontanen Hinlegen bewegt. Bei schwierigen Pferden sollte man, wenn abzusehen ist, daß sie der geforderten Situation psychisch nicht gewachsen sind, sofort von der Nasenbremse Gebrauch machen. Pferde werden bei sachgerechtem Umgang mit der Nasenbremse nicht verdorben, sondern geschont. Sie erwachen aus ihrem Kurzzeitrausch erst dann, wenn der Spuk vorüber ist; eine negative Verknüpfung kann so gar nicht erst entstehen.

Keine Folter, sondern eine genial einfache Variante der Akupunktur: Das Pferd wirkt keinesfalls gequält. Schläfriger Blick, sinkende Herzfrequenz und leichter Blutdruckabfall beweisen, daß es sich um einen echten sedierenden Effekt handelt.

Infektionskrankheiten

Einige Infektionskrankheiten wurden schon bei der Besprechung der einzelnen Organsysteme erwähnt (Druse, Influenza, Herpes, Tollwut). Der Begriff »Infektionskrankheiten« soll hier unter dem Aspekt der Impfpraxis in Mitteleuropa betrachtet werden; außerdem werden einige nicht im Impfprogramm enthaltene, aber doch individuell oder wirtschaftlich besonders bedeutsame Infektionen erwähnt.

Grundbegriffe der Immunologie

Infektionserreger sind Viren, Bakterien, Pilze und Parasiten. Der Begriff »Infektion« ist nicht gleichbedeutend mit Erkrankung; vermutlich verläuft sogar die Mehrzahl aller Infektionen ohne Krankheit, also »stumm« oder »subklinisch«; oft bleibt das Tier nach der Genesung ein **Dauerausscheider,** der selbst keine Krankheitszeichen zeigt, aber ein ständiges Erregerreservoir für andere Mitglieder der Gruppe darstellt (z.B. bei der Salmonellose). Im Normalfall wird der Infektionserreger vom Erkennungsdienst des Körpers als Eindringling erkannt und enttarnt; der Organismus schickt als Abwehrzellen Leukozyten = weiße Blutkörperchen in das Krisengebiet (= zelluläre Abwehr) und versucht zusätzlich, durch Bildung und Einsatz von sogenannten Antikörpern den Eindringling unschädlich zu machen. Bildlich gesprochen handelt es sich bei den Antikörpern um Schutzvorrichtungen, die über die scharfen Angriffswaffen des Eindringlings gestülpt werden und diesen damit unschädlich machen. Man bezeichnet diesen Vorgang als **Antigen-Antikörper-Reaktion.**

Für die Praxis ist wichtig, daß der Organismus auch in der Lage ist, Antikörper zu bilden, wenn nicht der aggressive Erreger selbst, sondern ein abgeschwächter oder gar abgetöteter Erreger eindringt. Bildlich gesprochen heißt das, die Antigen-Antikörper-Reaktion läuft auch dann ab, wenn es sich bei den Waffen des Eindringlings lediglich um eine Schreckschußpistole handelt. Und genau das, nämlich Schreckschußpistolen, sind unsere **Impfstoffe.** Bei der Impfung werden dem Pferd abgetötete oder abgeschwächte Erreger verabreicht. Das Pferd reagiert mit der aktiven Bildung von Antikörpern – daher die Bezeichnung »aktive Immunisierung«.

Steht man sehr unter Zeitdruck, weil die Erkrankung schon ausgebrochen ist, so kann man vorgefertigte Antikörper verabreichen (= **passive Immunisierung**). Diese vorgefertigten Antikörper stammen von Tieren, die sozusagen im Auftrag für das erkrankte Tier Antikörper gebildet haben und zur Verfügung stellen. Die passive Immunisierung ist nicht so wirkungsvoll wie die aktive. Bildlich: die aktive Immunisierung verhindert das Feuer; die passive dient als Feuerlöscher.

Glücklicherweise hat der Körper ein **immunologisches Gedächtnis.** Bei einem erneuten Kontakt mit dem Erreger laufen die Abwehrreaktionen wesentlich schneller ab, denn die bei der Impfung zur Antikörperbildung angeregten Zellen sind sofort einsatzbereit. Das immunologische Gedächtnis ist trainiert. So ist verständlich, daß ein junger Organismus noch nicht die Immunkompetenz eines alten Organismus hat – deshalb gibt es auch so viele »Kinderkrankheiten«.

Neben der Immunität, die sich definitionsgemäß nur gegen einen bestimmten Erreger richtet, hat der Körper auch noch die Möglichkeit, sich mit Hilfe von **unspezifischen** Abwehrmechanismen gegen Eindringlinge aller Art zu wehren. Man nennt dies **Paramunität.** Dieses Abwehrprinzip hat in den letzten Jahren stetig an Bedeutung gewonnen. Die sogenannten **Paramunitätsinducer** bestehen – ähnlich den Impfstoffen – aus abgetöteten Viren, die in mehrfacher Hinsicht für den Impfling harmlos sind. Es handelt sich hierbei um eine Art Bodybuilding des Abwehrsystems. Der Vorteil der Paramunisierung liegt einerseits in der schonenden Abwehrsteigerung, andererseits in der breiten Fächerung der zu erwartenden Abwehr. Sogar bei virusbedingten Tumoren (z.B. Equines Sarkoid, siehe Seite 100), bei denen immunologische Mechanismen eine bedeutende Rolle spielen, werden Paramunitätsinducer erfolgreich eingesetzt.

Die Impfpraxis beim Pferd

Sie hat in den letzten Jahren einen erheblichen Wandel durchlaufen. In Mitteleuropa sind Impfungen gegen Tetanus (Wundstarrkrampf), Tollwut, Influenza- und Herpesinfektionen üblich.

Tetanus (Wundstarrkrampf)

Tetanus bedroht das Pferd mehr als jedes andere Haustier. Der Tetanuserreger kommt überall vor. Er dringt in kleinste Wunden ein, vermehrt sich dort rasch und produziert ein starkes Nervengift, das Tetanustoxin. Der Wundstarrkrampf fordert zahlreiche Opfer. In der Literatur werden Heilun-

Sägebockstellung, unbewegliche Ohren, Vorfall des dritten Augenlides (Nickhaut): typische Symptome für das qualvolle Endstadium der Tetanusinfektion. Eintrittspforte des Erregers war in diesem Fall die Verletzung am Sprunggelenk.

gen beschrieben; unter Praxisbedingungen bedeutet Tetanus aber meist den qualvollen Tod des Tieres. Es ist grob fahrlässig, ein Pferd nicht gegen Tetanus impfen zu lassen. Es existieren zwar Passiv-Hyperimmunsera, die aber meist zu spät kommen, da die oft winzigen Eintrittspforten – kleinste Wunden, auch im Zahnfleisch oder in der Darmschleimhaut – nicht erkannt werden können. *Die aktive Tetanusimpfung ist für das Pferd ein absolutes Muß!* Der Impfstoff ist vergleichsweise preiswert, die Immunität ist gut und hält lange an. Nach abgeschlossener Grundimmunisierung sind zweijährige Impfintervalle vollkommen ausreichend.

Tollwut

Tollwut ist eine auf alle warmblütigen Tiere übertragbare und immer tödlich verlaufende Infektion des Nervensystems. Wegen der großen Gefahr, die sie auch für den Menschen bedeutet, ist sie *anzeigepflichtig.* Die Gefahr für das Pferd ist – im Vergleich etwa zum Rind – eher gering, da ein Pferd einem Fuchs, der im Endstadium der Tollwut über die Weide torkelt, meist aus dem Weg geht. Daher treten Tollwutfälle beim Pferd nur sehr selten auf; die Bedrohung des Menschen durch ein tollwutkrankes Pferd ist also eher unwahrscheinlich.

Voraussetzung für das Zustandekommen einer Tollwut-Infektion ist das Eindringen von frischem Speichel eines erkrankten Tieres in die Blutbahn des gebissenen Tieres oder des Menschen. Deshalb ist ein Pflanzenfresser in der Regel bei der Verbreitung der Tollwut die Endstation. Um aber jedes Restrisiko zu eliminieren, gehört die Tollwutschutzimpfung selbstverständlich zum Impfprogramm des Pferdes dazu. Sie ist preiswert, und die Immunität hält lange an; trotzdem schreibt der Gesetzgeber jährliche Auffrischungen für den Nachweis des lückenlosen Impfschutzes vor.

Influenza

Die Pferdegrippe ist in mancher Hinsicht mit der Grippe des Menschen vergleichbar; auch die Erreger sind nahe verwandt. Leider funktioniert hier die Immunologie nicht mehr so vorbildlich wie bei Tetanus und Tollwut, denn der Influenzaerreger hat die Eigenschaft, des öfteren seine Struktur zu ändern. Deshalb muß ein Influenzaimpfstoff von Zeit zu Zeit aktualisiert werden. Die Immunität ist bei weitem nicht so deutlich ausgebildet wie bei den vorgenannten Erregern; hier ist immer nur ein relativer, niemals ein absoluter Impfschutz zu erwarten. Das bedeutet für die Praxis: Gerät ein korrekt gegen Influenza geimpftes Pferd unter sehr starken Infektionsdruck, so wird es unter Umständen doch erkranken; es durchläuft die Erkrankung aber mit wesentlich geringeren Komplikationen als seine ungeimpften Herdenkollegen. Nach abgeschlossener Grundimmunisierung sollte etwa alle 6 Monate nachgeimpft werden, damit der Impfschutz einigermaßen stabil bleibt.

Die Symptome der Influenza bestehen in teilweise hochfiebrigen Allgemein- und Atemwegserkrankungen; oft ist eine Influenza der Einstieg in eine chronische Bronchitis. Eine Influenza zieht auch Veränderungen im Blutbild mit langandauernder Leistungsschwäche nach sich.

Herpesviren

Diese Viren rücken in den letzten Jahren immer stärker in den Mittelpunkt des Impfgeschehens. Von besonderer Bedeutung sind das Equine Herpes-Virus (EHV) Typ 1 und Typ 4. Diese beiden Erreger werden einzeln oder im Zusammenspiel für drei unterschiedliche Verlaufsformen der Herpesinfektion verantwortlich gemacht:

- Der **Virusabort** ist nach wie vor eine der häufigsten Abortursachen oder Ursache für lebensschwache Fohlen. Wenn der Virusabort auftritt, sind alle tragenden Stuten eines Bestandes gefährdet. Bei konsequenter, d.h. halbjährlicher Impfung besteht eine weitgehende Belastbarkeit des Impfschutzes.
- Die **Atemwegsinfektionen** durch Herpesviren sind sehr häufig und verursachen wirtschaftlich sicherlich größere Schäden als der Virusabort. Es kommt dabei zu chronischer Besiedlung z.B. des Kehlkopfes mit Herpesviren. Beim nächsten Streß – und Streß lauert überall – melden sich die Herpesviren wieder, in diesem Fall als chronischer Kehlkopfkatarrh oder Follikulitis. Mischinfektionen mit Influenzaviren oder Bakterien machen die Erkrankung zu einer der wirtschaftlich bedeutendsten Erkrankungen beim Pferd überhaupt.
- **Die zentralnervöse Form** tritt selten, – aber mit offensichtlich zunehmender Tendenz auf, und

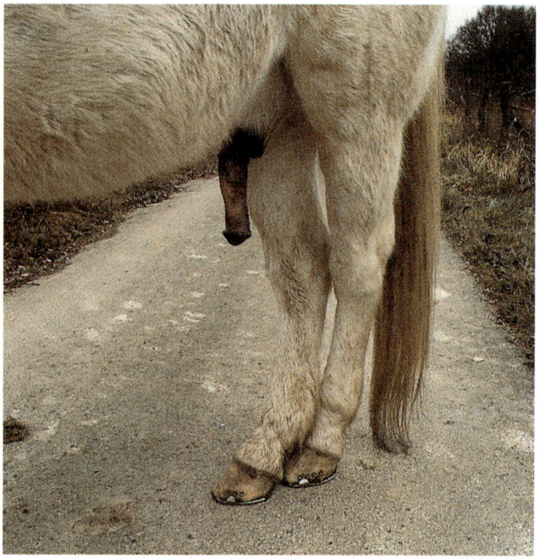

Schwanken und Ataxie der Hinterhand, in fortgeschrittenen Stadien. Mastdarm-, Penis- und Blasenlähmung charakterisieren die zentralnervöse Verlaufsform der EHV-Infektion.

sie verläuft meist dramatisch und tödlich. Zu Beginn dominieren kreuzverschlagähnliche Symptome; Mastdarm-, Penis- und Blasenlähmung und Wegbrechen der Hinterhand lassen oft schon vor Ort eine Verdachtsdiagnose zu.

Herpesviren sind schlechte Antikörperbildner. Deshalb ist die Immunisierung aufwendig und teuer, und es sind Aussetzer zu befürchten. Verschiedene Untersuchungen belegen aber, daß die Impfung unterm Strich doch wirtschaftlich ist.

Influenza- und Herpesimpfstoffe gibt es von verschiedenen Herstellern einzeln und in Kombination. Ein zur Zeit aktueller Impfstoff ist z. B. Resequin plus. Dieser Impfstoff vereint drei Influenzastämme, zwei Reovirusstämme (Reoviren sind ebenfalls Erreger von Atemwegsinfektionen) sowie die EHV-Typen 1 und 4. Resequin wurde seit seiner Einführung Anfang der achtziger Jahre kontrovers diskutiert. Bei einem so breit angelegten Erregerspektrum mit so unterschiedlichen immunologischen Anforderungen kann ein solcher Impfstoff naturgemäß nur ein Kompromiß sein. Die Mehrzahl der Impf-Aussetzer entstand und entsteht durch Abweichen vom Impfschema. Wer aus Kostengründen die Impfintervalle streckt, darf die unzureichende Immunitätsausbildung nicht dem Impfstoff anlasten.

Abseits des hier skizzierten Impfprogrammes wird der Pferdehalter von Zeit zu Zeit mit einigen anderen Infektionskrankheiten konfrontiert, bei denen aber eine Impfprophylaxe nicht möglich oder wenig erfolgversprechend ist.

Andere Infektionskrankheiten

Für die »**Fohlenlähme**« stehen nach wie vor Passivimpfstoffe zur Verfügung, deren Wirkung jedoch umstritten ist. Ein gefährdetes Fohlen (z. B. bei unzureichender Biestmilchaufnahme) sollte besser mit einem Paramunitätsinducer behandelt werden.

Gegen **Druse** kann man aktiv immunisieren. Da die Druse aber vermutlich eine bakterielle Folgeerkrankung von Virusinfektionen ist, gilt es primär, diese zu verhindern. Die Druse (Erreger: *Streptococcus equi*) hat im Zeitalter der Antibiotika viel von ihrem Schrecken verloren.

Weitgehend hilflos wird man bei seltenen, aber sehr dramatisch verlaufenden Fällen von **Botulismus** sein. Der Erreger ist dem des Tetanus ähnlich; auch in den Symptomen besteht Ähnlichkeit. Das Botulinustoxin ist das stärkste aller bekannten Gifte – chemische Kampfgifte eingeschlossen. Die Übertragung des Toxins erfolgt durch Aufnahme von Futter, das mit Tierkadavern oder Exkrementen verunreinigt ist.

Die **Infektiöse Anämie** ist dem normalen Pferdehalter bestenfalls als Ärgernis beim Grenzübertritt begegnet. Obwohl die Erkrankung in Mitteleuropa so gut wie nicht auftritt, wird an vielen innereuropäischen Grenzen der sogenannte Coggins-Test verlangt. Die vereinzelt bei uns auftretenden Fälle stehen immer in direktem Zusammenhang mit Pferdeimporten aus Osteuropa. Der Verlauf ist akut bis chronisch; Hauptsymptom ist die Blutarmut.

Die **Bornasche Krankheit** hat ihren Namen von der sächsischen Stadt Borna, wo sie erstmalig in größerem Umfang auftrat. Es handelt sich um eine Virusinfektion, die hochansteckend ist. Neben dem Pferd sind auch Schafe und Ziegen gefährdet; von diesen ausgehend kann u. U. auch eine Infektion des Pferdes erfolgen. Das Virus wird mit Urin und Sekreten ausgeschieden; die Infektion erfolgt über die Schleimhäute des Atmungsapparates. Die Symptome sind vielgestaltig und von denen anderer Erkrankungen des Zentralnervensystems kaum zu unterscheiden: Fieber, Apathie, später Ataxien und Manegebewegungen; schließlich kommt es zu vollständiger Lähmung und Festliegen. Die Sterblichkeit liegt bei fast 95 %.

Da vom Zeitpunkt der Infektion bis zum Auftreten erster Symptome ein Jahr und mehr vergehen kann, ist es im Einzelfall schwierig, die Infektion zurückzuverfolgen. Weder eine vorbeugende Impfung noch eine Behandlung sind möglich. Beruhigend ist lediglich die Tatsache, daß die Bornasche Krankheit im deutschsprachigen Raum beim Pferd äußerst selten auftritt. Bis vor wenigen Jahren waren einige Fälle in Bayern und Sachsen bekannt; neuerdings werden auch Einzelfälle weiter im Norden beobachtet. Aus noch nicht geklärten Gründen tritt die Erkrankung gebietsweise gehäuft auf.

Die **Afrikanische Pferdepest** ist eine Virusinfektion, die sich in den letzten Jahren im Süden Spaniens etabliert hat und so auch für Mitteleuropa bedeutsam werden könnte. Ihre Übertragung erfolgt aber nur durch bestimmte Insektenarten, so daß das Verbreitungsgebiet dieser heimtückischen Erkrankung auf das Verbreitungsgebiet der entsprechenden Insekten beschränkt ist.

Vergiftungen

Das Pferd ist sehr empfindlich gegenüber Giftstoffen (= Toxinen), gleich ob sie von außen zugeführt werden (= Exotoxine, Ektotoxine) oder im Körper selbst durch Bakterien oder Zerfallsprodukte von Zellen gebildet werden (= Endotoxine). So ist es nicht verwunderlich, daß das Pferd schon bei geringen Mengen eines Toxins Ausfallserscheinungen zeigt.

Bei den in der Praxis bedeutsamen Vergiftungen handelt es sich fast ausnahmslos um Giftstoffe, die oral aufgenommen werden. Der Begriff »Giftpflanze« ist leider etwas irreführend, da viele Pflanzen, die mit dem Futter aufgenommen werden, erst in größeren Mengen Schaden anrichten. Die Grenze zwischen echter Giftpflanze und Schadpflanze ist oft nicht exakt zu ziehen.

Wichtig ist, daß die Mehrzahl aller Vergiftungen nicht durch die normale Aufnahme giftiger Pflanzen auf der Weide hervorgerufen wird. Vielmehr ist es in der Regel Schnittgut von *Taxus*- oder *Thuja*-Hecken oder eine Schadpflanze im Heu. Offensichtlich verlieren die Schadpflanzen durch den Schnitt eine Warnfunktion und werden deshalb gefressen, oder das Schneiden der Pflanze macht diese für das Pferd besonders attraktiv. Jeder kennt das Beispiel von der (allerdings harmlosen) Brennessel: Das Pferd meidet sie, solange sie steht; unmittelbar nach dem Schnitt wird sie mit Begeisterung gefressen. Alle unerklärlichen Todesfälle, Koliken oder Abortfälle sind prinzipiell verdächtig für die Aufnahme von Gift- oder Schadpflanzen.

In unseren Breiten die gefährlichste Pflanze für das Pferd: Die Eibe (Taxus). An den roten Beeren ist sie unschwer zu erkennen. Ansonsten kann der Laie sie u. U. mit anderen Nadelhölzern verwechseln.

Giftpflanzen

Eibe *(Taxus baccata)*

Die *Taxus*-Vergiftung spielt qualitativ und quantitativ beim Pferd vermutlich die wichtigste Rolle unter den durch Pflanzen hervorgerufenen Vergiftungen. Die tödliche Dosis liegt bei etwa 100 bis 200 Gramm der Pflanze. Der Verlauf ist perakut; das Pferd verendet in der Regel, ehe irgendeine Hilfe wirksam werden kann.

Die Symptome sind vielfältig und unspezifisch: Kreislaufbeschwerden, Schweißausbruch, Zittern, Schwanken, Krämpfe, Kollaps; schließlich Tod durch Herzversagen. Spezifische Behandlungsmöglichkeiten gibt es nicht.

Immer wieder wird gefordert, im Verdachtsfall durch Magenspülungen und Abführmittel die Giftresorption zu verhindern – beide Maßnahmen stellen allerdings ihrerseits Belastungen für den ohnehin stark gestreßten Kreislauf dar. Gerade bei der enormen Schnelligkeit der *Taxus*-Vergiftung kommen diese Maßnahmen meist ohnehin zu spät.

Lebensbaum *(Thuja occidentalis)*
Er trägt seinen Namen nicht zu recht. Vergiftungen geschehen auch hier fast ausschließlich durch schlampig entsorgtes Schnittgut. Der Verlauf ist weniger dramatisch als bei der *Taxus*-Vergiftung, denn die tödliche Dosis ist erheblich größer. Da selbst mancher Fachmann die giftigen *Thuja*-Arten nicht von den weniger schädlichen Wacholder- und Zypressenarten unterscheiden kann, sollten Pferde besser um alle diese Gewächse einen großen Bogen machen.

Robinie
(»Falsche Akazie«, *Robinia pseudoacacia***)**
Sie sorgt regelmäßig für Verwirrung, weil unter dem Stichwort »Akazie« in den Giftbüchern nichts zu finden ist. Die Echte Akazie ist ein Gewächs des Mittelmeerraumes; bei uns bezeichnet man meist die »Falsche Akazie« (Robinie) als Akazie – und genau die ist giftig. Vergiftungen treten auf, wenn Pferde im Sommer den Schatten einer Robinie aufsuchen und aus Langeweile an den Zweigen nagen oder die Rinde der beliebten – weil sehr haltbaren – Akazienpfähle abfressen. Symptome: Schwanken, Zittern, Schweißausbruch, Kolikanzeichen.

Sumpfschachtelhalm *(Equisetum palustre)*
Er wird vom Pferd üblicherweise gemieden. Vergiftungen treten nur auf, wenn er als Beimengung im Heu zu finden ist. Er enthält ein Enzym, welches das Vitamin B_1 zerstört. Bei langsamem Verlauf kann man durch hohe Vitamin B_1-Gaben den Verlauf der Krankheit stoppen. Ähnliches gilt für den Adlerfarn *(Pteridium aquilinum).*
Weitere giftige Pflanzen sind die Herbstzeitlose *(Colchicum autumnale),* das Jakobs-Kreuzkraut *(Senecio jacobea),* der Buchsbaum *(Buxus sempervirens)* und der Goldregen *(Cytisus laburnum).*

Hinweis: Die hier erwähnten Schadpflanzen sollte jeder Pferdehalter auf Anhieb erkennen. Dies lernt man nicht aus Büchern, sondern ausschließlich durch Nachfragen, Üben und Wiederholen. Vergiftungssymptome sind wenig spezifisch; die Behandlung basiert daher meist auf einer vorläufigen Verdachtsdiagnose.

Vergiftungen durch chemische Stoffe

Stellvertretend für die große Gruppe chemischer Giftstoffe soll hier die Phosphorsäureester-Vergiftung angesprochen werden. Drei Gründe sprechen dafür:
- die Phosphorsäureester werden noch relativ häufig als Insektizide in der Landwirtschaft verwendet;
- sie sind Bestandteil verschiedener Wurmkuren für Pferde, was im Falle versehentlicher Überdosierungen fatale Folgen hat;
- es gibt – eine der wenigen Ausnahmen – ein spezifisches Gegengift.

Die Symptome bestehen in Speicheln, Atemnot, Unruhe und Übererregbarkeit. Die Pupille ist verengt, Koliken und starke Krämpfe treten hinzu. Die Bronchien verengen sich, das Atemzentrum wird gelähmt; der Tod tritt als Folge völliger Erschöpfung ein. Das klassische Gegengift ist das Atropin, das Gift der Tollkirsche *(Atropa belladonna).* Im Hinblick auf die geringe therapeutische Sicherheit ist bei der Verwendung phosphorsäureesterhaltiger Wurmkuren bei der Dosierung Vorsicht geboten; insbesondere sollte das Körpergewicht möglichst exakt geschätzt werden.
Die Palette chemischer Giftstoffe ist riesig und wächst ständig. Gerade die chronische Toxizität bei Langzeiteinwirkung oder -anwendung bereitet den Toxikologen Kopfzerbrechen. Vorsätzlich herbeigeführte Vergiftungen im kriminalistischen Sinn sind extrem selten. Ein derart geäußerter Verdacht belastet nur nachbarschaftliche Beziehungen. Nur in etwa einem von hundert Verdachtsfällen kann letztendlich ein Giftnachweis geführt werden.

Hinweis: Der Toxikologe kann immer nur für eine bestimmte Substanz eine ja/nein-Aussage machen. Eine generelle Diagnose »Vergiftung« gibt es nicht. Vor Gericht verwertbare toxikologische Gutachten sind sehr aufwendig und teuer.

Tiermedizin und Recht

Pferdehalter, Reiter und Tierarzt werden in zunehmendem Maße in juristische Auseinandersetzungen hineingezogen. Ursachen sind der steigende materielle und ideelle Wert der Pferde einerseits, die zunehmende und durch Rechtschutzversicherungen geschürte Prozessierfreudigkeit der Pferdebesitzer andererseits.

Ankaufsuntersuchung

Es ist immer wieder verwunderlich, mit welcher Blauäugigkeit viele unerfahrene Pferdekäufer ein Pferd erwerben – um nicht zu sagen, sich aufschwatzen lassen. Ein paar Beispiele aus der unseriösen Trickkiste:

- Der Verkäufer strebt danach, daß die Tochter des Käufers sich in das Pferd verliebt. Damit ist der Kauf so gut wie perfekt.
- »Wenn ihr das Pferd nicht wollt, geht es zum Schlachter.«
- Unhaltbare und irrelevante Versprechungen bezüglich Abstammung, Körchancen, Turnierzukunft etc.

Im Pferdehandel ist es wie in jedem anderen Gewerbe auch: einige wenige schwarze Schafe rücken die gesamte Zunft in ein schlechtes Licht. Der seriöse Händler und Züchter weiß, daß nur ein zufriedener Kunde Werbung macht und mit großer Wahrscheinlichkeit sein nächstes Pferd auch bei ihm kauft.

Der Tierarzt bietet beim Kauf eines Pferdes seine Hilfestellung in Form einer Ankaufsuntersuchung an. Ab einem gewissen Handelswert ist diese beinahe selbstverständlich; andererseits ist sie bei Pferden, die um den Schlachtpreis gehandelt werden, sicher entbehrlich. Für den Tierarzt bedeutet die Ankaufsuntersuchung oft eine Gratwanderung auf dem schmalen Pfad zwischen kleinlicher Fehlersuche einerseits und allzu großzügiger Befundinterpretation andererseits. Ein Pferd ohne jeglichen Fehler wird man schwerlich finden; es bleibt dann weitgehend dem Tierarzt überlassen, ob er einen Fehler als wesentlich einstuft und somit vom Kauf abrät oder ob er ihn als Bagatellfehler betrachtet.

Wird ein Tierarzt in die Vertragsabwicklung eingeschaltet, so sollte man folgende Punkte berücksichtigen:

1. Alle Vereinbarungen werden **schriftlich** getroffen und unterschrieben. Mündliche Verträge sind zwar auch rechtswirksam, es wird im Streitfall aber nie gelingen, vor Gericht zweifelsfrei nachzuweisen, wer wann was gesagt hat.
2. Es ist sinnvoll, wenn der Käufer den Auftrag zur Untersuchung des Pferdes erteilt. Damit besteht zunächst nur zwischen Käufer und Tierarzt ein Vertragsverhältnis; dies ist im Streitfall für beide Parteien günstiger, da der Käufer mit Sicherheit nur einen Tierarzt seines Vertrauens mit der Untersuchung beauftragt.
3. Alle Befunde werden schriftlich protokolliert und in Anwesenheit aller beteiligten Parteien besprochen. So läßt sich manches Mißverständnis vermeiden. Der Tierarzt darf weder als Verkaufsförderer noch als Verhinderer fungieren.
4. Der Umfang der Ankaufsuntersuchung wird zu Beginn weitgehend festgelegt; weitergehende Untersuchungen können angefügt werden, wenn es gute Gründe dafür gibt (z. B. Röntgenaufnahmen bei verdächtigem Ausfall der Beugeprobe).

5. Die Ankaufsuntersuchung ist rechtlich gesehen ein Werkvertrag mit einer Gewährleistung von 30(!) Jahren, also etwa der doppelten statistischen Lebenserwartung eines Pferdes. Vor diesem Hintergrund wird verständlich, daß der Tierarzt gerade bei der Befundinterpretation übervorsichtig sein muß und deshalb im Zweifelsfall lieber vom Kauf abraten wird. Es ist rechtlich möglich und auch üblich, diese unsinnig lange Gewährleistung auf z. B. sechs Monate zu verkürzen. Ein anderer Weg, diesen Schleudersitz zu entschärfen, ist der Kauf auf Probe. Wenn der Kauf z.B. an einer Atemwegserkrankung des Pferdes zu scheitern droht, kann der Verkäufer eine frei zu vereinbarende verlängerte Probezeit gewähren. Nach deren Ablauf wird das Pferd erneut untersucht und abschließend beurteilt.
6. Ankaufsuntersuchungen müssen oft herhalten, um den Kaufpreis zu erhöhen oder zu drücken. Es ist nicht Aufgabe des Tierarztes, sich über die Preiswürdigkeit eines Pferdes zu äußern, sondern lediglich über dessen aktuellen Gesundheitszustand.
7. Je aufwendiger eine Ankaufsuntersuchung ausfällt (Röntgen, Labor), desto größer ist die Wahrscheinlichkeit, daß ein kaufverhindernder Mangel entdeckt wird. Umfang der Ankaufsuntersuchung und Kaufpreis des Pferdes sollten in einer vernünftigen Relation stehen.

In vielen Köpfen spuken noch die **Gewährsmängel** der Kaiserlichen Verordnung von 1899. Tatsache ist, daß diese Mängelliste heute keinem Pferdekäufer auch nur ein bißchen Rechtssicherheit gibt, weil die dort erwähnten Mängel entweder heute nicht mehr relevant oder unzureichend definiert sind. Wird ein Pferd ohne weitere Absprache (z.B. per Handschlag) gekauft, so hat der Käufer ein Anrecht auf Rückgängigmachung (*nicht* Preisnachlaß) des Kaufes, wenn einer der folgenden Mängel festgestellt wird:

- **Rotz** (tritt heute in Mitteleuropa nicht mehr auf).
- **Dummkoller** (ist nur sehr unzureichend definiert als zentralnervöse Erkrankung mit Bewußtseinstrübung; die wesentlich häufigere Spinale Ataxie fällt beispielsweise nicht unter diesen Begriff).
- **Koppen** (ist nicht so gefährlich wie früher angenommen).
- **Kehlkopfpfeifen** (ist heute teilweise operabel; oft resultiert auch keine Leistungsminderung daraus, es handelt sich dann lediglich um eine unästhetische akustische Begleiterscheinung bei der Atmung).
- **Periodische Augenentzündung,** also eine entzündliche Erkrankung der inneren Teile des Augapfels (die Mehrzahl der heute beobachteten Sehstörungen ist allerdings auf Verletzungen des Augapfels zurückzuführen und somit kein Gewährsmangel).
- **Dämpfigkeit** (ist sehr vielseitig definiert als unheilbare chronische Atembeschwerde; auch bestimmte Herzerkrankungen stellen rechtlich gesehen den Tatbestand der Dämpfigkeit dar).

Ein Gewährsmangel muß binnen 14 Tagen nach dem Kauf beim Verkäufer angezeigt werden.

Wie man sieht, resultiert aus den Hauptmängeln der Kaiserlichen Verordnung für unsere Verhältnisse kein hinreichender Schutz. Die beiden größten Problemkreise aus dem Bereich der Ankaufsuntersuchung, nämlich im orthopädischen Bereich die Hufrollenerkrankung (Podotrochlose) oder der Spat und aus dem Bereich der Inneren Medizin die Chronisch Obstruktive Bronchitis (COB) finden hierin keinen oder nur unzureichenden Niederschlag. Wer sich auf die Gewährsmängel verläßt, ist schnell verlassen.

Versicherungen

Die **Haftpflichtversicherung** ist für jedes Pferd ein absolutes Muß; wer sein Pferd hin und wieder verleiht, sollte auch an eine Versicherung des **Reitrisikos** denken. Ob sich eine **Tierkrankenversicherung** rechnet, muß im Einzelfall entschieden werden.

Für wertvolle Zuchttiere kommt eine **Zuchttauglichkeitsversicherung** in Betracht. Eine **Weidetierdiebstahlversicherung** ist vergleichsweise preisgünstig und läßt sich für einen geringen Mehrbetrag um das Risiko **Tod durch Blitzschlag** erweitern.

Tierschutzgesetz

Das Tierschutzgesetz gibt Rahmenbedingungen für den Umgang mit Tieren, die eigentlich für jeden Tierfreund ohnehin selbstverständlich sein sollten. Wenn auch hier und da gummiartige Formulierungen wie »zumutbar« oder »auf das unbedingt notwendige Maß« auftauchen, so schafft es doch insgesamt einen brauchbaren Rahmen für tierschützerisches Handeln. Für den Pferdehalter sind insbesondere Empfehlungen der Deutschen Reiterlichen Vereinigung (FN) oder der Tierärztlichen Vereinigung für Tierschutz e. V. von Interesse; hier werden zum Teil recht detaillierte Empfehlungen für Räumlichkeiten, Nutzung, Fütterung etc. gegeben.

Tierseuchengesetz

Das Tierseuchengesetz sollte zumindest vom Prinzip her dem Reiter bekannt sein. Es unterscheidet **anzeigepflichtige** und **meldepflichtige** Krankheiten.

Anzeigepflichtig sind zur Zeit beim Pferd folgende Erkrankungen:

- Tollwut
- Rotz (in Mitteleuropa unbedeutend)
- Infektiöse Anämie (tritt sporadisch bei Importpferden auf)
- Afrikanische Pferdepest (in Europa auf Spanien beschränkt)
- Beschälseuche (in Europa z. Zt. ohne Bedeutung)

Wesen der anzeigepflichtigen Erkrankungen ist, daß jeder, der über einschlägige Sachkunde verfügt, diese Erkrankungen bei der Ordnungsbehörde melden *muß;* auch der Verdacht ist schon anzeigepflichtig. Bei diesen Erkrankungen ist eine Behandlung verboten; ihre Bekämpfung ist eine hoheitliche Aufgabe und muß durch das Veterinäramt erfolgen.

Meldepflichtig sind

- Bornasche Krankheit (eine Infektion des Zentralnervensystems)
- CEM (ansteckende Gebärmutterentzündung)
- Listeriose
- Leptospirose

Da die genannten Erkrankungen meist nur vom Fachmann und nur durch gezielte Untersuchungen nachgewiesen werden können, ist der meldepflichtige Personenkreis eingeschränkt auf die Personen, die von der Erkrankung Kenntnis haben.

Bei meldepflichtigen Erkrankungen sind Behandlungsversuche erlaubt.

Haftung des Tierarztes

Der Vertrag zwischen Tierarzt und Halter kommt durch schriftliche oder mündliche Absprache, aber auch durch stillschweigendes Einverständnis zustande. Der Tierarzt schuldet in Diagnostik und Therapie eine Leistung, die sich am aktuellen Stand der medizinischen Wissenschaft orientiert. Daran mißt sich auch das Maß der erforderlichen Sorgfalt. Der Tierarzt ist in diesem Zusammenhang z. B. gehalten, sich durch ständige Weiterbildung auf dem laufenden zu halten. Die Haftung des Tierarztes beschränkt sich demzufolge auf schuldhaftes Tun; dabei ist es unerheblich, ob er grob oder leicht fahrlässig handelt; Vorsatz dürfte kaum in Betracht kommen. Unterläuft dem Tierarzt in diesem Rahmen ein Fehler, durch den jemand anderes geschädigt wird, so ist er dafür haftbar. Früher wurde dies als »Kunstfehler« bezeichnet; vielleicht spricht man heute dem Tierarzt die künstlerische Veranlagung ab und spricht deshalb von »Behandlungsfehler«. In aller Regel ist ein Tierarzt berufshaftpflichtversichert. Dem Tierhalter muß aber klar sein, daß sein Pferd kein Auto ist, das repariert wird, sondern ein biologisch reagierendes Wesen. Ein ausbleibender Therapieerfolg ist nicht automatisch der Beweis für ein fehlerhaftes Handeln des Tierarztes. Das Honorar des Tierarztes ist auch kein Erfolgshonorar: Für die Bemessung des tierärztlichen Honorars ist einzig und allein die Gebührenordnung für Tierärzte (GOT) maßgeblich. Wenn wirklich einmal ernste Differenzen in der Wertschätzung der tierärztlichen Leistung bestehen, versucht die Tierärztekammer vermittelnd zu helfen.

Töten und Tierkörperbeseitigung

Das Sterben wird in unserem Kulturkreis immer noch tabuisiert – dies gilt für Mensch und Tier gleichermaßen. Dubiose Sterbehilfeorganisationen für Menschen einerseits – Schlachtviehtransporte quer durch Europa andererseits: wir tun uns schwer mit der letzten Entscheidung.

Was die Praxis des Tötens von Pferden angeht, muß zunächst entschieden werden, ob das Fleisch des Tieres verwertet werden soll. Dann kommt nur die Schlachtung beim Pferdemetzger in Betracht; in Sonderfällen, wenn z. B. tierschutzrechtliche Aspekte einen Transport verbieten, kann sie auch als Notschlachtung vor Ort erfolgen. Eine Schlachtung kommt nur in Frage, wenn das Tier keine Zeichen einer Allgemeinerkrankung zeigt und nicht mit wartezeitpflichtigen Medikamenten behandelt wurde. Der wirtschaftliche Erlös einer Schlachtung wird häufig überschätzt: ein nicht zu altes, schweres Warmblutpferd wird kaum 1000 DM bringen, und ein altes, verfettetes Pony hat nicht einmal mehr einen Schlachtwert. Die Notschlachtung reduziert den Erlös nochmals.

Viele Pferdehalter sehen in ihrem Pferd nur so lange ihren besten Freund, wie es gesund und reitbar ist. Was danach kommt, ist offensichtlich egal. Ein oft tagelanger Transport in ausländische Schlachthäuser – wo Pferdefleisch höher gehandelt wird – ist die Folge. Dabei hat jeder Pferdehalter es selbst in der Hand, diesen Transporten und Praktiken das Wasser abzugraben. Es gibt bei uns genügend seriöse Pferdemetzger, bei denen das Pferd bis zum letzten Augenblick in Anwesenheit einer Vertrauensperson fair behandelt wird. Oft wird behauptet, ein Pferd »rieche« den bevorstehenden Tod im Schlachthaus. Ich glaube, es ist eher eine Frage des Vertrauens und der Bindung an den Menschen, ob und wie einem das Pferd folgt – gleichgültig ob es sich um das Verladen auf den Hänger, den Sprung über ein Hindernis oder den Gang ins Schlachthaus handelt.

Soll das Pferd lediglich getötet und nicht verwertet werden, hat man mehr Handlungsspielraum. Bei chronisch kranken oder altersschwachen Tieren vereinbart man vorzugsweise mit der zuständigen Tierkörperbeseitigungsanstalt einen Termin. Das Pferd wird dann unmittelbar vor dem Termin getötet. Es wird an einer Stelle getötet, die für den LKW erreichbar ist. Bisweilen ist auch vorgeschrieben, daß die Hufeisen entfernt werden. Die Abholung ist kostenfrei oder mit geringen Kosten verbunden.

Das Töten kann auf zweierlei Art erfolgen: durch Erschießen oder durch Einschläfern. Beide Methoden bergen Risiken in sich. Ich halte die handwerklich korrekte Durchführung des Tötens zum richtigen Zeitpunkt für einen wesentlichen, wenn nicht den wesentlichsten Bereich tierärztlichen Tuns.

Für das Erschießen spricht zunächst die rein rationale Überlegung, daß das Gehirn als Empfangsorgan von Schmerzimpulsen zerstört ist, ehe infolge verzögerter Reizleitung der Schmerzimpuls des eindringenden Projektils eintrifft. Diese kühne Gedankenkonstruktion kann man weder beweisen noch widerlegen. Ein weiteres Argument für das Erschießen sind die geringen Kosten. Gegen das Erschießen spricht die rechtliche Grauzone, die der Gebrauch einer Schußwaffe in diesem Zusammenhang schafft: Ein Jäger darf seine Jagdwaffe – auch Kurzwaffe, also Revolver oder Pistole – nur zur Jagdausübung einsetzen; ein Sportschütze darf dies nur in Ausübung seines Schießsports auf einem Schießstand. Beide Personengruppen müßten also vom Prinzip des rechtfertigenden Notstandes Gebrauch machen. Ein Handeln im Sinne des Tierschutzes ist mit Sicherheit

gegenüber dem Jagdrecht das höherwertige Rechtsgut.
Als Variante des Erschießens kommt das Töten mit dem Bolzenschußapparat in Betracht. Er unterliegt keiner waffenrechtlichen Beschränkung. Das Tier wird aber definitionsgemäß damit nur betäubt; der Tod tritt durch Entbluten ein. Unterläßt man das Entbluten, treten u. U. noch sehr lange (10 Minuten) starke Reflexe auf. Über das Maß der Bewußtseinsausschaltung läßt sich nicht viel sagen. In meinen Augen ist der Bolzenschuß ein Notbehelf.
Das Einschläfern erfolgt durch schnelle intravenöse Injektion einer größeren Menge eines Barbiturates oder einer eigens dafür entwickelten Substanz, die eine sofortige Narkose, Herz- und Atemstillstand und Muskelerschlaffung herbeiführt. Die Injektion darf keinesfalls unterbrochen werden. Gegebenenfalls muß das Pferd vorher sediert oder mit der Nasenbremse fixiert werden. Die Komplikationsrate ist gering, wenngleich man immer wieder von Zwischenfällen hört, die nicht geeignet sind, diese Art des Tötens populärer zu machen.
Für den beteiligten Tierbesitzer ist die komplikationslos verlaufende Euthanasie nach meinen Beobachtungen die am wenigsten belastende Methode. Es ist ein lautloser, schmerzfreier und in seinem Ablauf natürlicher Tod im extremen Zeitraffertempo.
Es gibt für jede Art des Tötens und Schlachtens Argumente und Gegenargumente. Der Tierbesitzer sollte sich beizeiten über seine Vorstellungen Gedanken machen – nicht erst, wenn im akuten Notfall eine Entscheidung in wenigen Minuten gefordert ist. Wer glaubt, mit diesen Entscheidungen überfordert zu sein, soll eine Person seines Vertrauens damit beauftragen. Dies ist ein Gebot der Fairneß dem Pferd gegenüber.
Eine wichtige Entscheidungshilfe ist die Tatsache, daß ein Tier keinen Zeitbegriff hat. Es ist unter diesem Gesichtspunkt besser, ein altes oder krankes Tier einen Monat zu früh zu töten als eine Stunde zu spät.

Notfallapotheke und Erstversorgung

Hinter der Bezeichnung »Stallapotheke« verbirgt sich leider nur allzu oft ein diffuses Sammelsurium alter, meist abgelaufener Medikamente, einige unbrauchbare Binden und Bandagen und im Idealfall etwas Isolierband. Tatsache ist: Eine sinnvoll ausgestattete Stallapotheke enthält nur wenige, aber sehr wichtige Materialien und Medikamente. Schließlich geht es nur darum, die Erstversorgung schwerer Verletzungen zu gewährleisten. Wer es sich aber zutraut, kann darüber hinaus auch Bagatellverletzungen ohne tierärztlichen Rat behandeln.

Die Stallapotheke

In die Stallapotheke gehört folgendes:

1. Nasenbremse
Verletzte Pferde befinden sich in einem psychischen Ausnahmezustand. Um eine Verletzung genauer inspizieren zu können, ist eine Ruhigstellung (siehe Seite 106) mittels Nasenbremse die geeignete Methode.

2. Stauschlauch
Bei stark spritzenden arteriellen Blutungen an den Gliedmaßen muß die Gliedmaße oberhalb der Blutungsstelle abgebunden werden. Gut geeignet sind elastische Gummibinden (Expanderriemen).

3. Sterile Wundauflagen und elastische Binden in größerer Menge
Sie werden für die provisorische Wundabdeckung oder auch für den Druckverband benötigt. Selbsthaftende Binden sind eine große Erleichterung.

4. Wunddesinfektionsmittel
Blauspray hat mehrere Nachteile: Das zischende Geräusch irritiert die Pferde; die Kälte schmerzt. Wesentlicher ist allerdings, daß insbesondere tiefreichende Stich- oder Taschenwunden nur oberflächlich »blau lackiert« werden – zur Beruhigung des Besitzers. Mit einer korrekten Wundversorgung hat dies nichts zu tun. Wer einmal die kor-

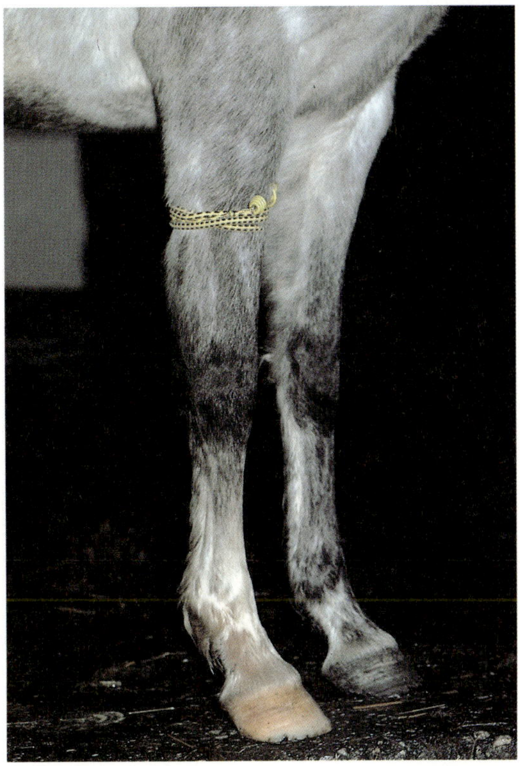

So wird eine starke Blutung der Gliedmaße mit dem Stauschlauch abgebunden (Expanderriemen). Notfalls reicht ein Strick, der geknebelt wird.

rekte chirurgische Versorgung einer Wunde miterlebt hat, wird einsehen, daß jede Art von Oberflächendesinfektion Etikettenschwindel ist. Was nützt die blaue Farbe im Fell, wenn in 10 cm Tiefe Sand und Torf fröhliche Urständ feiern? Zur Oberflächendesinfektion haben sich gut hautverträgliche Lösungen oder Salben (z. B. Betaisodona, Rivanol o. ä.) bewährt.

5. Phonendoskop (auch Stethoskop oder einfach Hörrohr genannt)

Es zählt zwar zu den Insignien des Tierarztes, ist aber für viele aufschlußreiche Beobachtungen auch durch den Laien unentbehrlich. Der Umgang will geübt sein; es ist aber für den Tierarzt sehr hilfreich, wenn man ihm während der Nachtwache Puls- und Atemfrequenzen protokollieren oder über die Entwicklung der Darmgeräusche Auskunft geben kann. Darüber hinaus ist es für jeden Distanzreiter obligatorischer Ausrüstungsgegenstand.

6. Das Fieberthermometer

Es wird mittels Schnur und Wäscheklammer gegen Verschwinden im Mastdarm gesichert (siehe Seite 14). Fieberschübe und Überhitzungen bei großen Anstrengungen können ermittelt werden, ehe der Tierarzt eintrifft.

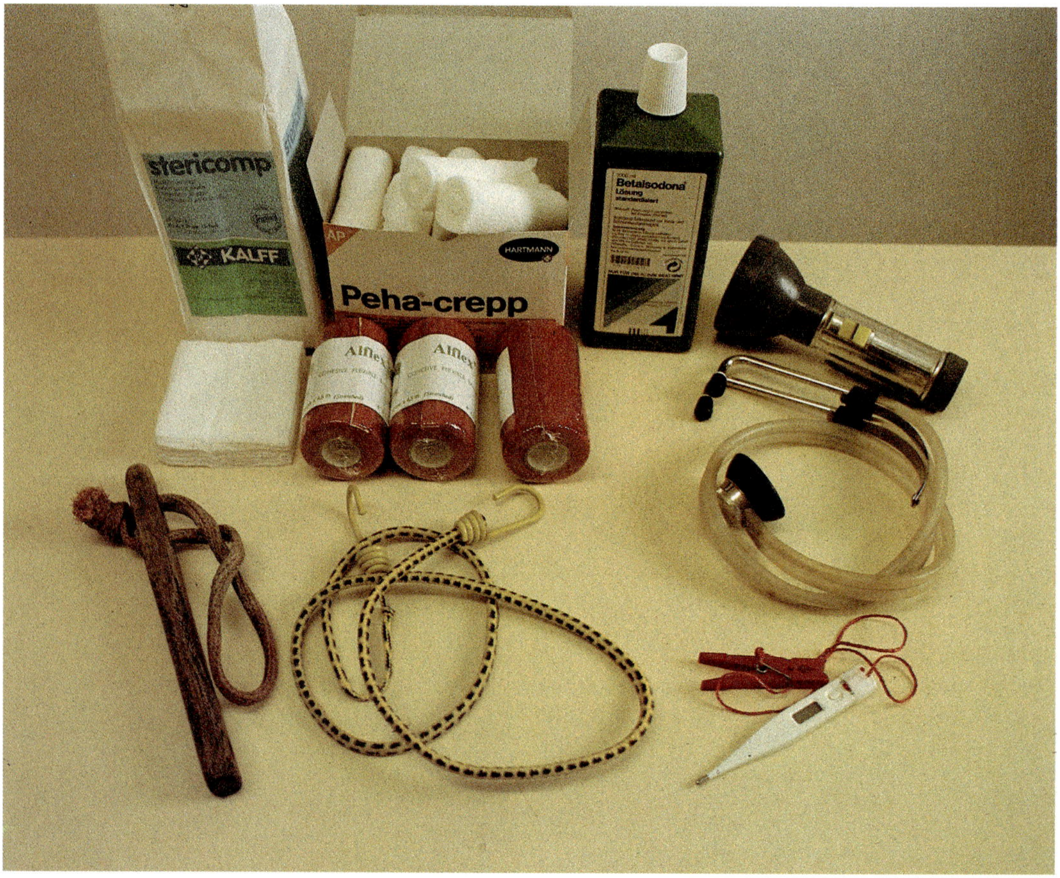

Die Stallapotheke: weniger ist hier mehr. Nasenbremse, Stauschlauch, Wundverband (Druckverband), ein gutes Desinfektionsmittel, Phonendoskop und Fieberthermometer. Damit lassen sich die meisten Notfälle bis zum Eintreffen des Tierarztes weitgehend sachgerecht erstversorgen. Sachkenntnis ist wichtiger als ein riesiges Medikamentenlager!

In den meisten Stallapotheken tummeln sich Reste von verschreibungspflichtigen Medikamenten wie z. B. das entzündungshemmende Schmerzmittel Equipalazone, das Beruhigungsmittel Vetranquil, diverse DMSO-Cortison-Zubereitungen oder Heparin-Salben. Ihre Anwendung ohne tierärztliche Anordnung ist zumindest arzneimittelrechtlich bedenklich; andererseits wäre es lebensfremd, diese Praxis anzuprangern. Zum Wohle des Pferdes müssen aber Tierarzt und Pferdehalter absprechen, wann diese Medikamente eingesetzt werden dürfen.

Mindestens genauso wichtig wie die Ausrüstung der Stallapotheke ist die **Datei,** die zweckmäßigerweise in unmittelbarer Nähe der Erste-Hilfe-Station untergebracht werden sollte. Sie enthält

- Name, Anschrift und Telefonnummer eines jeden Einstellers
- mindestens eine Reserveadresse, falls der Besitzer nicht zu erreichen ist
- Telefonnummern aller beteiligten Tierärzte
- Telefonnummern nahegelegener und geeigneter Tierkliniken
- Telefonnummern von Pferdespediteuren oder Reiterkollegen mit Transportmöglichkeit (Hänger, Zugfahrzeug)
- Telefonnummern aller beteiligten Hufschmiede
- Telefonnummern von Pferdemetzger und Tierkörperbeseitigungsanstalt
- Notdienstplan der Apotheken

Stallapotheke und Datei müssen ständig gewartet und aktualisiert werden.

Hinweis: Ruhe bewahren klingt zwar banal, ist aber bei Verletzungen und Erkrankungen wirklich oberstes Gebot. Außer der spritzenden arteriellen Blutung gibt es kaum etwas, was vom Laien innerhalb der ersten Minuten bis zum Eintreffen des Tierarztes in eigener Regie versorgt werden muß. Blutverluste werden vom Laien meist überschätzt.

Wichtige Adressen

Eine große Zahl von Tierkliniken beschäftigt sich heute intensiv mit dem Pferd. Es gibt private Pferdekliniken und Universitätskliniken. Letzteren obliegt neben der Versorgung der Patienten auch die Ausbildung des tierärztlichen Nachwuchses. Bezüglich ihrer Leistungsbereitschaft und -fähigkeit stehen viele private Pferdekliniken den Universitätskliniken in nichts nach. Private Kliniken sind dem freien Wettbewerb mit all seinen Vor- und Nachteilen ausgesetzt; diese Konkurrenz fördert die Leistungsfähigkeit und Spezialisierung der Kliniken. Die Universitätskliniken sind als öffentliche Institutionen teilweise etwas schwerfälliger, zugleich sind sie aber in ihrem Handeln nicht so sehr an wirtschaftliche Zwänge gebunden. Dies schlägt sich mitunter im Preis nieder.
Aus Wettbewerbsgründen dürfen hier nur die Universitätskliniken aufgeführt werden. Der Tierarzt berät im Einzelfall, welche private Klinik oder Universitätsklinik in Betracht kommt. Jede Klinik ist verpflichtet, einen Rund-um-die-Uhr-Dienst durchzuführen.

Freie Universität Berlin
Klinik für Pferde
Oertzenweg 19 B
14163 Berlin

Freie Universität
(ehemalige Humboldt-Univ.) Berlin
Standort Mitte
Medizinische Tierklinik
Philippstr. 13
10115 Berlin

Tierärztliche Hochschule Hannover
Klinik für Pferde
Bischofsholer Damm 15
30173 Hannover

Justus-Liebig-Universität Gießen
Frankfurter Str. 106–126
35392 Gießen

Veterinärmedizinische Fakultät Leipzig
Margarete-Blank-Str. 8
04103 Leipzig

Ludwig-Maximilians-Universität München
Veterinärstr. 13
80539 München

Veterinärfakultät Utrecht
Jalestr. 1
NL-3508 TD Utrecht
Niederlande

Veterinärklinik Gent
Casinoplein 24
B-9000 Gent
Belgien

Veterinärmedizinische Universität Wien
Linke Bahngasse 11
A-1030 Wien
Österreich

Pferdeklinik Bern
Länggass-Str. 124
CH-3012 Bern
Schweiz

Tierspital Zürich
Winterthurer Str. 260
CH-8057 Zürich
Schweiz

Adressen von Veterinärmedizinischen Untersuchungsämtern, Instituten und Tierkörperbeseitigungsanstalten erfährt man beim Tierarzt.

Literatur

Jeder Pferdefreund wird im Laufe der Zeit eine kleine Kollektion von Büchern zusammenstellen, deren Schwerpunkt durch persönliche Interessen bestimmt wird (Zucht, Reiten, Fahren; Rassemonographien etc.). In keiner Pferdebibliothek sollten die folgenden Bücher fehlen, die ein breites Basiswissen anschaulich vermitteln:

Peter Thein et al.: Handbuch Pferd – Zucht, Haltung, Ausbildung, Sport, Medizin, Recht. 4., überarb. Aufl., München, Wien, Zürich, BLV Verlag 1992.
Das derzeit umfassendste Standardwerk, das alle Gebiete der Hippologie ausreichend gründlich, aber doch verständlich abhandelt. 38 Fachautoren bürgen für hohen Standard; die rasch aufeinanderfolgenden Neuauflagen gewährleisten absolute Aktualität.

Helmut Meyer: Pferdefütterung. 2., verb. und erw. Aufl., Berlin, Hamburg, Parey Verlag 1992.

Heinrich Pirkelmann (Hrsg.): Pferdehaltung. 2., neubearb. und erw. Aufl., Stuttgart, Verlag Eugen Ulmer 1991.

Eine wunderbare Lektüre, die aus einer Zeit stammt, als das Pferd im täglichen Leben so präsent war wie heutzutage das Auto, ist »Das Buch vom Pferde« von Carl Gustav Wrangel. Es handelt sich um einen Nachdruck der Ausgabe von 1927 und ist erschienen in der Reihe Documenta Hippologica, Hildesheim, New York, Olms Presse 1977. Viele Stellen sind hoffnungslos veraltet, andere wiederum hochaktuell: Zur Erweiterung des hippologischen Horizontes sehr empfehlenswert!

Register